士林的沒落

——革命時代的知識人

周言 著

自序

　　民國十一年，沈曾植先生在京師溘然長逝。王國維先生曾在〈七十壽序〉中如此感慨沈曾植先生之學問：「趣博而旨約，識高而議平，其憂世之深，有過於龔魏，而擇術之慎，不後於戴錢。學者得其片言，具其一體，猶足以名一家，立一說。其所以繼錄前哲者以此，其所以開創來學者亦以此。」然而將近一個世紀過去，王國維筆下這位繼往開來的學人，淹沒在浩瀚的歷史中，不復蹤跡。葛兆光先生在上世紀九十年代，曾經援引沈曾植先生生前寫下的自壽詩，感慨歷史本身驚人的遺忘：驀地黑風吹海去，世間原未有斯人。其間的悲涼，自不必言。

　　身為清末重臣，又是學界風雲人物，沈曾植的遺老色彩，在民國之前就已奠定，而其參與張勳復辟，乃是他一生最為人詬病之處。同樣的案例也不乏其人，諸如一向與其交往甚深的羅振玉，後來因為在抗戰中以身事敵，終致身敗名裂。而今人們提到羅振玉，也僅僅是在研究王國維時對其略作評述，其文章、其思想，已經不大有人去關注。這樣的悲劇，也只是革命時代諸多歷史悲劇中不甚引人注目的一環。

　　這樣的悲劇舉不勝舉。文字學大家，以《周易古史觀》開周易研究一代風氣的胡樸安先生，如今也極少有人提及。其績溪同鄉、與其交往數年的胡適先生，在近現代思想史上光芒萬丈，相較之下，胡樸安先生的名聲，極為黯淡。胡樸安先生於一九四七年去世，死在抗戰勝利之後內戰之前的淒風苦雨之中，在此之前的抗戰

中，對其有知遇之恩的北大校長蔡元培先生，死在了那座孤島上，一代社會精英，在民族國家的巨大災難面前，帶著一腔的熱血與不甘，匆匆離世。

與此相隔二十餘年，一代詞學大師龍榆生先生在上海的家中離世。龍先生曾任汪偽政府治下的立法要員，又曾任偽國立中央大學校長，與周作人先生私交極為密切。一九四五年之後，還與周作人先生一起在南京老虎橋監獄被囚禁。這種在歷史變局中有著無數苦衷的文人學者，被後世之人唾棄為漢奸，而其學術遺產，卻極少有人問津，《龍榆生先生年譜》直到二十一世紀才姍姍來遲，得以出版，除此而外，再無其他的研究著作。龍榆生先生故去於一九六〇年，斯時的政治喧囂接連不斷。一九四九年以來的歷次政治運動，龍先生都難逃劫數，文革之後龍先生被平反，此時距離他去世，也已經過了二十餘年。

革命時代中的人物，便存在這樣或那樣一脈相承的悲劇感。而人物的隻言片語，呈現出歷史本身驚人的殘酷。一九一七年王國維致信羅振玉，言及其對於二月革命的洞見：「俄國革命事起，協商諸國內情可見。此事於東方內政外交影響甚大，以後各國國體政體均視同盟與協商之勝敗為轉移耳。」十月革命緊隨而至，王國維憂心忡忡，致信柯邵忞先生放言：「觀中國近況，恐以共和始，而以共產終。」七年之後，王國維在上書溥儀的〈論政學疏〉中，援引當年對柯邵忞的感慨，憤然痛陳：以共和始者，必以共產終！思想中歷史本身的過程昭然若揭，得一斑以窺全豹。

一九四七年的胡樸安，已接近彌留之際。這位在訓詁、校勘、民俗等諸多領域都卓有建樹的學人，通常被人們認定為對社會政治歷史之演變茫茫然不知所以然的腐儒。然而近年來讀胡樸安先生遺

著，瞭解其生平，我才恍然於此公晚年竟然如陳寅恪先生那樣滿腹心曲，難以為外人道。胡樸安一生七十年生涯，從一個傳統讀書人到一個報人，直至短期從政，最終以教育為職。而他早年參與同盟會，入南社而為中流砥柱，最終選擇金盆洗手，以著書立說了卻餘生，充分體現了其對於革命難以為繼的思慮。

一九六〇年，已經走入生命晚冬的龍榆生，忽然想到要給遠在北京的老友周作人寫信。《龍榆生先生年譜》中記述：「年初，致信周作人，與知堂老人談及今年來生活之境遇，兼及思想改造之成績，二人皆以暗語示對方，頗有諷世之用意。」時隔五年，龍榆生便在文革的風暴中，猝然離世。據其生前日記所載，龍榆生先生對於紅衛兵抄家，表現一反常態，言語中之反諷躍然紙上：「紅衛兵抄家掠書，大為快事。」在日記中寫完這句話三天之後，龍榆生躺在病床上，突發心肌梗塞，與世長辭。而他在北京的故友周作人，在沒完沒了的批鬥中，在自家的小屋中，靜靜地躺在床上等待死亡。

人物與歷史，就在這樣的順延中完成傳承。我寫下這些文字，意在反省中國百年以來悲劇種種之根源。人物在歷史中的浮沉，歷史在人物中的書寫，都是我對於歷史，尤其是這一段讓我痛感加身的中國晚近歷史，始終懷有崇敬之心和悲憫之心的由來。

目　次

上編

革命的時代

第一輯

革命時代之前

王國維一九一七

在晚近歷史由晚清走向民國的年代裏，從來沒有一個學人像王國維那樣擁有那麼深厚的學養，也從來沒有一個學人達到王國維那樣高遠的境界，同時也沒有一個學人擁有王國維那樣悲慘的人生歷程。作為名動天下的一代英才，王國維之歷史意義並不僅僅在於其留下了諸如《人間詞話》、《宋元戲曲考》、《紅樓夢評論》那樣燭照後世的著述，更為重要的，則是其在歷史文化之中的靈魂意義。透過歷史的風塵人們可以驚訝地發現，在那樣的轉折年代裏，最富歷史洞察力的，原來是這個一輩子拖著辮子的王國維。人們更加沒有想到的是，二十世紀中國歷史的悲劇走向，居然在二十世紀初就被王國維所預言。更令人匪夷所思之處在於，這個王國維居然出生於十九世紀，並且終身恪守舊式道德倫理，與所謂的新時代格格不入，甚至一度被視作清室遺老。

（一）

王國維一九二七年的自沉，當時議論紛紛。時隔將近一個世紀，重新審視當年王國維的自沉，人們依然有著難以逾越的疏離和陌生。且不論有關於王國維自沉原因解釋的各執一詞，即便是身處那樣的歷史年代，人們也無法準確地道出王國維之死的真切含義。更何況在王國維自沉的悲劇之後，尚有二十世紀中國災難性的歷史進程。人們可以認為，王國維之死乃是二十世紀中國諸多悲劇中的一個案例，但是由此認定王國維之死乃是二十世紀中國歷史悲劇的

預演，則使人有些犯難。這種令人犯難的真切原因，乃是王國維終
其一生，都是以學人的文化形象而非政治形象現諸世人，因此其自
沉之意味，也為大多數人鎖定為文化領域。即便是有人偶爾論及導
致王國維自沉的政治原因，也只是語焉不詳地談到當時的政治形
勢之於王國維的震動，並未深入探究其對王國維之死的意義。種種
的一切都使得王國維之死以及圍繞王國維自沉的爭議撲朔迷離，後
世學人一旦涉足王國維自沉這壇深水，就如同走進了中國歷史的迷
宮，非有清晰的指引，很難從中走出。

迄今為止有關王國維自沉的評述，最能得其精要者，首推陳寅
恪。陳寅恪不僅撰寫了〈王觀堂先生挽詞〉這樣的長篇悼亡詩，更
以簡明扼要的〈海寧王觀堂先生紀念碑文〉闡明了王國維之死的文
化意味。按照常理而言，平日裏處事為人都極為低調的陳寅恪面對
王國維之死，即便是心中有極為強烈的震撼，也不至於悲慟至此。
唯一令人信服的解釋是，王國維之死使陳寅恪產生了感同身受的共
鳴。早年的陳寅恪博覽群書、滿腹經綸，其學問一如壩上之水，幾
乎到了人之一生的臨界狀態，只是疏於表達。王國維之自沉於昆明
湖，喚起陳寅恪極強的文化悲劇意識，沉默寡言的他一反常態，在
王國維之死的問題上滔滔不絕：

> 蓋今日之赤縣神州值數千年未有之鉅劫奇變，劫盡變窮，則
> 此文化精神所凝聚之人，安得不與之共命而同盡，此觀堂先
> 生所以不得不死，遂為天下後世所極哀而深惜者也。（〈王
> 觀堂先生輓詞並序〉）

陳寅恪意在闡明時代之交的文化淪落現實之於王國維之死的直
接影響，卻在無意之間，為數十年後自己的悲劇埋下了伏筆。陳寅

恪為王國維招魂的時候沒有想到，他所寫下的對於時代的殘酷性精
準的描述，於他離世之前登峰造極。如果說當年王國維對於北伐的
反感還僅僅只是一種預見的話，及至陳寅恪晚年著述《柳如是別
傳》，則完完全全是有的放矢。瞭解《柳如是別傳》歷史背景的人
都不難看出，為何在明末清初那樣的歷史大變局之中，陳寅恪單單
挑出了一個身陷風塵的女子作為全書煌煌八十萬言的主人公。陳寅
恪筆下的那段歷史，忽然放到柳如是的眼中，其虛偽殘暴，其獨立
精神自由思想的殘缺，一目了然。史家的曲筆諷世，在陳寅恪那裏
變成了忽莊忽諧的「寅恪案」，其所表達的，乃是對於時代的深刻
質疑。

（二）

　　由王國維的自沉至晚年陳寅恪的著述，這一段歷史的走向早在
王國維自沉前的十餘年就已經為王國維在致友人的信中所預言。世
人在閱讀王國維時，往往注重其學術，而忽略其思想。這樣得其一
端不得要領的審視，即便是在陳寅恪身上，也同樣難以倖免。與其
說是世人無知無識，不如說是王國維的學術太過浩瀚。一如陳寅恪
所形容乃是「幾若無涯岸之可望、轍跡之可尋」，不失為極為精準
之評述。而其中最為恰當者，當屬張蔭麟的寥寥數語：

　　　先生之治學方法，視並世諸家，有一特具之優長，即歷史眼
　　　光之敏銳是也。（《王靜安先生與晚清思想界》）

　　這一段之於王國維治學的評述，同樣適用於王國維思想的概
括。如果說王國維在《紅樓夢評論》之中看出《紅樓夢》「大背於

吾國吾民之精神」尚屬於文學範疇，其在《殷周制度論》中聲稱
「中國政治文化之變革，莫不劇於殷周之際」，則將歷史之由來與
去向簡明扼要地道出。其間思想鋒芒之藏而不漏，依稀可辨。王國
維之終極意義不僅在於其作為鴻儒的博學，更為重要的乃是其對於
歷史本身的洞若觀火。

值得注意的是，作為王國維生前的好友，與王國維之關係撲朔
迷離的羅振玉，在世人追悼王國維一致從學術談起時，唯獨將目光
投向了王國維的思想，尤其是他對於政治乃至歷史那種一言得其要
領的精準把握。羅振玉雖然與王國維在相交後期不無意氣之爭，但
在對於王國維的評價方面，無疑獨具慧眼：

> 世人獨驚公之學，而不知公之達識，固未足以知公，而公重
> 節行，不知公乃智仁兼盡，亦知公有未盡也。（《王忠愨公
> 遺書·序》）

羅振玉對於王國維思想評述的出發點，在於其與王國維長達數
十年交往中的洞察。這些洞察現諸筆上，便是王國維與羅振玉之間
的通信。今日反觀王國維所寫下的書簡，會驚訝於其對於世事、時
事、歷史的看法之獨樹一幟。這些貌似平常的識見可能當時為人所
忽略，所以羅振玉有「公之達識」的評價。這不僅僅是對於王國維
識見褒揚的客套話，而是語出有因。在《王忠愨公遺書·序》中，
這樣的「達識」比比皆是：

> 方公遊學於日本時，革命之說大昌，予移書致公，謂留學諸
> 生多後起之秀，其趨向關係於國家前途者甚大，曷有以匡救
> 之。公答書言，諸生驚於血氣，結黨奔走，如燎方揚，不可

遏止。料其將來，賢者以殞其身，不肖者以便其私，萬一果發難，國是不可問矣。

羅振玉所言「革命之說大昌」，意指晚清的革命思潮。其中最具代表性的，便是同盟會的產生。這個由光復會、興中會、華興會三者結而為一的所謂革命團體，悉數由帶有江湖幫會性質的成員所組成。例如蔡元培，雖然其為晚清翰林，但投身革命之後，所從事的乃是暗殺之任務；再者如汪精衛，雖其後墮落為漢奸，但在早年追隨孫中山革命之時，亦有暗殺被捕，吟出「飲刀成一快，不負少年頭」的經歷。為革命獻身者，如秋瑾、徐錫麟、鄒容，在革命的感召下痛失性命，為後人所追思。而所謂「不肖者以便其私」，不言而喻，在所謂革命中中飽私囊者，以革命為名，行大一統之實，以革命同志之性命，換領袖之地位。如果說秋瑾、徐錫麟這樣的俠士尚有所謂古代義者的俠士之風，及至借革命謀私之人的出現，兩者不可同日而語。王國維之於革命態度的保留，由此可見一斑，而羅振玉在此也不由得歎服王國維的過人之識：

時公同學閩中薩生均坡，與公同留學東京，亦入黨籍，公以書見告，且謂薩固賢者，然性高明而少沉潛，彼既入籍，見所為必非之，惟背之則危身，從之則違心，邇見其居恒鬱鬱，恐以此夭天年也。已而薩生果夭如公言。

王國維對於薩均坡的預言，與其說是對於他人命運的先知，不妨視為對於時代變局的敏感。薩氏之死的真實原因，在於個人命運在時代之中的難以為繼，以及對於「革命」本身的深刻懷疑。其情形一如幾十年後，在五四時代落幕之時轉身投奔延安的所謂知識

青年。那時的革命可不像今天的情形，人人避而遠之，甚至不時有
「告別革命」思潮的興起。那時革命是一種風行於社會的時尚，人
人爭先恐後標榜自己革命，以示領時代之先。王國維在這樣的歷
史時代中，對於革命之中人之命運的浮沉，表現出了天生敏感的卻
步。可想而知，後世無知者將王國維視作因循守舊的封建遺老，雖
然有無知無畏的氣概，但也的確語出有因。王國維於革命的保守態
度，也為其後的思想脈絡發展留下了線索。

　　從王國維之於本國革命的態度之中不難推測，其對於世界大勢
的看法，也必然有其獨特見解。要知道王國維自入時務報館到逝世
的三十年間，先後經歷了國內諸如戊戌維新、義和團運動、辛亥革
命、五四運動等社會政治的歷史劇變，也同樣身臨了蘇俄十月革命
之後馬克思主義東來的歷史變遷。更為重要的是，王國維所生活的
時代恰逢第一次世界大戰烽煙四起。王國維所身處的時局一如李鴻
章所言乃是「三千年未有之大變局」，而世界局勢也由歐洲為中
心，轉而成為以蘇俄、美國的兩極格局，對於這樣的歷史變軌，王
國維同樣有驚人之語：

> 予（羅振玉）在海東，公先歸國，英法學者斯坦因、沙畹諸
> 博士，邀予遊歐洲列邦，予請公同往，將啟程矣，而巴爾幹
> 戰事起，予告公行期將待戰後。公復書言，歐洲近歲，科學
> 已造其極，人欲亦與之競進，此次戰事，實為西政爆裂之
> 時，意歲月必久長，公此行或不果邪？

　　如果說王國維像陳寅恪那樣曾經留學歐美，周遊列國，對於天
下大勢了然於心，其對於世界局面說出如此深諳之語，尚屬情理之
中。然而王國維對於西方世界任何國家都沒有親歷親聞之遭遇。為

數不多的出國經歷，便是在辛亥革命之後與羅振玉逃難日本。更何況就王國維治學而言，專於國學，對於西方之學術，也僅僅是哲學上的精通。但是其對於世界局勢之深刻認識，對於一戰進程的歷史預見，以及對於政治格局的推測，都展現了一個先知者的洞若觀火。更為重要的是，他居然以「科學發展」與「人欲競進」為比較，指出此次歐戰的漫長，這一觀點，顯然比嚴復生吞活剝的所謂「進化論」更具說服力。要知道嚴復從赫胥黎那裏轉譯過來的「物競天擇，適者生存」，其宗旨與赫胥黎的原意已然背道而馳，早已失卻了其中最為樸素的人性思想，而演變成為赤裸裸的生存競爭、物欲競爭。而王國維對於赫胥黎乃至達爾文的那一套進化論茫茫然之際，卻憑藉過人的敏銳，洞察了歷史走向的悲劇性結果。這種驚人的預見，在羅振玉那裏有案可稽：

> 後數月，予返滬上，沈乙庵尚書餼於海月樓，語及歐戰，予以公語對。尚書口，然此戰後，歐洲必且有大變，戰勝之國，或將益擴大其國家主意，意謂德且勝也。予日否，此戰將為國家主義及社會主義激爭之結果，戰後恐無勝利國，或暴民專制將覆國家主義而代之，或且波及中國。尚書意不謂然。

由王國維對於歐戰的預見，直至羅振玉對於戰後世界格局的預測，這一帶有相承意味的歷史預言，顯然由王國維發其肇始。即便是沈曾植這樣對天下大勢了然於胸的舊學鴻儒，對於歐洲政局方面亦是不甚明瞭，甚至說出德國勝出的歷史笑話。可想而知王國維的過人之處。後世學人在論及王國維的政治態度時，往往以簡單的激進與保守之分或是治學之方向將其歸類為保守主義學人，殊不知這

位看似思想「落後」的舊式學人，心懷天下局勢走向。平日裏待人接物極為冷淡的王國維，實在是大隱隱於市的臥龍人物。對此羅振玉彷彿意猶未盡：

> 已而俄國果覆亡，公以禍將及我，與北方某耄儒言，觀中國近狀，恐以共和始，而以共產終。某公漫不審，乃至今日其言竟驗矣。

「觀中國近狀，恐以共和始，而以共產終」一語，堪稱神來之筆，斯時十月革命風雲初起，共產主義傳入中國也是時日不長，為何王國維居然在辛亥革命建立共和政體不久之後，斷言二十世紀中國的走向？唯一令人信服的解釋在於，王國維史識極深，堪稱天才人物，他居然天才般地預言到，整個二十世紀的中國歷史，可能是站在懸崖往下縱身一跳進而粉身碎骨天怒人怨的歷史。他不願意看到這樣的結局，所以以十年後自沉於昆明湖魚藻軒，了卻難以為繼的人生。王國維之死從表面上看乃是同屈原自沉一樣的文化事件，其實質，更是一個帶有歷史預見性的政治事件。

（三）

這樣的歷史預見性現諸他人所撰的文章之中，要說其真實性，難免使人產生些許疑惑。在國人世代相沿的思維之中，某人去世之後由其生前友人所著的回憶文章，難免有誇張粉飾之嫌，更何況羅振玉對於王國維驚人的歷史預見性的讚譽出自《海寧王忠愨遺書·序》這樣本身就難以避嫌的文章中。不能否認，羅振玉對王國維的推崇中包含了若干誇張的成分，但是除此而外的文字，例如王國維

的〈論政學疏〉以及其在書信中的歷史感懷，則將一個不為人所察覺的，更加令人驚歎的王國維推到世人面前。

〈論政學疏〉是王國維生前著作中幾乎唯一一篇政論文章。據考證，〈論政學疏〉寫於一九二四年五月，乃是上呈溥儀的奏摺。在這篇奏摺中，王國維用了大量的篇幅，從中西學術發展和相互影響的角度闡明自己對於歷史大勢以及中西方之間的政治歷史差異的具體認知。這些認知言簡意賅，一語中的，從鴉片戰爭西學東漸直至共產學說舶來中國，數十年世間風潮，於王國維筆下娓娓道來：

> 臣竊觀自三代至於近世，道出於一而已。泰西通商以後，西學西政之書輸入中國，於是修身齊家治國平天下之道乃出於二。光緒中葉新說漸盛，逮辛亥之變，而中國之政治學術幾全為新說所統一矣。然國之老成，民之多數尚篤守舊說，新舊之爭，更數十年而未有已，國是淆亂，無所適從。

王國維筆下新舊文化之爭的歷史場景，客觀而公正，絲毫沒有遺老動輒痛罵新文化的不分青紅皂白。王國維極為精準地抓住了鴉片戰爭之後西學東漸至光緒中葉戊戌變法再到辛亥革命這條思想脈絡，指明了新舊文化位置置換的歷史真實。同時，王國維又深知舊時代影響的深遠乃至不可磨滅，所以指出新舊文化之爭導致「國是淆亂」局面的出現。作為一個終身臣服舊王朝的遺老，王國維不僅舊學邃密，新學同樣精通。在東西文化的比較之中，王國維對於文化紛爭提出了自己的見解：

> 臣愚以為新舊不足論，論事之是非而也。是非之標準安在？
> 曰在利害，利害之標準安在？曰在其大小。新舊之利害雖未
> 遽決，然其大概可得言焉。

這是站在東西方文化高峰之上的獨特見解。王國維並沒有簡單
地以孰優孰劣的方式對中西方文化進行褒貶，而是以「利害」作為
客觀評價。王國維認為，以「利害」作為評價標準，即便孰優孰劣
難以進一步說清，但是其大概已經頗見分曉，在此處王國維話鋒一
轉，以具體的事例列舉西學之禍害：

> 原西說之所以風靡一世者，以其國家之富強也。然自歐戰以
> 後，歐洲諸強國情見勢絀，道德墮落，本業衰微，貨幣低
> 降，物價騰湧，工資之爭鬥日烈，危險思想日多，甚者如俄
> 羅斯赤地數萬里，餓死千萬人，生民以來未有此酷。而中國
> 此十二年中，綱常掃地，爭奪相仍，財政窮蹇，國幾不國
> 者，其源亦半出於此。

由西方一戰過後國勢衰落，至中國辛亥革命以來政治文化巨
變，王國維歷數西方思潮之禍害，更不無深意地說到了俄羅斯大饑
荒的歷史慘劇。要知道那樣的歷史年代，對俄羅斯瞭解的人少而又
少，即便是對俄羅斯略有所聞者，對於俄羅斯的大饑荒亦是不甚
了了，更何況王國維對於俄羅斯大饑荒說出如此沉痛悲憤之語——
「生民以來，未有此酷」。對於中國在辛亥革命之後數年間的變
化，王國維說出「國幾不國」這樣的話，顯然有以此感歎西學禍害
之深遠的意味。

　　王國維之於辛亥革命之後中國歷史的個人感知乃至他對於釀成此種局面成因的分析，雖然有其合理之處，但卻頗多偏執之處，且不說他對於辛亥革命之後中國走向民主共和可能性的忽略，他對於局勢無可挽回的悲觀，說到底，是由於他自身對於傳統家國無可避免的摯愛與袒護。作為二十世紀歷史之中極為重要的事件，清王朝退出歷史舞臺，至少象徵了代表專制、獨裁的政治體制在形式上已經毀滅。其所具備的歷史性含義，不喻自明。王國維身處這樣的年代，由對傳統文化本位的恪守引申至對於傳統體制的迷戀，難免有愛屋及烏之嫌。然而我們不能就此認定，王國維必然是冥頑不靈的封建遺老，事實上他站在封建舊式道德倫理上之於西方百年以來歷史的劇烈變革，不以為然。歷史證明了王國維當年不以為然的預見性，對於西方的歷史變革以及其舶來中國給國家帶來劇痛的真切原因，王國維語出驚人：

　　　　臣嘗求其故，蓋有二焉。西人以權力為天賦，以富強為國
　　　　是，以競爭為當然，以進取為能事，是故扶其奇技淫巧，以
　　　　肆其豪強兼併，更無知止知足之心，浸成不爭不屢之勢。於
　　　　是國與國相爭，上與下相爭，貧與富相爭，凡昔之所以致富
　　　　強者，今適為其自斃之具，此皆由貪之一字誤也。西說之害
　　　　根於心術者一也。

　　王國維在對於西學作出猛烈抨擊的同時，對於本國文化大加褒揚：

　　　　中國之說首貴於中，孔子稱過猶不及，孟子惡舉一廢百。兩
　　　　人之說大率過而失其中，執一而忘其餘也。

　　很難說這段話究竟是出於王國維的本意，還是上奏皇帝為博嘉獎的泛泛而談之詞。將孔儒的中庸之道，比附成西學之偏頗，難免有失當之嫌。這其間包含著中西方文化比較的一個複雜的問題。中國數千年來的文化背景，正是孔儒的代代相沿式的教化。任繼愈將孔儒之於中國比附成基督之於西方，雖然有照葫蘆畫瓢的嫌疑，但卻準確地說出了孔儒孔教之於中國歷史的深遠影響。然而一個歷史性的悖論在於，孔儒孔教大行其道的政治背景，恰恰是中國專制時代的綿延不絕。孔儒孔教與專制時代的相生相隨，由此可見一斑。雖然孔儒孔教乃至其所衍生的一整套封建道德倫理秩序為歷史所認可，但其於晚清時代至民國時代的歷史轉軌之中，自然喪失了其原本的合理性。五四時代激烈的反傳統風潮將矛頭指向孔儒孔教，雖然大而不當，卻也無可厚非。王國維對於孔教中庸之道的推崇，自然有遺老之嫌。他在對於西方學術提出質疑的同時，將西方一整套的政治制度，統統放在懷疑的目光之中：

> 試以最淺顯者言之，國以民為本，中外一也。先王知民之不能自治也，故立君以治之，君不能獨治也，故設官以佐之。而又慮君與官吏之痛民也，故立法以防制之。以此治民是亦可矣。西人以是為不足，於是有立憲焉，有共和焉。然試問立憲共和之國，其政治果出於多數國民之公意乎？抑出於少數黨人之意乎？民之不能自治，無中外一也。所異者以黨魁代君主，且多一賄賂奔走之弊而已。

　　王國維對於西方政治制度的不以為然，有著深刻的歷史成因。最為直接的原因，莫不過於他對對清室的至死不渝。這一事實的直接原因，在於溥儀對他的知遇之恩。且不說溥儀不介意他的秀才身

份破例任命他為南書房行走，在溥儀眼中，周圍人才若論中西學問的融會貫通——「唯國維一人而已」。這樣的知遇之恩，使得王國維感激不盡。在溥儀被馮玉祥趕出紫禁城之後，王國維依然隨侍左右，更是與羅振玉諸人約定自殺以殉清室，最終由於家人的看管嚴密而作罷。因此一九二七年王國維自沉後，陳寅恪在悼亡詩中留下了「越甲未應公獨恥」這樣對王國維之忠義氣節深為感佩的詩句。或許正是這樣的忠義氣節，使得曾經與王國維相約殉清的羅振玉在王國維自沉之後羞愧萬分。他不僅盡全力組織出版王國維的著作，並且在此之後終生對溥儀忠貞不二，即便是溥儀在東三省建立了偽滿洲國，羅振玉也矢志追隨。

由王國維至羅振玉的政治抉擇，世人不難看出存在於其中的忠君觀念乃至致君堯舜的遺民理想。我們不能就此認定王國維思想反動落後是落後腐朽，重要的是，我們要從中看出王國維此種政治保守主義所伴隨的文化保守主義。作為文化保守主義者的代表，王國維沉醉於傳統文化，尤其在辛亥革命那樣歷史變遷之後，中國傳統文化的地位已然一落千丈。而此時王國維恰恰選擇了皈依中國傳統文化。西學於他而言，更注重的是其間的科學態度與科學精神。他以西方學術中重實證重材料的科學方法，對於中國傳統學術的發展與拓寬，在晚清中國的學術界上無人能及。而他對於西方政治文明的冷眼旁觀，恰恰與其文化上的抉擇形成映照。在對於西方所謂立憲共和提出質疑同時，對於西方乃至蘇俄輸出的社會主義共產主義同樣不以為然：

> 孔子言患不均，《大學》言平天下，為之為政，未有不以均平為務者，然其道不外重農抑末，禁止兼併而已。井田之法，口分之制，皆屢試而不能行，或行而不能久，西人則以

是為不足，於是有社會主義焉，有共產主義焉。然此均產之
事，將使國人共均乎？抑委託少數人使均之乎，均產之後，
將合全國之人而管理之乎，抑要托少數人使代理之乎？由前
之說則萬萬無此理，由後之說則不均之事俄頃即見矣。俄人
行之伏屍千萬，赤地萬里，而卒不能不承認私產之制度，則
來勢之洶洶又悉為也。臣不敢謂西人之智不率類此，然此其
章章者矣。

　　反觀王國維在十月革命事起時函告友人的「觀中國近狀，恐以
共和始，而以共產終」，其對於社會主義共產主義的難以苟同，一
以貫之，清晰可辨。王國維之於共產主義的拒絕態度，並非出於政
治分歧，最為重要的思想依據，在於其對共產主義烏托邦式承諾的
歷史性質疑，其後歷史發展的脈絡證明了王國維對於共產主義提出
異議的歷史合理性。蘇聯斯大林時代的死氣沉沉，紅色高棉的白骨
皚皚，及至文革之中的中國，烏托邦的理想壓倒一切，成為二十世
紀共產主義運動悲劇的歷史成因。由此可見當年列寧實施新經濟政
策雖然只是權宜之計，卻對共產主義運動留下了一個意味深長的提
示。王國維對於共產主義均分的懷疑，是出於學術的公心，是出於
學者的良心，是謹慎的公正之論。即便是其中無法擺脫的保守成
分，也不摻雜有任何的個人私見。

　　這樣的中正心態，後世的史家之中，已經殊為稀少。王國維之
後的歷史學家。要麼高舉革命大旗，或稱唯物史觀，對於所謂遺老
之著述，嗤之以鼻。要麼站在黨派立場上，竭力以史為器，宣揚赤
裸裸的對立哲學。反觀王國維研究歷史，乃至其由研究歷史所引發
的對於歷史至天下大勢的蒼涼感喟，充滿了閱盡世事的悲涼以及洞
見一切的歷史敏銳。王國維雖然終身拖著腦後的辮子以示對於清

室和一整套傳統的感念，但王國維並非政治含義上的遺老。他對
於共產主義的拒絕，出於共產主義踐行中的歷史暴虐。蘇聯的大
饑荒慘狀，乃至共產主義舶來中國，革命愈演愈烈直至北伐的悲
劇，王國維都身處其間。在國人為共產主義革命迷醉，歡呼十月
革命一聲炮響給中國送來了馬克思主義之時，王國維反而憂心忡
忡，疑慮日增。日後的慘烈歷史進程，宣告了王國維當年預言的
合理性。有基於此，王國維列舉東方文化於西方的施受過程，對
於東方文化之於未來世界的啟示，極具樂觀情緒。〈論政學疏〉
的本意也在於此。然而王國維自己沒有想到，後世之人也沒有想
到，他在論證東方文化之於西方文化的優勢時，列舉的諸多事實
乃至他一針見血的述評，成為後世管窺其政治思想的重要文本，
其在歷史風潮之前的不為所動，其對於世界命運以及人類前途的
無力與彷徨，更為發人深省。

（四）

　　王國維的政治思想如果缺乏諸如《海寧王忠愨公遺書・序》這
樣的文本，或是〈論政學疏〉這樣開宗明義的政論，其真實的內容
就顯得難以考察。在這樣的條件下去解讀王國維一生的悲劇，或者
從王國維之死臆測其思想本源，有失偏頗。值得欣慰的是，在王國
維那樣的時代，學人總是存有書簡留諸後世，這就使得王國維的政
治思想得以為後人所管窺。透過王國維的書信可以看到，這位在學
界為人所推崇的大學問家，內心深處對於時局乃至歷史大勢，居然
有那麼多的感慨，其人生的最終結局，彷彿早已被預設。
　　我從王國維留下的書信中，讀出了諸多珍貴的史料。尤其
是一九一六年至一九一八年這三年之中，史料尤為珍貴。其中

一九一七年的書信，幾乎是王國維一生政治思想學術生涯的反映。在王國維一九一七年致友人的書信之中，記載了諸多王國維對於時局的具體感知，還有他在生命歷程中的重大事件，以及他在治學生涯中的若干光輝之處。從一九一七年王國維的書信中，有心人不難讀出其間的悲觀情緒，其間對於歷史的洞見，其間諸多人事的紛擾，相互糾結，成為其後十年王國維走向昆明湖的具體原因，由此構成了王國維的最終一躍。

王國維在一九一七年一月五日致羅振玉的信中寫道：

> 連日苦寒，硯池皆凍，以火炙之始得作書，而鈔寐叟詩得五十紙。

信中所云「寐叟」，便是嘉興學人沈曾植，王國維對於沈曾植的推崇，由來已久。在王國維眼中，沈曾植是絲毫不亞於顧炎武、王夫之的國學大師，但是沈氏長久以來早已為學術史所遺忘。葛兆光先生在九十年代所寫的的〈世間原未有斯人〉一文中，引述一九一八年沈曾植的〈自壽詩〉：「驀地黑風吹海去，世間原未有斯人」，感慨沈曾植為後世學人所遺忘的曾經。實際上沈曾植為人所淡忘，最為直接的原因，在於其述而不作。另外一段重要的歷史在於，沈曾植曾經參與張勳復辟，成為他一生最大的污點。羅振玉之長孫羅繼祖有云：

> 沈懶不著書，現所見到的只是一毛片甲。祖父中年和沈在上海南洋公學有一度共事之雅，晚年共歷滄桑，沆瀣一氣。

　　這段史料可謂對於沈曾植一生極為準確的概括。而王國維的書信中，詳細記載了王國維對於張勳復辟全過程的描述。其間史料之重要性，不言而喻。

　　王國維在一九一七年二月十六日致羅振玉的信中，描述了國內政治的情況：

> 今日各界沒頭於對德交涉，乃有協約國諸使之勸告，將來又種一禍根，而徐、汪諸人亦在其中，尤為可異。彭城不發一言，不知於意云何？聞潛樓至津，對山於元旦致書促北，而其使者至上元尚未到，不知果何意也？

　　王國維對於張勳復辟的觀望態度，由此可見一斑。眾所周知，「府院之爭」乃是張勳復辟的前因。一九一六年，袁世凱稱帝失敗，黎元洪成為大總統，但實權掌握在國務院總理段祺瑞手中。不久，黎段之間在「參戰」問題上發生矛盾，段祺瑞主張對德宣戰，黎元洪和國會則堅決反對。張勳因為德國支持他的復辟主張，反對對德宣戰，但他對黎元洪又不抱好感。所以他偽裝成黎段之間的調解人，企圖坐收漁利，同時積極為復辟做準備。遺老遺少對於張勳復辟，自然倍加關注。王國維在一九一七年二月六日的書信中，描繪了沈曾植的急切心情：

> 毫（沈曾植）因久不得北信，慮事中變，分途致書東海（徐世昌），勸以速決，而時局又稍變，本計在議會再攻四單之際，徐出而代之，然現議會自知不為天下所右，已降心以迎四單，四單得此遂晏然無退志，故第一著已不甚易。此種事

在梁某人入都之後，而北方內幕更施何策，此間均不能知，故毫意氣頗沮。

這其中遺老沈曾植對於張勳復辟可能性的揣測，讀來不禁令人歎息。次日，王國維致書羅振玉又談到了沈曾植：

遜老（沈曾植）前日情形亦正著急，已自致書孺子（徐世昌），又令對山（康有為）作書，並和周少樸書獻以玉玦，不知有效與否？

沈曾植對於復辟的熱心，由來已久，在張勳復辟之中，積極奔走者，有一人名為胡瑗。沈曾植隱居滬上，常與胡互通聲息，所以對於張勳復辟之事抱持高度期望。沈曾植於一九一六年前後得到元朱玉摹《靈武勸進圖》，以為復辟有兆，喜不自勝，遍徵諸人題詠以張之。王國維與沈曾植素來交好，其論學往來之書札達數十封。王國維寓居上海期間，與沈曾植有著頻繁而密切的走動。他們的身上，深深刻下了晚清時代的印記，凝結著歷史變局中學人的困惑與掙扎。王國維在一九一七年二月十九日致羅振玉的函中，再次描述了沈曾植對於時局的熱烈關切：

乙（沈曾植）於時局大有絕望之念，謂梁已預備為第二任總統，此語良然，又大罵徐東海，謂非徒梁之乾兒，乃其親兒也。但不知黃樓（張勳）近來意思如何耳？北系作事全與志士無異，可知芝蘭不生糞壤也。某素寡夢，此次頗覺有酣意，豈知黃粱未炊而先醒耶！然此夢後此必常現，只須於黃

樓鍥而不捨，此事在對山與潛夫（劉廷琛）矣。潛聞至津，
恐尚未返，附聞。

　　其中沈曾植的憂心如焚，乃至其在王國維面前的不無失態，破
口大罵，都昭顯了沈曾植對於張勳復辟急不可待的心態。與其說是
沈曾植對於張勳復辟心存希冀，不妨看作他對於清室之感念有感而
發。要知道當年的上海，遺老群聚，名流星集，其中試圖復辟甚至
希望民國覆亡之人雖然有之，但卻不能構成大多數。其中沈曾植乃
是復辟派中的領袖人物。王國維與沈曾植於上海私交甚篤，常有往
來，自然對於復辟之事有所耳聞或是有所心動，王國維信中所言
「光知黃粱未炊而先醒耶」，乃是對於復辟之事忽生變故的悲歎，
這其間對於復辟的態度，一目了然。
　　我們不能就王國維書信中所記載的張勳復辟以及王國維的態度
來指責王國維的政治立場，也不能就此苛責沈曾植對於復辟一事的
積極參與。事實上王國維、沈曾植這樣的遺老，之所以對清世如
此忠心，並非簡單的政治原因。我認為更為重要的，在於其文化上
對於清季的認同與歸屬。與沈曾植事事以復辟為念的親歷親聞親身
參與不同，王國維更多的是在書信中表示對於時局的關切，如在
一九一六年的四月下旬，對於復辟尚不見任何風吹草動的王國維致
書羅振玉責怪張勳「至今未見其一話一言，殆持老氏之見乎」，到
了八月，王國維心情為之一振，因其風聞張勳「聯合諸校，自為祭
酒，亦時勢使然」。至一九一七年的二月王國維在致羅振玉的書信
中感慨復辟黃粱夢碎，這其中對於復辟之起伏不定的感歎，可以觀
照出王國維於整個事件中的心態。
　　值得注意的是，雖然王國維與沈曾植一樣熱衷於光復清室，但
在表達方面，一者重言而一者重行。其中的玄機，難以使人認清。

人們可以認為是王國維天性懦弱，一貫不善於從事社交活動，更遑論親身參與復辟。或許是深知王國維其為人之品性，沈曾植在參與復辟的最為重要的一步上，沒有將王國維帶上。在王國維致羅振玉的書函中，這一歷史性的時刻被記錄了下來：

> 十一日往訪寐叟（沈曾植），其家人云已於初八日赴蘇，詢其何日返滬，則云尚有耽擱。詢其與何人同行，則云朱某（其人乃常奔走於康沈之間者）。而今日報紙載對山已到京，或此老亦向北行耶？蘇遊之說自不可信。以此觀之，或尚有聽榜之日耶？近日報紙於橫梁事所記甚略，或暗中有動作乎？

王國維的記述清晰地向世人表明，七月一日張勳擁戴溥儀在北京復辟。六月三十日王國維函告羅振玉其在六月二十九日拜訪沈曾植不遇的情況。據王國維的分析，沈曾植顯然已經應詔北上，參與張勳復辟，至於其家人所謊稱的赴蘇州遊玩，也的確缺乏可信度。據此，王國維得出了沈曾植北上參與復辟的結論。值得思考的是，王國維並沒有就此表露其態度，其中的原因，不得而知。而其後的書信，則透露出王國維為何在書信中不表態的原因。在一九一七年七月十四日致羅振玉的信中，王國維寫道：

> 前日所寄書，因滬上業涇戒嚴，檢查郵信，故無多言，時局恐已於東報中惡之。

王國維的小心謹慎，由此可見一斑。而其後王國維對於張勳復辟後的時局。亦有頗多洞見之語。其中令人感慨的是，王國維在張

勳復辟失敗之後的失望，以及其間所流露的輕生之念，對於解讀王
國維其後生命歷程走向的悲劇性，無疑具有十分重要的啟示。透過
這些書信我們可以看到，在王國維的內心之中，居然有那麼多的憂
鬱，這樣的憂鬱與他個人的政治抉擇，文化取向息息相關，表露出
了王國維在人生歷程中繞不開的悲涼。在一九一七年七月十七日致
羅振玉的信中，王國維情緒低沉，甚至一度談到了自盡：

> 惟永所惓惓者不在公前恙之未去，而慮連日外界惡耗，甚不
> 與公體相宜，祈自寬假為荷……報紙記北方情形惟在軍事一
> 面，而寐叟等蹤跡均不一一紀，惟一紀陳、伊二師父，一投
> 環，一赴水，不知信否？黃樓赴荷使署，報言係西人迎之，
> 殆信。又言其志在必死，甚詳，此恰公道。三百年來乃得此
> 人，庶足飾此歷史。餘人亦無從得消息，此等均須為之表
> 彰，否則天理人道均絕矣。

　　王國維十年之後自沉於昆明湖，伏筆就此埋下。平心而論，對
於張勳復辟這樣顯然與歷史潮流相悖，開歷史倒車的事件，理應遭
到歷史公正的審判。而王國維之於張勳復辟失敗後的低沉情緒，很
大程度上能夠理解王國維在一九一七年至一九二七年這十年間日漸
悲觀絕望，最終在北伐以摧枯拉朽之勢一改中國面目之時斷然自
沉，以死一謝天下。對於王國維來說，張勳復辟無疑對他是個巨
大的打擊。其實質在於將王國維對於清室是忠心變成了笑談。在
張勳復辟失敗之後，溥儀被迫出宮，王國維羞憤交加，與羅振玉
相約赴死。這一約定的真實含義，確認了王國維的遺老身份，也
彰顯了王國維於氣節面前的毫不卻步，其人生的最終結局，也只
是順理成章。

　　王國維在經歷過張勳復辟失敗的消沉之後，逐漸走入他學術的最高峰。這一事實的鮮明體現，便在於其寫下了流傳千古的《殷周制度論》。《殷周制度論》從表面上看，對於殷周之際中國政治文化之變革作出悉心考察，指出「中國政治文化之變革莫不劇於殷周之際」的歷史真實。這是全文開宗明義之句，極其深刻地顯示出了王國維的過人之處。幾乎與王國維同時代的歷史學家，都將秦始皇的大一統，看作中國歷史最為重大的轉折。而唯獨王國維獨具慧眼，將目光投向了殷周之際。王國維指出，殷以前無嫡庶之制。殷商繼統之法以弟及為主，而以子繼輔之，無弟然後傳子，終於導致中丁以後的動亂。到了周代，鑒於商代的歷史教訓，遂由周公訂立捨弟傳子之法。

　　王國維寫出《殷周制度論》除卻其政治學上的日漸精進之外，對於國家前途命運的關切或許也是此文的深刻寓意。作為目睹中國數十年來動亂的親身經歷者，王國維深知國家長治久安的重要性。他認為社會不安定源於紛爭，而解決紛爭最直接的辦法就是建立秩序。王國維由此對於周公建制大加褒揚。坦白而言，王國維雖然史識極深，但於西方政治文明之精要，茫茫然不知其所以然。因此他無法認識到西方民主政治，之於中國有著怎樣的意味深長。而他所醉心的周公建制，以德治為中心，欲求國家之長治久安，恐怕行之中途便會夭折。歷史已經證明了這種制度的末日已然來臨，王國維之於其中的寄寓，恐怕也只是鏡花水月。

　　王國維於一九一七年另外一件重要的大事，便是收到了北京大學的邀請，出任北大教職。此事在王國維的書信中有所記載：

前日蔡元培忽致書某鄉人，欲延永為京師大學教授，即以他辭謝之。

　　王國維書信中所指到的「某鄉人」，指的是王國維的舊時同窗，時任北大教員的馬衡。王國維表面上稱「辭謝」，實際上卻以此先後與羅振玉、沈曾植二位商議，沈曾植持贊同意見，聲稱「其如有研究或著述事囑託，可以應命」。而羅振玉則並無反對態度之表示。但是王國維內心深處有一個繞不開的坎，那便是在張勳復辟之時，王國維與北大立場迥異，此事可作為解讀王國維內心世界的一個注解，由此王國維拒絕了北大方面的邀請。一九一八年北大再次函邀，王國維仍舊婉拒。

　　王國維最終還是在馬衡的牽線下與北大有過短暫的結緣。在一九二三年之時，蔡元培還曾經多次前往王國維在上海的居所造訪。蔡元培日記中簡略記述了與王國維互相往來的場景。蔡元培向王國維借書，與王國維談論東西方文明之特點。王國維斯時與北大的關係，於此可見一斑。但時隔不久，由於北大考古學會〈保存大宮山古跡宣言〉見諸報端，此文以極為急促的語氣，指責皇室破壞古跡。對於王國維而言，皇室乃是其生命精神之寄託，指責皇室，無異於對王國維的羞辱。因而王國維立即去信沈兼士、馬衡提出強烈抗議，並立即撤回了擬登北大《國學季刊》的全部稿件，王國維與北大之緣分，於此終結。

　　王國維與北大的分分合合，表面上看，終結於北大方面對於清室的冒犯，其更為深層的原因，恐怕是對於北大所代表的新思潮的難以認同。雖然王國維出於私誼與北大有過短暫的結緣，但是對於北大新思潮的泛濫，始終頗有微辭。更何況在關鍵時刻，北大還出現了對於清室的指責之聲。在終身對於清室念念不忘的王國維聽

來，自然無端生出怒火，一怒之下與北大斷絕往來。事實上在其書
信中，其對於北大以及其中引領新思潮的舉動，無疑心懷不滿。其
在一九一九年致羅振玉的信中，坦言新思潮之危害：

> 宋聲與時局亦稍有合符，惟新思潮之禍必有勃發之日，彼輩
> 恐尚未知有此，又可惜世界與國家卻無運命可算，二三年中
> 正未知有何變態也。

時隔一年的一九二〇年，王國維在致日本學人狩野直喜的信
中，再次談到新思潮之危害：

> 世界新思潮湧動澎湃，恐遂至天傾地折。然西方數百年功利
> 之弊非是不足一掃蕩，東方道德政治或將大行於天下，此不
> 足為淺見者道也。

王國維對於新思潮的恐懼乃至其對於東方文化的信念，與他的
學術抱負政治抉擇，互為參照。通過對比我們可以看出，雖然他與
蔡元培、馬衡諸人不無私交，但是對於他們身後的北大以及其所標
注的新思潮的大本營，始終望而卻步。他與北大關係的脆弱，也是
他本身徘徊於清室與北大這一舊一新的兩個象徵性事物之間內心的
矛盾使然。雖然蔡元培就任北大時一再強調大學乃是純粹研究學術
之機關，但在王國維看來，北大乃是學術與政治的結合體，取捨之
間，難衡輕重。溥儀被逐出宮之後，王國維所謂南書房行走一職有
名無實，但他卻依然隨侍溥儀左右。曾經的北大同仁胡適力薦其去
清華國學院任教，王國維一再猶豫，其中的緣由，恐怕也有北大一
事在其心中留下的陰影有關。最後由胡適向溥儀說項，溥儀面諭王

國維接受清華教職，王國維才勉為其難。只是王國維雖然應聘清華，但於「教授」一職，始終推謝不就，唯有「導師」這一指稱，王國維才以沉默予以認同。「教授」與「導師」，一為新說，一為舊說，王國維捨新取舊，其中的含義，不語自明。

　　一九一七年之中，經歷人生的人起人落，已過不惑之年的王國維逐漸走向生命的低潮。他於此間十年的生活，被濃重的悲劇感所覆蓋。這種悲劇感就近而言，諸如他自身的體弱多病，乃至其子的早夭；再如溥儀被逐出宮，清室從此在名義上和形式上已經全部消亡。由遠而言，中國數十年的浩劫，國際形勢的風雲變幻，人類前途的灰暗無光，都成為王國維心中揮之不去的隱痛。作為一個始終徘徊在學術與社會之間，出世與入世之間的學人，王國維想要有所作為，很少很少。而他於這一歷程中的心跡，構成了二十世紀中國知識分子悲劇性命運的樣板，由此對一個時代作出了注釋。

（五）

　　王國維一九一七年貫穿始終的一件事，在於其對俄國革命乃至世界大勢的關注。其間所透露出的王國維生命歷程之中濃重的宿命意味，始終揮之不去。而王國維在這一年中對於世界走向的深刻預見，成為了其後二十世紀中國乃至全人類悲劇性結局的初始。這些預見在王國維的書信中依舊有跡可循。如果說王國維在寫《紅樓夢評論》時，其中的感傷乃是因為深切領會叔本華悲觀主義哲學之要義，由此引發共鳴。及至其寫《人間詞話》，已經有了閱盡人世的蒼涼感喟。而他在書信中留下的悲歎，一再向世人提示前途命運的深不可測。只是這些書信隱而不彰，及至其為人所知，災難的歷史已然走向了尾聲。

　　一九一七年俄國的二月革命方興未艾，王國維在致羅振玉的書信中寫道：

> 俄國革命事起，協商諸國內情可見。此事於東方內政外交影響甚大，以後各國國體政體均視同盟與協商之勝敗為轉移耳。

　　王國維在二月革命之後，居然立即斷言了其對於東方內政外交的影響，更為重要的是，他以此為據，指出其後各國政體取向上的走勢。可見王國維雖然身處書齋，卻是心憂天下，而且其憂並非杞人之憂，而是帶有鮮明的歷史敏感。要說王國維是個純粹的學人，恐怕難以為人所認同。只是王國維在不經意間所吐露的心跡，以及其中對於歷史本身的洞察，也只有純粹之學人才能一語道盡。王國維之過人之處，其實並不僅僅在於其治學之浩瀚，涉獵之寬廣，這是許多學人通過努力可以達到的。其最為過人之處，在於觀察歷史本身之時的一針見血，慧眼獨具。

　　一九一七年的十月革命之後，王國維再次致書羅振玉談到了俄國之局面與世界大勢：

> 西方和局或不甚遠。此間並有俄都已陷之謠，不知東報所載如何？

　　王國維由對西方局勢的預見，提及俄國都城失陷，其所意指，乃是俄國一九一七年的十月革命。王國維從二月革命至十月革命之中，在當時信息條件並不十分發達的情況下，予以了高度的關注。

雖然王國維在行文中並沒有準確地認識到，所謂的二月革命與十月革命，完全是截然相反的兩次運動。二月革命之實質，乃是沙俄統治下的民眾在不滿沙皇國內國際政策之下，奮起反抗推翻沙皇，建立臨時政府，它標注了民眾之於統治者的反叛。而十月革命則是二月革命之後俄國各派政治勢力此消彼長，國內擁有兩個在性質上並不相同的政府。在民意乃至人數上並不佔優勢的布爾什維克黨強行以暴力的手段打擊俄國其他政治勢力，強制驅散由社會主義者為主的立憲會議。所謂十月革命攻佔冬宮，完全是一個華麗的玩笑。

　　十月革命的當天，劉鏡人在致北大政府外交部的電報上說：「近俄內爭益烈，廣義派勢力張，要求操政權，主和議，並以暴動相挾制。政府力弱，鎮壓為難，恐變在旦夕。」而在十月革命之後，《新青年》登出馬克思主義專號，堂而皇之地歌頌十月革命。毛澤東曾經在〈論人民民主專政〉中如是表述：「十月革命一聲炮響，為我們送來了馬克思主義。」「中國無產階級的先鋒隊，在十月革命以後學了馬克思主義，建立了中國共產黨。」

　　王國維對二月革命與十月革命雖然不甚瞭解，但他卻對其中隱藏的不為人所注意的暴力傾向，表示了本能的反感。其在一九一七年致書北方宿儒的歷史預見，已然為歷史所驗證。雖然王國維對於時事，並不親身參與之經歷，但他冷眼旁觀的感歎，卻昭顯了哲人無法為外人道的清醒。其在一九一七年年末，悲劇性的宿命感再次籠罩：

　　　　俄德過激黨事，英法俱有戒心，恐日本亦未必不然。然至今
　　　　不聞諸國有剪除之計。乙老謂威爾遜恐有與德過激黨有密
　　　　約，故不能致討，理或有之。然對此種人食言而肥有何不

可。德利用之傾俄，終受其禍，乃甘蹈其覆轍而不悟耶！長此以往，則全世界將受其禍。前日致風老一書言之，次日又作一函致同鄉之某說以利害事，恐未必有效。如此則大禍不遠矣。魏人之中恐懷此主義者甚多，中國報紙亦附陰贊其說，我生不辰，如何如何！

　　將德國的皇帝專制，與蘇俄的紅色政權相提並論，稱作「過激黨」，王國維對於此種政治勢力的暴力傾向，表現出了不敢苟同的意向。事實證明，王國維在為中國居然有如此多的人為十月革命歡呼雀躍而撫掌歎息。即便是如魯迅之深刻者，也難以看出十月革命的背後，有著怎樣的歷史沉澱。而恰恰是這個被人罵作因循守舊的王國維，出人意料指出了十月革命的歷史暴虐，並由此衍生出「我生不辰」此類絕望的歎息。

　　由張勳復辟直至北大延請，其後撰寫出將憂國之意寄寓其中的《殷周制度論》，直至十月革命事起發出「我生不辰」的感喟，一九一七年的王國維如此地具有象徵意味。透過解讀一九一七年王國維的經歷，可以清晰地讀出那個時代知識分子複雜的心路歷程。其中的悲涼、失落，種種情緒的交織，形成了王國維悲劇性人格的必然。其十年後的自沉，如同一個遲到了十年的儀式，祭奠出王國維的歷史預見。其在一九一七年冬日所寫下的「觀中國近況，恐以共和始，而以共產終」，一語成讖，成為災難的二十世紀中國極為精準的寫照。王國維的背影雖然已經在一九二七年遠去，但其在一九一七年的預見，至今依然提示了我們歷史本身所蘊藏的令人無法正視的殘酷。

《吳宓日記》中的陳寅恪

躺在書櫃裏的《吳宓日記》，為朋友於打折書店中購得所贈。在扉頁上，友人寫下了「實為研究陳寅恪之重要材料」諸如此類的文字。那時我正在讀《陳寅恪詩存》，讀得心緒消沉，感慨萬千，友人所贈陳寅恪之摯友吳宓所著《吳宓日記》，也沒有心思再去翻閱。而且在我一貫的觀點中，日記所云，通常是習以為常的流水帳，雖有史料價值，但是從中發現所感興趣的內容，無異於大海撈針，所以這套《吳宓日記》一直在書櫃中享受寂寞的命運。

當我讀到吳宓的女兒吳學昭依據《吳宓日記》以及吳宓的書信所寫下的《吳宓與陳寅恪》一書，才羞愧於自己的無知淺陋。我沒有想到的是，吳宓先生在日記中寫下的，居然有那麼多的唏噓感慨，而其中所記載的與陳寅恪長達半個世紀的交往，更是一曲知識分子精神史的悲歌。從黃昏開始讀起，讀至深夜，竟渾然不覺。連續好幾天，我待在書房裏，將《吳宓日記》中道盡人世感歎的文字一一折頁，一冊日記讀下來，書的邊角已經密密麻麻聚集了大量的折角。《吳宓日記》中史料之珍貴，想來可見。

我認為《吳宓日記》中最令人心動之處，在於吳宓所記載的與陳寅恪之間交往的種種共鳴。從哈佛大學至清華，從北平到蒙自，直至西南聯大，最後是陳寅恪詩作中的「暮年一晤」。這一歷程，見諸《吳宓日記》，恰恰是吳宓、陳寅恪二人的一生際遇，而其後所折射出的國家、民族的變局，則更顯示出這兩位學人的坎坷命運。

出身文化世家的陳寅恪，彷彿是百年民族命運的一個縮影。造化弄人，偏偏將其一家三代從政界趕到了文壇，又從文壇擠到了學界。陳寅恪的祖父陳寶箴，乃是洋務運動、維新變法中的風雲人物，他所治下的湖南，原本是保守閉塞之地，洋務運動中突然開風氣之先，興學、辦報、採礦、開廠，努力將湖南從封建社會改造成為初具現代文明特徵的地域。然而時代急轉直下，維新變法失敗之後，陳寶箴與其長子陳三立被朝廷革職，永不敘用。陳三立斯時悲憤交加，索性專注於詩歌創作，遂成清末同光體代表人物。「憑欄一片風雲氣，來作神州袖手人」，其中的悲涼，不足為外人道。陳寅恪身負家族榮辱，一生以家族為榮，念念不忘自己的身世，晚年在〈贈蔣秉南序〉中，尚有「默念生平，未嘗侮食自矜，曲學阿世」的自我慰藉，更有「此豈寅恪少時所自待及其異日他人之所望於寅恪者哉」的自許。祖輩的功業，使得陳寅恪極為精通西學，但終身堅持中國文化本位論，在行文中有「思想囿於咸豐同治之世，議論近於湘鄉南皮之間」的自述，這樣的文化觀，使其與吳宓一拍即合。吳宓身為留美學生，歸國後卻創辦《學衡》這一明顯有復古傾向的雜誌，組建以培養國學人才為要旨的清華國學研究院，與陳寅恪的影響，有莫大的關聯。

陳寅恪與吳宓相識，始自哈佛同學時期。吳宓經陳寅恪之表兄俞大維引見，得以與陳寅恪認識。吳宓在其編年譜中有云：

> 俞大維君，畢業於聖約翰大學，短小精悍，治學極聰明。其來美國為專習哲學，俞大維君又多稱道其姑表兄陳寅恪君之博學與通識，並述其經歷。宓深為佩仰。

對於陳寅恪之敬佩與好感，溢於言表。其後在一九一九年三月二十六日的日記中，又記錄了陳寅恪所贈七律《紅樓夢新談》題辭一首。吳宓在日記中寫道：

> 陳君學問淵博，識力精到，遠非儕輩所能及，而又性氣和爽，志性高潔，深為傾倒，新得此友，殊自得也。

時隔不久，在四月二十五日的日記中，吳宓又記錄下了陳寅恪所發之議論，評論道：

> 陳君中西學問皆甚淵博，又識力精到，議論透徹，宓傾佩至極。古人曰聞君一席話，勝讀十年書，信非虛語。

而對於陳寅恪學問的廣博，吳宓也有獨到之評價：

> 宓中國學問，毫無根底，雖自幼孜孜，仍不免於浪擲光陰。陳君昔亦未嘗苦讀，惟生於名族，圖書典籍，儲藏豐富，隨意翻閱，所得已多，又親故通家，多文士碩儒，側席趨庭，耳濡目染，無在而不獲益，況重以其人之慧而勤學，故造詣出群，非偶然也。

吳宓的解析，無疑獨具慧眼。後人研究陳寅恪之學問，往往過分注重其中的傳奇色彩，如陳寅恪記憶力超群、過目不忘，能在課堂之餘將葡萄酒原產於何地、流傳何處的脈絡梳理得一清二楚……這種研究學問的態度，往往有獵奇的嫌疑，惟獨吳宓，在與陳寅恪交往之初，就能一眼洞穿其幼時家庭在其中的具體影響。

　　陳寅恪的學問廣博，固然有其家風熏染的原因，然而陳寅恪後
天自身的努力，也是極為重要的原因。吳宓在一九一九年八月十八
日的日記中，再次寫下了自己對於陳寅恪的感佩：

> 哈佛中國學生，讀書最多者，當推陳君寅恪，及其表弟俞大
> 維。兩君讀書多，而購書亦多。到此不及半載，陳君及梅
> 君，皆屢勸宓購書。回國之後，西文書籍，杳乎難得，非自
> 購不可。而此時不零星隨機購置，則將來恐無力及此。故宓
> 決以每月膳宿雜費之餘資，並節省所得者，不多為無益之
> 事，而專用於購書，先購最精要之籍，以次類及。

　　吳宓在日記中指出陳寅恪學問的家傳而外，又點明了讀書、買
書的重要作用，看似平常，卻暗含深義。吳宓在對陳寅恪表示欽佩
之餘，決心效仿。今天眾多家長把子女送入學校，除去寄生活費之
外，對於子女的讀書引導，殊少關心。陳寅恪的成長，對於今天的
家長而言，是一個很好的借鑒，家中藏書，比藏金磚更有意義，而
引導孩子在日常生活中以讀書買為樂，也是教育的一個重要方面。
《吳宓日記》在無心之餘，記錄了陳寅恪成長的重要信息，可謂無
心插柳，而《吳宓日記》中所記載的有關於陳寅恪的另一些事情，
則是名副其實的有心栽花。
　　吳宓在美國修習比較文學，深受浪漫主義影響，故而其在感情
方面，也頗多浪漫經歷。而在陳寅恪看來，則力求務實，也更具理
性色彩。對此，《吳宓日記》中也有相關記載，透過這些記載，
我們可以看出，雖然吳宓與陳寅恪私交甚篤，但在許多問題上的看
法，實際上並不一致，但這並不影響兩人之間的交往，而適適恰恰

證明，陳寅恪在婚姻、感情方面之於吳宓的規勸，事後看來，無疑是推心置腹的忠告。

　　一九一九年九月二十日，《吳宓日記》中記載，收到朱君毅來的信，信中談到吳宓囑託毛彥文與朱君毅瞭解陳懿的情況。陳懿與毛彥文乃是同學，朱君毅與吳宓乃是校友。吳宓之所以打探陳懿的情況，乃是因為其同學陳烈勳介紹陳懿（陳懿為陳烈勳的姊妹）作吳宓的未婚妻。毛彥文在信中詳細介紹了陳懿的情況，並勸吳宓先與其試探性交往。吳宓讀完信後，少年春心蕩漾，寫下了如下文字：

> 此事（先行交往）殊不易決，更為遲疑忐忑者多日，娶妻首要性情，不嫌貌陋。此義宓深知之，且願躬行之，惟所難者，則陳女之性情實無從確實探察。拒之，則恐貽負心之譏，允之，則慮性情未必如何和善……

　　吳宓的忐忑不安，與其一貫的視愛情為神聖的心理，有著密切的關聯。在吳宓其後的日記中，有過多次的糾結，其間也有與陳寅恪之間的商榷。值得注意的是，同是少年意氣的陳寅恪，對於感情一事看來冷淡，而對於男女之情的複雜，陳寅恪也只能是冷眼旁觀。吳宓與陳寅恪同學期間，便有一樁這樣的事情。

　　據《吳宓與陳寅恪》一書記載，一九二一年春天，清華一九一五級畢業生蔡正君，就男女戀愛婚姻如何取悅對方達到目的，尋求其所需的五種條件，將種種條件所占比例製成表格，取名為「愛情衡」。「愛情衡」中家世、身體健康、交際才能等條件一一列出、應有盡有，對於這種極富功利性質的戀愛觀，陳寅恪戲題一絕，對其進行嘲諷：

文豪新制愛情衡，公式方程大發明。

始悟同鄉女醫士，挺生不救救蒼生。

詩中所云「女醫士」、「挺生」，吳宓曾經作出注解，指的是與陳寅恪同鄉的江西某留美女生，其從哈佛大學醫學院畢業後在某醫院任助理醫生，對於陳寅恪的同學衛挺生數十年的苦苦追求，置之不理。陳寅恪對於這種置他人情感如無物的態度，以作詩表示難以認同。陳寅恪的情感表達，從此詩中可以看出，帶有曲折難解的特徵。因此其身後留下的諸多難以為外人道的辛酸，也只有他自己知曉。

實際上早在一九一九年初，陳寅恪就已經與吳宓討論過此類問題。據一九一九年三月二十六日的《吳宓日記》記載，陳寅恪談到了東西方戀愛婚姻的差異，吳宓作出了詳細的記載：

> 陳君細述所見歐洲社會實在情形，乃知西洋男女，其婚姻之不能自由，又過於吾國人……

> 蓋天下本無「婚姻自由」一物，而吾國竟以此為風氣，宜其流弊若此也。即如憲法也，民政也，悉當作如是觀，捕風捉影，互相欺蒙利用而已。

陳寅恪由論及西方婚姻愛情，延伸至西方政治制度，可謂獨具慧眼。在民國時代，呼喚自由婚姻的思潮，一浪接一浪，從胡適的《終身大事》到巴金的《家》、《春》、《秋》，呼喚所謂婚姻戀愛自由的文學作品，代代不息。然而既便如此，籠罩在所謂現代戀

愛婚姻之上的功利色彩，始終揮之不去。劉少奇曾經將奔赴延安的青年的動機歸結為擺脫家族包辦婚姻的束縛，雖然有以偏蓋全的嫌疑，但也點明了題中之義。陳寅恪透過社會歷史的種種迷霧，指出西方婚姻戀愛自由之上的真實，並由此指出吾國吾民之於西方政治、文化的盲從現象。在西學東漸、全盤西化甚囂至上的時代，陳寅恪這樣帶有鮮明文化保守主義特質的觀點，值得深思。

　　另外的幾則史料，則更加能襯托出陳寅恪戀愛婚姻方面所帶有的文化保守主義特徵。一九二八年一月七日的《吳宓日記》中，記載了吳宓對於陳寅恪與唐篔婚姻的具體感知：「寅恪高人，似亦有不脫常人處。」隨後，陳寅恪在趙元任的宅中舉行訂婚喜宴，吳宓當時作詩一首，以紅箋寫就，贈給陳寅恪，陳寅恪欣然收下，「以宓賀詩傳示眾賓」。過了幾天之後，陳寅恪攜唐篔至吳宓宅中致謝，恪守傳統禮節之行為，都在《吳宓日記》中有所記載。

　　而陳寅恪與唐篔的相識，也帶有更多的傳統意味。陳寅恪出身世家，而唐篔也是名門之後，陳寅恪任教清華國學院之時，曾經在同事家偶爾談及北京女教師唐曉瑩家所懸條幅署名「南注生」，陳寅恪據此推斷唐篔乃是清末巡撫唐景崧孫女。後由媒妁相約，二人得以認識。陳寅恪曾讀過唐景崧的《請纓日記》，對於唐氏家世，頗多瞭解，而更為巧合的是，陳寅恪的母舅俞明震，曾在臺灣與唐景崧共事多年，二人可謂世代交好，後來經過彼此間的熟悉，二人最終結為連理，在共同生活的四十多年中，兩人相敬如賓，多有唱合。《陳寅恪詩存》中收錄的唐篔和詩，格調古雅，清新有致，別開生面。

　　陳寅恪於戀愛婚姻方面的既不從俗，也不故作姿態的獨立秉性，於其學術、思想以及立身處世的風格，都是互通的，一脈相承的。而其中他對於同事之看法，對於人物之評價，對於事件之參

與，都刻上了這樣獨立不為人所左右的個性。其晚年著述《柳如是別傳》，言稱「表彰我民族獨立之人格，自由之精神」，與其說是讚揚柳如是的磊落人格，不妨看作對於自我的巨大期許，其在〈贈蔣秉南序〉中所言「默念平生，未嘗曲學阿世，侮學自矜，似可告慰親朋」，雖然僅就學術思想自我總結，但其深意，卻得以使人管窺其人格之持重，不為流俗所擾。而「此豈寅恪少時所自待及異日他人之所望於寅恪者哉？」則是他描述自我陷於時代洪流中，無法實現自由的困境。

一九一九年，是近代中國史上不可缺少的一頁，五四運動風雲初起，蘇俄輸入中國的共產主義革命，悄然而至，遠在美國求學的吳宓與陳寅恪記錄下了他們之於革命的態度。八月十六日，吳宓在當天的日記中寫下了他對於學運的看法：

> 美國無學生罷學之事，而罷工之事則極多，其原因並非由貧民生計艱窘，並非由富豪資本家之苛虐，實由二三百年來，邪說朋興，人心浮動，得隴望蜀，生人之欲無盡，雖豐衣足食，常窺他人之多財，羨之忌之，則欲取而代之。又經社會黨、革命家之教煽，其風愈熾……

> 若輩罷工之趨諧，無非攫取社會中智識才能較高之人之財產，以為己有。至其有類強盜行為，則悍然不顧也。

> 至於工人受虐待等，此皆前古之事，今絕無之……每一罷工之風潮起，其結局必係加工資……

其害之猶大者，則凡有財產者，人人自危。甚恐一旦為人攫去無餘，彼工人罷工之不足，又受亂黨之煽動，遽效俄國過激派之行事，共產黨言均財，所謂共產均財者，無非以盡人之財產，收沒充公，而歸若輩享受管理之事。

這是《吳宓日記》中極為珍貴的史料，其對於革命起源之剖析，眼光精到。而這些迥異於吳宓本人日常所顯示出來的水平，按照常理而言，乃是受到了陳寅恪的影響。陳寅恪雖然在眾人眼中，僅僅是一名學問深不可測的學人，但在吳宓心裏，卻是心懷天下的臥龍人物。在一九一九年八月三十一日的日記中，吳宓記下了陳寅恪對於革命的議論，其中的見識，與吳宓數日前所說，頗有相似：

近讀史至法國大革命事，愈見其與吾國之革命前後情形相類。陳君謂西洋各國中，以法人與吾國人性習為最相近。其政治風俗之陳跡，亦多與我同者。美國則與吾國人，相去最遠，境勢歷史使然也，然西洋與吾國相類似者，當首推羅馬，其家族制度猶同。稍讀歷史，則知古今東西，所有盛衰興亡之故，成敗利鈍之數，皆處處相符合。

陳寅恪這一番議論，無疑比吳宓要高明得多。吳宓只是從表面上的勞資糾紛社會原因來剖析革命之源起，惟獨陳寅恪，從風俗習慣家族制度，探究其對於興亡之事的具體影響，可謂高屋建瓴。而陳寅恪成年之後投身隋唐氏族研究、府兵制研究，寫出《唐代政治史述論稿》、《隋唐制度淵源略論稿》，與其年輕時的議論，不無聯繫。

陳寅恪本人對於革命的深刻洞察，使得他在人生的抉擇上，始終以一種文化保守主義的姿態現諸世人，在〈續吳其昌撰《梁啟超傳》書後〉，陳寅恪回憶幼年，驚覺當世，寫下「少喜臨川新法之新，而老同涑水迂叟之迂」的自嘲之語。在馮友蘭〈《中國哲學史》審查報告〉之中，陳寅恪突然大發感慨：「寅恪平生好為不古不今之學，思想囿於咸豐同治之世，議論近於湘鄉南皮之間。」在〈觀堂先生輓詞〉中更有「當年英雄誰北斗，南皮太保方迂叟，忠順勤勞矢素衷，中體喜用資循誘」之句，以示對於文化本位論的推崇，這種文化取向上的一以貫之，很大程度上源於其文化世家的出身。祖輩的輝煌業績，使得陳寅恪的文化本位論抉擇，帶有一定的的必然。

雖然說陳寅恪是一個中國文化本位意識甚濃的文化保守主義者，但其在處事方面而言，不時透露出現代社會公民的獨立意識，這種意識與陳寅恪骨子裏自家族一脈傳承的士大夫敢於擔當的責任意識相交彙，成為了一種極具精神魅力的道德品格，這種道德品格在一九二七年清華大學的風潮中，顯露無遺。

據《吳宓與陳寅恪》一書所述，當年的留學預備部高等科二三年級學生，請求校長與外交部當局交涉，特批提前赴美。校長沒有遵從民主治校的原則，擅自批覆，繞開教授評議會做出主張。後來此事為教授評議會獲悉，引起一場糾紛。當時的報紙對此大肆報導，遂成一場風潮。當時的陳寅恪表示：此事傷及民主治校之原則，不能沉默。於是吳宓立即寫下〈清華教授反對高等科學生提前出洋〉一文，經陳寅恪修改，在《大公報》上刊出。

吳宓陳寅恪諸人為學校長遠發展考慮，卻招致學生的妒恨，以致矛盾日益尖銳，學生對他們作出種種辱罵，當時的《吳宓日

記》中記載，學生曾警告他們說：「如事終敗，則將傷害彼等以洩忿。」在七月二十日的《吳宓日記》中，居然有學生以剪刀挾制葉企孫教授，雙方相持達六個小時之久的驚人記載。

在學生的無理性面前，陳寅恪與吳宓毫不退讓，召開評議會，作出決議，敦請校長辭職。而後在眾人的壓力下，外交部發出指令：預備部高三高二年級均於明年出洋。清華風潮由此告一段落。陳寅恪於其中的不畏強權，挺身而出，乃是其晚年孤身抵抗黑暗時代的預演。

這一風潮結束後，事態並不平息。果然過了數月，清華又出現了另一椿波動很大的事情。清華四大導師之一的梁啟超被選為庚子賠款董事，極可能成為校長，曹雲祥在校長任上，極為害怕，極力反梁，並唆使朱君毅誣告梁啟超，後來真相大白，朱君毅辭職，而曹雲祥不久之後也匆匆離任。

在此之中，陳寅恪不僅在教授評議會上抨擊曹雲祥的居心叵測，更在事態即將平息之時，力薦梁任公出任校長，其大公無私，光明磊落，一時間傳為美談。當年的陳寅恪在海外遊學，梁任公向清華校長極力推薦陳寅恪。但陳寅恪一無著作，二無博士學位，令校方十分犯難。梁啟超大為惱怒，放言道：「我梁啟超也算著作等身，但著作加到一起，也不足陳先生三百字有價值。」陳寅恪因此被清華聘任。時隔幾年，陳寅恪在校園風潮中為梁任公解圍，既有報答知遇之恩的含義，也有知識分子獨立人格自由精神的昭顯。

這樣讓人動容的時代，匆匆逝去。一九二七年王國維自沉於昆明湖，梁啟超也在一九二九年不幸離世。由於趙元任平時大多數時間在外講學，故清華研究院中的核心人物，便是陳寅恪。但是陳

寅恪本人並不以此自居。二九年秋天國學研究院停辦之後，世態蕭索，《吳宓日記》中的陳寅恪，也因為兩人久不在一處工作，變得行迹渺茫。時隔若干年，在一九四九年之後，《吳宓日記》中，才重新出現了陳寅恪的身影。此時已經是一九六一年，陳寅恪七十二歲，吳宓六十五歲。距離他們在哈佛相識，已經過了半個世紀。

已經走過半個世紀的一對老人，在相見時，不由得感慨萬千。吳宓從四川出發，於武漢中轉至廣州，到了陳寅恪處所時已經是後半夜。斯時已經失明的陳寅恪，依然端坐在書房中，等待老友的到來，在《吳宓日記》中，他記下了當時的場景：

> 寅恪兄雙目全不能見物，在室內摸索，以杖緩步，出外由小彭攙扶而行，面容如昔，髮白甚少，惟前頂禿，目盲，故目細而更覺兩端自外下垂。

陳寅恪在一九四九年既不選擇北上就任高官，也不去臺灣依附國民黨，而是選擇了偏僻的嶺南隱居，成為了二十世紀中國知識分子獨立精神的楷模。而在一九四九年之後，中央政府多次派人請陳寅恪入京，陳寅恪堅決不為所動。即便是昔日弟子來訪，陳寅恪也毫不妥協，在一九六一年八月三十日的日記中，有此記載：

> 寅恪兄說明寓居中山大學較康樂便適，政府於是特致尊禮，毫不讓於蘇聯學者之請問也！此後政府雖再三敦請，寅恪兄決計不離中山大學而入京，以義命自持，堅臥不動，不見來訪之賓客……

　　在被陳寅恪拒絕的名單中，有昔日的得意弟子汪籛，有手眼通天的康生，而這些都成為他在文革中受迫害的起源。陳寅恪晚年在日漸高漸的政治批判運動中，堅決不參與任何政治表態，即便是吳宓，在五十年代也被逼寫下了所謂「自我批判」的文章，但陳寅恪始終堅守信條，並在極端困難的情況下，口述出了三大本《柳如是別傳》，煌煌八十萬言，吳宓對於陳寅恪這種「驚天地泣鬼神」的毅力，一再表示歎服：

> 寅恪兄之思想及主張，毫未改變，即仍遵守昔年中學為體，西學為用之說……但在我輩個人如寅恪者，則仍確信中國孔子儒道之正大，有俾於全世界，而佛教亦純正，我輩本此信仰，故雖危行言殆，但屹立不動，決不從時俗為轉移……

　　這樣的人生，太過於理想。事實也證明，一九四九年以來的種種世變，已經使獨立精神成為奢談，在一個文化冰川的時代，陳寅恪是如何堅守自己的內心，不為流俗轉移，旁人不得而知。但見陳寅恪的晚年卻以如此的高節，作出了一個時代中的知識人最後的抵抗。古來的學人，一向有修史的傳統，意在與專制抗衡，與遺忘作戰。陳寅恪之著述《柳如是別傳》以歌頌一個風塵女子的志行高潔，隱喻時代的沒落，其心之苦痛，難以言述。

　　吳宓離開廣州時，陳寅恪前往送別，若干年後吳宓在文革中致信中山大學詢問陳寅恪狀況時，陳寅恪已經在淒風苦雨中，孤獨地死去。當年在分別之時，陳寅恪曾經寫下七律一首，以為告白，詩中有云：暮年一晤非容易，當作生離死別看。陳寅恪和吳宓，果真像陳寅恪的詩句一樣，一別成為永別。

魯迅的最後十年

　　二十世紀的中國歷史上，無論如何，魯迅是個繞不開的人物。這樣無法迴避的地位，既有文學史上的定評，也有政治人物的首肯，使得魯迅這一原本僅僅擁有單純的作家身份的人物，一躍成為歷史天空中的耀眼明星。魯迅所生活的十九世紀晚期至二十世紀前半葉，正是中國歷史上的大變革時代，魯迅身處其間，其地位，難以確定乃至眾說紛紜。但是其於歷史的不可或缺，卻是絕大多數人的共識。而在魯迅故去以後，革命時代的全面降臨，魯迅也被冠之以「革命」的名義，成為一個時代的精神偶像。而這其中所體現出的喜劇色彩或是悲劇色彩，也為人所爭議不休。

　　在魯迅的生命歷程中，有著兩段相對稱的十年。前者乃是指一九〇八至一九一八年的十年沉默期，後者乃是指一九二七年魯迅遷居上海後充滿紛爭充滿焦灼的十年，直至魯迅本人故去。這樣的歷史對稱，無疑頗令人玩味。前者以沉默為特徵，後者以鬥爭為特徵。前者之後魯迅寫出《狂人日記》，故而成為五四新文化運動中的健將。而在後者成為歷史之時，其在後者的歲月之中所寫下所謂戰鬥檄文，成為一個時代的經典文本。有人以此荒唐地認定：魯迅乃是二十世紀中國文壇最為傑出的人物。

　　這樣的結論，忽視了魯迅影響之深遠背後的歷史內容。分而論之，魯迅在五四新文化運動中脫穎而出，並非單騎突進，而是與胞弟周作人一起，得以崛起於中國晚近歷史。魯迅的沉鬱深刻，周作人的平和淡然，代表了新文學運動的兩種影響最為深遠的文體。

後人以此將周氏兄弟比作堂吉訶德與哈姆雷特的東移，雖有牽強之嫌，但也是知人之論。與同時代的胡適、陳獨秀諸君在新文學運動中的草創與粗糙相比，周氏兄弟一出手，便顯示出過人的成熟。這種成熟與其說是天性使然，並不確切，要說是厚積薄發，也並非精準的評價。隱藏在他們其後的中國傳統文化的歷史幽靈，方是周氏兄弟文學的精魂所在。

與周作人的文章所透露出了中國傳統士人清新淡雅的格調不同，魯迅一出手，便顯示出了千年的專制強權社會之於人性恐怖的壓抑。其為人所廣泛讚譽的《狂人日記》，正是這一壓抑的明證。其間沉默十年所鬱積的悲憤，於此篇小說中奔湧而出。《狂人日記》在形式上乃至語言上，都顯示出了與傳統的決裂，進而透露出某種引領時代潮流的風氣。其中的名言，如翻開歷史一查，這歷史沒有年代，歪歪斜斜的每頁上都寫滿了仁義道德，再如從字縫中看出了吃人二字，如此等等，不一而足，顯示了魯迅在文字上的過人之處，而這過人之處除卻魯迅沉潛於古碑所鍛煉出的文字功夫，以及吳越文人出身刀筆吏之鄉受其文風浸染的原因而外，魯迅的十年沉默也是其中的重要原因。

魯迅在一九〇八年寫下的〈文化偏至論〉，文末記上「未完」二字，標誌了魯迅早期文學活動的一個終結。此後的十年，魯迅由學校教員而轉為教育部職員，直至五四新文化運動開始，才姍姍來遲，由錢玄同鼓動寫下了《狂人日記》，自此一發不可收拾。魯迅在這十年中的沉潛具體原因，如《新生》雜誌夭折，文學啟蒙之夢的破滅，在《吶喊》的自序中，有著清晰的記述。及至魯迅在後期所寫下的《野草》，其中一以貫之的孤獨感，清晰可辨。而這十年間，友人的故去，疾病的困擾，同時期照片中的倦容，都是魯迅這

十年苦痛心靈的佐證，而他在詩作中寫下的「故人雲散盡，我等亦輕塵」，既是緬懷舊友，也是對於自身命運的悲觀。

　　或許正是這種悲觀的積鬱，走出十年沉默期的魯迅，在五四新文化運動時代自由寬鬆的文化背景下，其在小說以及雜文中對於禮教的嚴厲批判，成為反抗封建潮流中不可多得的成熟文本。相比於冰心所謂反封建小說中的學生腔十足，巴金在三部曲中所透露出的文人由來已久的懦弱，魯迅的作品一經問世，立即高下頓顯。胡適據此將魯迅稱作白話文的健將，絕非過譽之辭。相較魯迅而言，胡適的〈文學改良芻議〉，甚至是陳獨秀的〈文學革命論〉，顯得極為淺薄，漏洞百出。另外的區別在於，陳獨秀、胡適的文字，充滿了朝氣蓬勃的活力，而魯迅的文字，更像是一個深諳世道人心的老人。

　　魯迅文字上的這種老成，也恰恰是其心態以及人格的反映，其世故的特徵，也是顯而易見的。雖說魯迅在十年沉默期沉潛於古碑乃是生活中諸多希望的破滅，但是其中最為重要的時代對於思想以及言論的控制，才是最為重要的原因。對此，周作人曾經有過極具史料價值的描述：

> 洪憲帝制活動時，袁世凱的特務，如陸建章的軍警執法處大概繼承的是東廠的統系，也著實可怕，由他抓去的人至今無可計算。北京文官大小一律受到注意，生恐他們反對或表示不服，以此人人設法逃避耳目，大約只要有一種嗜好，重的嫖賭蓄妾，輕則玩古董書畫，也就多少可以放心，如蔡松坡之於小鳳仙，是有名的例……魯迅只好假裝玩玩古董，又買不起金石品，便限於紙片，收集些石刻拓片來看。

　　這段文字，無疑揭示了魯迅為人所忽視的曾經。其在十年中所選擇的沉潛，也並非如其自述中所言，乃是因為種種希望的破滅。「假裝」一詞，雖帶有周氏兄弟之間的個人恩怨，卻也道出了魯迅選擇沉默的不得已而為之。相較於同時期的陳獨秀，魯迅缺少敢為人先的銳氣，而相較於同時期的胡適，魯迅更是缺少青年人的奮發圖強。正是因為這樣的原因，魯迅對於同鄉秋瑾的憑弔，也僅限於以小說曲筆道出，對於摯友范愛農的緬懷，也僅限於對於過往語焉不詳的感慨。必須指出的是，魯迅這一抉擇的背後成因，乃是深味世故表面下的怯弱。

　　怯弱者的一個重要特徵，便是對於危及自身生存的事物心存敵意。魯迅的怯弱在此後的歲月中盡顯無疑。五四時期，學生上街，魯迅曾經滿懷驚恐地阻止，學生被槍殺，魯迅的悼念文字，也極盡拐彎抹角。這一心態與行為，即便是較諸一向平和的周作人，都顯得說不過去。要知道學生受難之後，當魯迅作壁上觀之時，周作人憤而寫下一副輓聯，這幅輓聯可能是知堂老人一生中最為血性的文字：赤化赤化，有些學界名流和新聞記者還在那裏誣陷；白死白死；所謂革命政府與帝國主義原是一樣東西。

　　怯弱者的另一個特徵，便是在時代重壓下選擇沉默，一旦生存無礙，壓力消失，其所爆發出的驚人的破壞力，難以估量。縱觀魯迅一生，從北京跑到廣州，又從廣州跑到上海，最後實在無處可藏，只好躲進了法租界。古人所云孟母三遷，乃是為了讀書求學，魯迅的三次逃跑，卻都是因為怕死。當其躲在法租界拿著國民政府教育部的高薪，同時生存無憂時，其文字所顯示出的無知狂妄，目空一切，凡事不論道理、只憑感覺的特徵，乃是一個懦弱者通過文字施虐試圖擺脫懦弱心理以顯示強悍的行為。於此相類似的則是毛

澤東，其在五四時代奔赴北京，蝸居北大圖書館管理員的職位時，其謙恭，其卑微，若干年後連毛澤東自己也感慨萬千。而他在被捕之後令人歎息的表現，長久以來也被人刻意遮掩。或許正是因為同樣的心理痼疾，坐定江山氣定神閒後的毛澤東，對於他痛恨的知識分子　清算，就連跑到美國的胡適也不能倖免。也許是毛澤東自己意識到了自己與魯迅有著相似之處，毛在一次著名的講話中，將魯迅稱作文藝戰線上的總司令。總司令一說雖然粗鄙，卻有將魯迅引為同道的意味。而毛在另一場合則公開表示：「我和魯迅的心理是相通的。」自知之明，表露無疑。

　　魯迅在一九二七從廣州到上海，最後躲進法租界，以充滿暴虐意味的雜文了卻餘生，乃是他一生中最具標注性意味的轉折。後人在論及魯迅此次轉向時，多數將其看作進一步與革命接近距離，從而成為眾人眼中的革命作家。這一論定的思想根源，無非是毛澤東〈在延安文藝工作者座談會上的講話〉所強調的所謂兩條戰線，亦即所謂的文化戰線和軍事戰線。魯迅在最後的十年中加入左聯，對於梁實秋胡適諸人的攻擊，在研究者的眼中無疑就是魯迅在文化戰線上戰鬥的佐證。

　　這些人研究魯迅，大多是用魯迅的材料來闡發，論證毛澤東思想的正確性，因而也失去了研究所必須具備的最基本的獨立性，從而忽視了一九二七年蔣介石的清黨，以及波及一九二七年歷史大局的北伐，乃是促成魯迅轉變的根本原因。因此解讀蔣介石所發動的北伐以及「清黨」，乃是弄清魯迅這一轉折的重要工作。透過蔣介石的北伐與清黨，也可以清晰地看到其在影響政治的同時，對於文化領域的影響，同樣不容忽視。

　　蔣介石由孫中山那裏繼承而來的北伐，可謂扭轉晚近中國歷史走向的標誌。其影響之劇烈深遠，較諸這一段歷史中的任何事件，都顯得無與倫比。北伐之深意在於，它以極為暴力的方式，將晚近歷史的改良徹底堵死，其後的歷史變革，再也不是訴諸和平漸進的演變，而是訴諸劇烈暴虐的巨變。而北伐的身後，更有孫中山個人選擇的歷史性遺憾。二十世紀初的中國，面臨諸多的歷史抉擇，既有選擇英國日本式的君主立憲的可能，又有選擇美國聯邦共和的空間。更何況斯時還有陳炯明諸人以躬行的方式推行聯省自治，以此瓦解中國綿延數千年的大一統專制體制的傳統。其中最壞的選擇，就是追隨蘇俄革命。孫中山的抉擇，也正是這一最壞的選擇。後來的歷史發展證明，革命越來越暴虐，越來越兇殘，到了六七十年代，跌入中國歷史上最黑暗、最兇殘的時代。其間的責任，孫中山難辭其咎。

　　孫中山晚年建立黃埔軍校，著手發動北伐，對於歷史的深刻意義，實際上並不亞於五四新文化運動，只是五四新文化運動所昭顯的乃是文化的啟蒙，而黃埔軍校與北伐，張揚的乃是暴力的威力，這在中國的歷史上，當然有迹可尋。數千年前的秦始皇，正是以這樣的方式，完成了中國歷史上的第一次統一，而後中國歷史上的王朝政變，統統乃是經由暴力所易手。換而言之，中國的歷史上，暴力乃是一個源遠流長的傳統，只是北伐的不同在於，它在行暴力之實的同時，更有一堆令人眼花繚亂的主義的包裝。

　　這種主義的包裝名為三民主義，卻是列寧主義於中國的歷史承繼。雖然孫文對此不甚了然，但是知識分子之於列寧的熱烈歡呼，卻是一目了然。所謂「十月革命一聲炮響，給中國送來了馬列主義」，在表述上稍有偏差，其給中國送來的，乃是列寧主義中最為讓人不安的暴力成份。李大釗在十月革命時期所寫下的〈布爾什維

主義的勝利〉，成為了歡呼暴動的絕佳佐證。而魯迅在此時，與李大釗相呼應，讚美十月革命乃是「新世紀的曙光」，同樣是歷史性的證明。《新青年》所提倡的自由思想亦因陳獨秀將其移至上海，喪失殆盡，而李大釗與魯迅的激情也在此後成為與《新青年》一樣，喪失了最為基本的價值判斷。

可想而知，十月革命的蘇俄，與孫中山的一拍即合並非偶然。知識界的歡呼加上蘇俄主動送上軍火為之出謀劃策，孫中山予以笑納，也是人之常情。當年孫中山尋求日本支持時，開出了割讓東三省的天價，日本人也不為所動，而此時蘇俄出手闊綽之餘，還主動提出歸還沙俄時期侵吞的中國領土，兩相比較，孫中山的選擇不言而喻。只是孫中山斯時乃至去世之前都未曾想過，天下哪裡有掉餡餅的美事，蘇俄獻殷勤的背後，實際上包藏著以中國為跳板，稱霸全世界的野心勃勃，這與當年日本侵佔朝鮮，進而發動甲午戰爭，可謂異曲同工。

在這樣的背景下，孫文發動北伐，統一天下，只是出師未捷身先死，在北京溘然長逝，至死也沒有做成他夢寐以求的所謂大總統。而他所發動的北伐，卻以摧枯拉朽不可阻擋之勢，一舉逼到了長城以北。知識分子在北伐之時，摩拳擦掌，紛紛投筆從戎，其中最為人所熟知的，便是在其後的革命年代暴得大名的郭沫若和茅盾。魯迅對北伐雖然沒有親身參與，但他於十月革命之時的歡呼，已經昭顯了他的態度。

蔣介石在北伐之餘清黨，無疑是其一生最大的敗筆。蔣介石借清黨之機，與蘇俄決裂，有其政治上的野心，無可厚非，然而大肆屠殺共產黨，卻是一錯再錯。要知道斯時的共產黨，乃是由一群經歷過五四新文化的青年所組成，這個黨的領袖，更是五四新文化運動引領時代潮流的陳獨秀。這個黨從政治上而言，是一個政黨，從

文化上而言，乃是中國一個意味深長的文化標記。蔣介石之清黨，
除卻政治上的厚黑，文化上的無知也是重要原因。清黨之後眾多知
識分子出於最基本的人道主義之於國民黨的反感，也的確是理所當
然，而稍具叛逆氣質的與國民黨公然說不，也只是順理成章。從
這個層面上來說，蔣介石只懂殺人，不懂攻心。國民黨一九四九
年敗退唯一能夠擺在檯面上的，也就是一個黃埔軍校，而這個黃埔
軍校，卻是以暴力為圭臬，不以文化為然。進一步言之，一九四九
年共產黨人之於國民黨人的勝利，不僅僅是政治上的比拼和軍事上
的較量，更是文化上的爭鋒。共產黨高喊的民主與蔣介石堅持的獨
裁，誰能贏得民心，尤其是知識分子的心，一目了然。

　　經歷過北伐與清黨的魯迅，躲進上海法租界，與外界幾乎不通
音訊，其沉悶之生活，可以想見，而此時左聯找上門來，類似於當
年蘇俄尋訪孫中山，正好投了魯迅的下懷，要說魯迅天生革命，並
不確切，然而他對革命的嚮往，確實一以貫之。且不說他在留學日
本時曾經仰慕章太炎之革命俠士風範，與胞弟周作人同去章太炎處
聆聽教誨，暮年垂死之際作〈關於太炎先生二三事〉，尚對章太炎
當年持大勳章作扇墜，大鬧總統府一事津津樂道。其於自身，撰寫
〈文化偏至論〉、〈摩羅詩力說〉，同樣是受了革命的鼓動。但是
魯迅對於親身參與革命，則顯得勉為其難。當年學生上街，魯迅不
無惶恐，學生火燒趙家樓，魯迅更是憂心忡忡。李大釗在北京被張
作霖殺害，魯迅顯得消極怠慢，不似周作人那樣義無返顧，主動收
養李大釗的遺孤。與其說魯迅不革命，不如說魯迅世故，而且這一
世故長久為人所遮掩。茅盾在七十年代末所言不要神化魯迅，所針
對的恰恰是這種行為。

魯迅與左聯的一拍即合，使得魯迅在晚年因沉默困居而鬱積的憤懣得以發洩，因而魯迅最後十年的文章招招攻勢凌厲，出手兇狠，其心態，無疑是不正常的。其在文壇上四處出擊，處處樹敵，也為時人所詬病。在魯迅所攻擊的人排成的長長的名單中，有前輩學人康有為、嚴復，甚至還有他的老師章太炎；同輩學人中，有林語堂、梁實秋、徐志摩等；晚輩學人中更有施蟄存，沈從文諸人。其中對於章太炎、梁實秋、徐懋庸的攻擊，最為失態，充分暴露了魯迅晚年為鬥爭所苦的真實境遇。

門生如雲的章太炎，對於魯迅這樣的學生，實際上並無特別之印象，他所看重的，多是舊學造詣頗深的弟子，其在年譜中自述：「弟子成就者，蘄春黃侃李剛，歸安錢夏李中，海鹽朱希祖逖先。季剛、季中皆明小學，季剛尤善音韻文辭。逖先博覽，能知條理。其他修士甚眾，不備書也。」由此可見，魯迅在其心中，並無特殊，但魯迅本人的學術著作《漢文學史綱要》以及《中國小說史略》，處處留下了從學於章太炎的痕跡。其評價章太炎，即便不念及舊日恩澤，至少也該存有起碼的誠實。其在〈關於太炎先生二三事〉中聲稱「先生的音容笑貌，還在眼前，而所講的《說文解字》卻一句也記不得了」，無疑是在抹煞章太炎之於他的影響，至於他在〈趨時和復古〉中無端指責章太炎，更是不講道理：

> 康有為永定為復辟的祖師，袁皇帝要嚴復勸進，孫傳芳大帥也來請太炎先生投壺了。原是拉車前進的好身手，腿肚大，胳膊也粗，這回還是請他拉，拉還是拉，然而是拉車屁股向後，這裏只好用古文「嗚呼哀哉，尚饗」了。

　　將章太炎教的古文用作嘲諷章太炎，其刻薄可以想見，而將章太炎參與孫傳芳投壺一事加以貶斥，毫無根據。按史學家考證，章太炎受邀投壺，確有其事，但章太炎本人卻是拒絕前往，至於將章太炎與參與復辟的康有為、嚴復相比，更是不懂裝懂。章太炎之所以在晚年對於革命心存警惕，其實質在於其在晚年之時，為聯省自治極力吶喊，在這一點上，身為革命派主筆的章太炎與改良派主筆梁啟超，可謂殊途同歸。然而孫中山引領北伐，執意一統天下，章太炎在震怒之餘拂袖而去，表示不敢苟同。不明就裏的魯迅，將章太炎比作所謂革命的馬車夫，前半生往前拉，後半生往後拉，頗有無知者無畏的氣概。

　　由此反觀魯迅之於梁實秋的攻擊，更能看出其心態的失常。以梁實秋為代表的新月社作家之於魯迅的批評在於，其過度強調文學之階級性，從而「將文學的題材限於一個階級生活現象的範圍之內」，而魯迅卻拍案而起，在對梁實秋提出反駁的同時，稱呼梁為「資本家的走狗」，梁實秋被逼無奈，只能以含沙射影的手法，指責魯迅是「拿盧布的某某黨走狗」，以其人之道還治其人之身。而魯迅卻愈戰愈勇，繼續給梁實秋扣上了「喪家的資本家的乏走狗」這樣的稱謂，可謂人身攻擊一攻到底。梁實秋不服，繼續反駁，遂成文學史上著名的「魯梁論戰」，其他的論點，還有「直譯」與「硬譯」之類無謂的爭執。

　　魯迅強調文學之階級性，與毛澤東點明文學為政治服務，為工農兵服務，可謂異曲同工。其言辭之蠻不講理，更是心有靈犀。文學之本質，乃是娛悅人心，魯迅之文學階級論，完全是受了研究馬克思主義的毒害，缺乏最為基本的文學常識。而指責梁實秋是「走狗」，是不可否認的出口傷人，梁實秋以「走狗」回敬，不提姓

名，已經對魯迅仁至義盡，而魯迅糾纏不休，卻讓人無可奈何。至於梁實秋批評魯迅翻譯中的「直譯」，完全是公正之論，魯迅不能坦然對之，其心虛以及反駁之無理，歷歷在目。

在此之後，魯迅對於徐懋庸的批判，更是無聊。其將私人信件公之於眾，也缺乏最起碼的道德。徐懋庸寫信給魯迅，在信中坦言對於胡風的批評，實乃將魯迅引為同道，坦誠相見，而魯迅一看到其對於自己的弟子有所微辭，立即覺察出了「階級鬥爭的新動向」。不僅在〈答徐懋庸關於抗日統一戰線問題〉中將徐懋庸的私信全文照錄，更是將其在文中罵得體無全膚。不僅如此，攻擊胡風的周揚等人，被魯迅罵作「四條漢子」。筆者初學文學史時，由於以往之讀書閱歷，對周揚素無好感，忽而看到魯迅罵周揚，鼓掌叫好。後來才知道，這是革命文豪所製造的誤會，不管周揚為人如何，魯迅在文中拐彎抹角地暗中傷人，的確不是君子所為。

魯迅晚年這種心態的迷亂，例證還有許多。這其中的具體原因，除卻魯迅的自身境遇不順之外，眾多所謂革命青年之於他的攻擊，也是其由正常轉向非正常的原因。要不是其後共產黨的出面調停，魯迅很有可能為之耗盡心力。魯迅之於左聯的結盟，既是他自身的選擇，又是時代之中的必然。在五四時代曾經吶喊的魯迅，實際上對於五四時代的精神要義，並非心領神會。十月革命起時五四時代知識分子的分道揚鑣，已經為其後中國歷史的發展埋下了伏筆。魯迅雖然沒有像陳獨秀那樣投身政治，成為一黨之領袖，也沒有像郭沫若那樣，在政治上隨波逐流。然而他的言辭，他的立場，已然為革命所左右。與此相反的是，始終對於五四時代念念不忘的胡適，在晚年回憶過往時，對於陳獨秀、魯迅這樣投身所謂「革命」的同仁，一再表示痛心。一位學者在描述陳獨秀、魯迅這樣由

五四時代走出，在革命時代輾轉，最後為政治所吞沒的學人時，稱
這一歷程為「從啟蒙到革命」。

　　魯迅在去世之後，享盡哀榮。其後更因毛澤東的褒揚，成為革
命時代不可或缺的偶像。諸如文革時代，除卻紅寶書而外，民眾讀
的最多的，便是偉大領袖所讚賞的魯迅。當一個文人身後命運由政
治人物來主導，其悲劇不言而喻。而除此之外，更為悲劇的事實在
於，魯迅在最後十年所寫的一系列心態失衡的文章，居然被奉為經
典。與其說是這個民族太愚蠢，不如說這個民族太搞笑。這個民族
總把不正常當作正常，把清醒當作糊塗，把常識作為謬論，從而永
遠在不正常的狀態下生活。魯迅的最後十年，不僅是他個人的悲
劇，也是整個民族遲遲難以走出不正常狀態的縮影。

一九四二：陳獨秀魂歸五四

一八八一年，陳獨秀的父親陳衍中染病，逝世於蘇州懷甯會館，陳獨秀當時還只有三歲，若干年之後，陳獨秀在《實庵自傳》中如此回憶自己的童年：「我從六歲到八九歲，都是祖父教我讀書，恨不得我一年之內把四書五經都讀完，他才稱意……我背書背不出，是他生氣動手打，還是小事。」祖父的管教甚嚴，讓陳獨秀自小叛逆，之後常因不服管教而使祖父「氣得怒目切齒幾乎發狂」。但陳獨秀「無論挨了如何毒打，總一聲不哭」。因此祖父不止一次憤怒而感傷地罵道：「你這個小東西將來長大成人，必定是一個殺人不眨眼的兇惡強盜，真是家門不幸。」陳獨秀的祖父只說對了一半，日後他的孫子陳獨秀，成為了中國的盜火者普羅米修斯，從西方盜來了科學與民主的火種。

以科學與民主這兩個關鍵詞來概括陳獨秀的一生，並不準確，但科學與民主，的確是陳獨秀人生歷程的主要關鍵詞。其早年投身革命事業，並非因科學民主的追求，而是因為歷史的巨大衝擊。一九〇一年，斯時二十三歲的陳獨秀目睹早年甲午戰爭和八國聯軍的侵略後，頓感國家的無望。他在其後所寫的〈說國家〉一文中寫道：「一國的盛衰榮辱，全國的人都是一樣消受，我一個人如何能逃脫的出呢。我想到這裏，不覺一身冷汗，十分慚愧，我生長二十多歲，才知道有個國家，才知道國家乃是全國人的大家，才知道人人有應當盡力於這大家的大義。」可見陳獨秀之於國家命運的關係，乃是在其成年之後。

　　此時的陳獨秀，充分顯示出了一個革命者的天生叛逆。在留學日本期間，因不滿當時清政府所委派的學監姚煜勾結清朝駐日本使館官員，阻礙中國學生的正當要求，陳獨秀約同張繼、鄒容等人，闖入姚宅，由張繼抱腰，鄒容捧頭，陳獨秀揮剪，剪去了姚煜的辮子，以抒發割髮代首之恨，使其威望掃地。陳獨秀諸人因此被日政府強行遣送回國。

　　這樣一件往事，對於透視陳獨秀一生的悲劇性命運，無疑具有十分重要的作用。其立場的激進，由此可見一斑。若干年後陳獨秀就任北大學長不過幾年，忽然一躍而成為黨派的領袖，與其早年求學生涯的革命激情，有著莫大關聯。陳獨秀雖然高呼科學與民主，但是對於科學與民主的真諦，並不了然，他身上最顯赫的標誌，應該是革命。曾經在五四新文化運動中與陳獨秀一起並肩作戰的胡適，晚年在回憶錄中如此感歎：「我的朋友陳獨秀只認得兩個名詞（科學與民主），卻不知道科學是一個方法……民主是一種生活習慣，是一種生活方式。」

　　陳獨秀茫茫然不知科學與民主的真諦，與其在新文化運動中過度革命化的表現，以及在共產黨內的若干家長作風，有著密切的關聯，另外一條極為隱蔽的脈絡在於，陳獨秀的一生，始終徘徊在革命與啟蒙之間。五四時代遠去，陳獨秀為啟蒙而革命，趨入政治鬥爭中的污泥濁水，晚年客居江津時，方才大徹大悟，由革命轉為啟蒙，以著書立說了卻殘生。

　　陳獨秀徘徊在革命與啟蒙之間的變遷中，有兩個至關重要的人物，對此有著重要的作用，一者為胡適，一者為李大釗。馮友蘭在《中國哲學簡史》中將胡適稱作五四新文化運動的右翼，恰如其分。胡適在新文化運動之中，力倡新文學與白話文，之於中國的啟

蒙運動，功高無人能及，而其在一生的歷程中之於自由民主信念的堅守，更是千山獨行。而李大釗在整個五四新文化運動中，雖然也是光輝奪目的人物，但是卻多了幾分迥異於他人的色彩。及至十月革命風雲初起，李大釗頓時聞風而動，以〈法俄革命之比較觀〉、〈庶民的勝利〉一系列的鼓吹文章，歡呼十月革命的勝利。更令人吃驚的史實在於，在《新青年》這本以思想啟蒙為宗旨的刊物上，赫然出現了馬克思主義專號，而數年之後，《新青年》也成為了一黨的機關刊物，享受了折戟沉沙的命運。

　　陳獨秀與胡適的交往，始於《新青年》，按照胡適自述，其與陳獨秀的結識，乃是通過汪孟鄒的關係。汪孟鄒曾致信胡適，邀其為《青年雜誌》（《新青年》的前身）寫稿，後來刊登的那篇令胡適暴得大名的〈文學改良芻議〉，便來自於汪孟鄒的約稿。陳獨秀與汪孟鄒合辦《青年雜誌》，對於胡適的〈文學改良芻議〉，大喜過望，立即撰寫〈文學革命論〉，以示對於胡適的呼應，其文中聲稱：「文學革命之氣運，醞釀已非一日，其首舉義旗之先鋒，則為吾兄胡適。」

　　詳細比較陳獨秀的〈文學革命論〉與胡適的〈文學改良芻議〉兩個文本，便可以發現二者雖然在標題上頗有相似，都與文學變革有關，但是兩者在宗旨上卻截然不同，胡適指向了穩健的文學改良，並小心翼翼地使用了「芻議」之一明顯帶有商榷意味的詞彙，而陳獨秀卻先聲奪人，直接亮出了革命的招牌，其態度之激進，由此可見想像。

　　正是這樣的激進姿態，讓本可以像胡適一樣成為學術名家的陳獨秀，時不時透露出衝動性的非理智傾向，時不時陷入為革命所激勵的狂熱狀態，時不時顯示出缺乏常識的致命缺陷。在一九一八

年十一月十五日發表的〈克林德碑〉一文中,陳獨秀對於二十年前的義和團的失敗,痛心疾首,稱「義和團」是「保存國粹,三教合一」,指出「這是造成了義和團大亂,以義和團大亂,造成了一塊國恥的克林德碑。」並由此進一步疾呼:「我要除去現在及將來國恥的紀念碑,必須叫義和團不再發生」。然而在一九二五年寫就的〈我們對義和團的兩個錯誤的觀念〉,卻一反七年前的態度,為義和團大唱讚歌,其態度轉變之快,讓人難以置信。

　　類似於這樣驚人的轉變,還有很多的事例可以引證。在一九一九年的一月份,陳獨秀在《每周評論》上發表〈國外大事評述〉一文,文中對於十月革命,一再表示不敢苟同,並聲稱十月革命乃是「用平民壓制中等社會,殘殺貴族及反對者」。時隔三個月,在四月三十日的《每周評論》上又發表了〈二十世紀俄羅斯的革命〉一文,對於十月革命的態度來了一個一百八十度的大轉彎,認為十月革命是「人類社會變動和進化的大關鍵」,而其在〈各國農勞界的勢力〉一文中,更是對十月革命褒揚有加,其文聲稱「有俄國布爾什維克主義戰勝後,歐洲勞農兩界,忽生最大的覺悟,人人出力和資本家決鬥,他們的勢力已經征服了好幾國……這種革命,在政治史上算得頂有價值的事體。」

　　陳獨秀在十月革命的歷史風潮中難以自持,與其自身的激進性,不可分割,其由文化領袖忽而轉為政黨領袖,埋藏著時代變革的深刻信息,其中一條為人所忽視的原因在於,陳獨秀由啟蒙轉向革命,與其在北大遭受排擠,有著密切的關聯,而這其中有許多至關重要的史料證明,陳獨秀離開北大,乃是受了湯爾和諸多小人的攻訐。據有關人物透露,當年陳獨秀的文科學長一職,蔡元培曾全力予以保全,無奈湯爾和以陳獨秀嫖妓之流言告知蔡元培,稱陳獨秀私德太壞,終於使蔡元培痛下殺手,撤去陳獨秀的職位。與陳獨

秀相交甚篤的胡適，在書信中對湯爾和，一再表示不能諒解，而對
於陳獨秀的離開，也一再表示痛心。胡適如此說道：

> 陳獨秀因此離開北大，以後中國共產黨的創立及後來國中思
> 想的左傾，皆出於此夜之會。獨秀在北大頗受我和孟和的影
> 響，故不至十分左傾。獨秀離開北大之後，漸漸脫離自由主
> 義者的立場，就更左傾了。此夜之會，雖有尹默、夷初在後
> 面搗鬼，然子民先生最敬重先生，是夜先生之議論風聲，不
> 但決定北大的命運，實開後來十餘年的政治與思想的分野。

　　對於國民黨的牢獄都不曾畏懼的陳獨秀，私德被人所攻擊，乃
是其致命的軟肋，早在其就任北大文科學長的當口，就有小報刊載
其嫖妓抓傷妓女下體的流言，舊派人士一哄而上，對陳獨秀拳打
腳踢，總欲除之而後快，而陳獨秀本人，又是極為陽剛極為血性之
人，一腔無明業火無處申訴，只能發泄在思想日益左傾的文章之
中，而五四救亡運動，更是一個歷史性的激勵，年輕時代便有革命
經歷的陳獨秀，面對風起雲湧的學運，如同少女迷上了白馬王子，
與學生一拍即合，不僅和學生一起上街遊行，更在學生打傷當局官
員之後，拍手為學生叫好，更有甚者，陳獨秀還登上高樓，將一把
把的傳單灑向群眾，絲毫不顧及自己的教授身份和文科學長之尊。
並由此被當局抓獲，斯文掃地。此時的胡適，顯示出了過人的清
醒，立即在《每周評論》上發表文章，指責傳播馬列主義煽動青年
學生的李大釗。而已經避難出京的李大釗，對胡適並不示弱，立即
發表致胡適的公開信，坦言自己「喜談布爾什維主義」，後人將胡
適與李大釗之爭，與這兩篇文章聯繫起來，歸納為新文化運動陣營
的內部分化，是以為「問題與主義」之爭。

　　始終以所謂愛國者自居的李大釗，實際上無論學養還是思想，都極為淺薄，莫說像胡適那樣寫出《中國哲學史大綱》、《白話文學史》這樣開風氣之先的著作，即便是像陳獨秀那樣寫出〈敬告青年〉之類青春洋溢散發著活力的文章，都顯得勉為其難。尤其可笑的是，這樣一個幾乎算是一無是處的人物，居然當上了北大的圖書館館長。據史料所載，其出任北大圖書館館長，乃是因為曾經協助章士釗辦《甲寅》積累的人脈，由此受到章士釗的推薦，並非其過人的真才實學。而李大釗更為人所痛心之處在於，身為知識海洋的掌管者，對於何謂知識，何謂常識，茫茫然不知其所以然。整個一場新文化運動，李大釗貢獻寥寥，而蘇俄十月革命初起，李大釗立即著文，高呼這是庶民的勝利，不談文化醉心於政治，乃是李大釗一生最為徹底的悲劇之處。

　　而更加令人不安的史實在於，在李大釗任圖書館館長的任上，經由蔡元培與楊昌濟的推薦，年輕的毛澤東在北大圖書館得以立足，並在其後的生活中，受到李大釗激進思想的浸潤，由早年的無政府主義立場，轉向激進的革命立場。而毛澤東在北大圖書館受盡冷遇，也為其後知識分子的悲劇性命運埋下了伏筆。

　　一九二〇年，已經從北大文科長任上退隱的陳獨秀，經由李大釗的牽線，於五月在上海與共產國際代表維經斯基會面，發起成立上海「馬克思主義研究會」，並接受維經斯基的建議，在上海發起組織中國共產黨，草擬了《黨綱》，提出用勞農專政和生產合作為革命手段。從此踏入了政治鬥爭的泥潭，一去不返。同年十一月中旬，維經斯基接受陳獨秀建議，在上海拜會孫中山，孫中山表示要把中國南方（即廣州）的鬥爭與俄國聯繫起來。就這樣，二十世紀初中國歷史上的兩件大事，共產黨的成立與北伐，經由李大釗、陳

獨秀、維經斯基、孫中山四人，演變成為深刻影響二十世紀中國歷史的重大事件。

　　值得注意的是，此時的陳獨秀，並未完全陷入政治的漩渦，依然徘徊在啟蒙與革命之間，一九二〇年十一月初，陳獨秀接陳炯明邀請，遠赴廣州主持教育，提倡新思想，發展新文化，陳炯明在廣州的勵精圖治，頗有成效，被梁啟超稱作「模範小中國」。而其所倡導的聯省自治，更以朝氣蓬勃的活力，瓦解著中國專制集權時代所殘存的大一統版圖，為中國由大一統專制體制走向民主邦聯政體，提供了可供參考的模式。後世將陳炯明稱作革命的叛徒，無非是其與孫中山之間的矛盾，以及他對孫中山所採取的稍顯過激的態度。事實的真相在於，陳炯明與孫中山之爭，乃是聯省自治的歷史抉擇與大一統的歷史抉擇之間的矛盾。陳炯明所倡導的聯省自治，指向的是民主聯邦的政治體制，而孫中山倡導的大一統以及其後的北伐，充斥著個人之於江山的野心勃勃。曾有人如是感慨：將聯省自治混同於軍閥割據，不過是史家為孫文所發動的列寧主義大一統戰爭尋找的藉口。

　　陳獨秀至廣州主持教育工作，頗有成效。陳獨秀在赴廣州之前曾言：「黃河流域有北京大學，長江流域有復旦大學，珠江流域完全缺乏，為國家教育配置，應在廣州設一大學，以啟發珠江文化。」可見其對於啟蒙之事業，並非完全拋棄。而其在廣州與陳炯明的通力合作，也的確使得廣州之面貌大為改觀。原先的廣州，乃是眾人眼中的南方荒蠻之所，數年來對於在北方發生的所謂新文化運動，渾然不覺。至於「德先生」與「賽先生」，更是不明就裏。然而陳獨秀與陳炯明，卻以艱苦卓絕的努力，將廣州改造成為新文化蔚然成風、言論自由、政治開明的模範區域，不僅黃炎培這樣的民主人士拍案叫絕，即便是共產國際的代表，對此也是心服口服。

數十年之後，葉曙明在《重返五四現場》一書中如是感慨：「如果沒有這樣的試驗田，人們也許永遠以為，新文化運動不過是一班書生的空談。但歷史是公平的，它不會把所有門窗都關死，總會留下一扇窗子，哪怕是一條小縫隙，讓後人可以看到，原來歷史也有另一種可能性。」

然而歷史在充滿可能性的同時，同樣充滿了悲劇性。陳獨秀在廣州遭遇到當年離開北大同樣的飲恨。再次被人以私德為由，發起一連串的攻擊。而此時，共產國際再次向陳獨秀伸出了橄欖枝。這一年的七月，在共產國際代表馬林的組織下，來自全國各地的十三名代表，在上海召開中國共產黨第一次全國代表大會，正式成立中國共產黨。缺席的陳獨秀當選為中央局書記，黨的最高負責人。從此之後的陳獨秀，輾轉於政治之間，不復當年身為五四新文化領袖的神采。

成為總書記之後的陳獨秀，言必稱革命，思想日趨激進，而文章中的暴力意味，尤其讓人觸目驚心。一九二三年的十月三十一日，撰寫〈蘇俄六周年〉一文以紀念蘇俄十月革命六周年，批駁對「俄羅斯過激黨」的種種「疑謗」，高度讚揚蘇聯的成就。文中聲稱「我們革命十二年，如今越鬧越糟，俄羅斯革命才六年，為什麼能有這樣的建設？主要的原因是有一個幾十萬人的過激黨，負了為國家由破壞而建設的大責任，同心戮力的幹。」對於章士釗所提出的「農業國不應該有黨」的主張，陳獨秀不以為然，聲稱「中國必須有好黨才有好政治。」時隔三年的同一時期，又在《嚮導》上發表〈革命與武力〉一文，聲稱「革命不能沒有武力的必要，尊重黨的集體意見，服從黨的集體制裁。」文中所張揚的暴力色彩以及個

人無條件服從黨派的原則，早已失卻了其早年在五四新文化時代秉持的自由主義立場，其思想激化之迅速，讓人瞠目結舌。

作為一介書生的陳獨秀，投身政治運動，彷彿一個充滿戲劇性的故事，其見諸於那一時期的文章，更是充滿了缺乏基本常識的武斷。一九二七年陳獨秀在答沈濱祈、朱近赤的信中說：「中國國民革命之性質，是世界資本主義將近崩潰時代，殖民地半殖民地的反資本帝國主義勢力以及被壓迫階級的民族、民權、民生革命。」一錘定音，彷彿資本主義立即灰飛煙滅。而在六月四日蔣介石即將開展清黨運動的前夕，在致國民黨的信中如此呼籲：「全國各地的工農，定要遙瞻國民革命的旗幟，認識國民黨的黨徽，為他們自由之標誌。」真可謂昏庸透頂。而在一九二七年清黨之後被當做替罪羊開除出黨之後，陳獨秀依然衣帶漸寬終不悔，在黨外另立新黨，以爭奪在政治上說話的權利，不料一不留神，淌了斯大林與托洛茨基黨爭的渾水，再次被托派黨開除。政治上已經一無所有的陳獨秀，轉眼之間，又被國民黨以共黨領袖的罪名抓捕。其經歷的令人啼笑皆非，較諸《阿Q正傳》的荒誕不經，真是有過之而無不及。魯迅如果知道這事的來龍去脈，必定要寫一篇《陳獨秀正傳》。

從國民黨大牢裏走出來的陳獨秀，終於大徹大悟，晚年客居江津，對於斯大林及其專制，乃至中國革命與蘇俄革命的歷史承繼，作出了毫不留情的批判。早年對於蘇俄革命傾心有加的陳獨秀，一改其立場，變得極為清醒：

> 上次大戰的結果無論英敗或德敗，人類命運無甚變化，此次若是德俄勝利了，人類將更加黑暗至少半個世紀，若勝利屬

於英法美，保持了資產階級民主，然後才有道路走向大眾的
民主。

十月革命以來輕率把民主制和資產階級統治一起推翻，把獨
裁抬到天上，把民主罵得比狗屎不如，這種荒謬的觀點，隨
著十月革命的權威，征服了全世界。

十月革命以來，拿「無產階級民主」這一空洞抽象名詞做武
器，來打毀資產階級的實際民主，才至今天有斯大林統治的
蘇聯，意德還跟著學話。

蘇維埃或國會選舉均由政府黨指定，開會時只有舉手，沒有
爭辯……秘密警察可以任意捕人殺人，思想言論出版絕對不
自由……蘇俄的專制是德意法西斯制的老師……

　　陳獨秀在晚年的淒風苦雨中寫下的文字，字字鏗鏘有力，但道
出來的，都只不過是常識而已。然而陳獨秀的偉大之處在於，能夠
跳出多年沉淪的政治泥潭，一躍而起，之於十幾年前的五四時代，
作出遙遠的致敬。一九四二年病死在江津的陳獨秀，靈魂並未故
去，而是魂歸五四，找到了精神的歸宿。辛棄疾在悼念朱熹時有
云：「所不朽者，垂萬世名，孰謂公死，凜凜猶生。」魂歸五四的
陳獨秀，由此在歷史上獲得永生。

苦雨齋中的知堂老人

　　在晚近中國的歷史上，文人命運的沉浮，往往不是由文化本身所主導，更多的乃是為政治所左右。在這樣的歷史上，無論是什麼樣的風雲人物，一旦與政治糾纏不清，其身後的評價，恐怕往往也不那麼樂觀。從晚近歷史初期的康有為嚴復因復辟諸事為人所垢病的曾經，至晚期的革命時代郭沫若馮友蘭諸人缺乏基本道德底線的表演，因政治而在文化史上褒貶不一的人物，可以拉出一份長長的名單。在這份名單上，五四新文化運動時代的標誌性人物，更是無一倖免。陳獨秀因投身黨派，為一黨之領袖，被世人稱作一生中最大的悲劇；胡適由堅持不談政治轉為下水從政，並以「做了過河卒子，只能拼命向前」自許，由此被人譏為言行不一；魯迅由啟蒙而革命，從五四新文化運動時代白話文的健將，轉身成為革命文學的代言人，被人看做文學史上最為典型的悲劇個案；而其弟周作人，則因抗戰背景下的個人抉擇，留下了千古罵名。

　　這其間，周作人的悲劇性最為複雜，也最具爭議，而其一生中最具歷史意義的「附敵」，也因為歷史的漫長以及史料的說法不一而顯得難以決斷。為周作人辯護者，以周作人的思想脈絡為然，指出其與日本人共事乃是「道義事功化」思路下的個人抉擇，並不具備過多的政治意味，而對周作人一向頗有微辭的人，大多用文革時代的批判話語，抓住周作人抗戰時期的小辮子不放，高舉道德的大旗，對周作人進行討伐，這些討伐，無疑是無聊而且無知的。

　　相較之下，錢理群先生在《周作人傳》中對周作人的評價，不偏不倚，極為準確地道出了周作人的本真形象。無疑是地道的知人論世：

> 有一點周作人是的確做到的：對於自己寫下的歷史每一頁，他都沒有半點懺悔。他也同時拒絕了將自己崇高化，英雄化的蠱惑，只是像一個「走了許多路程」的「旅人」，平靜地，甚至有幾分淡然地，講著自己的故事，一些「平凡的事情和道理」——他終於把評價留給了歷史的後人，保存了一個完整的智者的自我形象。

　　然後這樣的公正，卻是寥寥可數。時隔大半個世紀，對於周作人的那一段充滿爭議的歷史，世人依然無法作出有限度的寬容，依然使用缺乏基本人道主義的強權話語對周作人進行苛責。近年以來的北京老城拆遷，周作人八道灣故居是否保留，再次成為公眾熱議的話題，而最後爭論的平息，據說是某位學者帶有充分戲謔意味的話：八道灣雖然是周作人故居，但畢竟魯迅曾經住過。八道灣的周作人故居因此被保留下來。革命旗手的威力，的確不容小視。

　　與此相似的是，在二十一世紀初，北京城內緊挨舊北大紅樓的五四大街上，樹立起一座大型的不銹鋼雕塑，以此紀念五四時代。這座雕塑上有著蔡元培、魯迅、李大釗以及青年毛澤東的頭像，而陳獨秀、胡適、周作人這樣的五四新文化運動的靈魂人物，卻杳無蹤影。斯時的毛澤東乃是北大圖書館的一介圖書管理員；魯迅雖然被稱作白話文的健將，但對於何謂五四，何為新文化，更是茫茫然不知所以然；至於李大釗，思想更是始終停留在愛國憤青的水平上；而蔡元培，只能勉強算作五四新文化運動的主要人物，而他所

做的工作，也多半是幕後而非台前的，他的思想遺產放在五四群賢之中，並非舉足輕重。

　　被刻意遺忘的周作人、陳獨秀、胡適，被遺忘的的共同特徵在於，為政治所謀害。然而在文化乃至歷史上的地位，卻是不容抹煞。與陳獨秀胡適在新文化運動中登高一呼的激情不同，周作人於五四新文化運動中，以最為靜默的方式，以平和謙遜的文字，完成了對於五四新文化運動的歷史總結，並且這種總結歷經風雨淘洗，依舊散發出動人的光澤。

　　周作人在五四新文化運動中所提倡的「人的文學」，看似平淡無奇，實則石破天驚，揭開了中國文學一個最為人所忽視的弊病。較諸陳獨秀〈文學革命論〉的火急火燎，胡適〈文學改良芻議〉的語焉不詳，周作人一出手便推翻了文學史上的定論。在〈人的文學〉中，周作人稱文學「旨在養成人的道德，實現人的生活」這一觀點，與王國維之於西方引來的文學遊戲說，可謂異曲同工。王國維乃是舊時代文學的終結，周作人乃是新時代文學的開創。王國維在《紅樓夢評論》中聲稱「紅樓夢大背於吾國吾民之精神」，其言下之意，所謂吾國吾民的精神傳統，在《紅樓夢》面前相形見絀。周作人提倡「人的文學」，言下之意，過往的文學之於人道主義的忽視，乃是一個極為嚴重的偏頗。所謂詩以言志文以載道，全部是文人墨客的自我娛樂，與普通人之精神與生活絲毫無關。而更為可悲之處在於，中國傳說中對於所謂英雄豪俠的崇拜，更無絲毫的人道意味可言。崇氣力，尚權謀，更是中國國民性的痼疾。對此，周作人在〈平民文學〉中進一步提出，所謂文學，乃是「不必記英雄豪傑的事業」。

　　五四時代故去，周作人於書齋中沉潛，數年之後，以《中國新文學的源流》系列演講以及對於五四運動的反省，對於五四新文化時代作出了深刻的總結。近人在論及新文化運動時，往往遵循官方話語，聲稱其反封建性的先進，更有甚者，將新文化運動看作中國現代革命史上的文化革命。革命的荼毒，於此可見一斑，主義的毒害，也清晰可辨。對於所謂革命、主義向來不感興趣的周作人，對於新文化運動的認識也與常人迥異，可謂別出心裁。他將新文化運動與明末文學解放運動相提並論，指出其中秉賦的暗合，又以作家作品的個案分析，指出這種內在指向的同一性，而他同時期對於五四時代個人主義的反思，同樣別具深意。兩者形成觀照，乃是整個五四時代精神面貌的精確勾勒。其深度，其卓識，放諸同時代的群賢，無人能出其右。

　　然而周作人在完成種種帶有標注性意味的工作後，卻不可避免地陷入了困頓。這種困境的原因，既有當時國內形勢的惡化，也有周作人自身認識的轉變。在時代的黑暗之下，即使是金剛怒目的魯迅，也要躲到法租界裏，以書寫充滿戾氣的雜文了卻殘生，為人處世極為低調的周作人，此間的文章充滿暮氣。而其「文抄公」的綽號，也是一種無奈的調侃。年未過半百，卻要自稱「知堂老人」，更能證明其心態上的暮年，而那曾為人所詬病的《五十自壽詩》，更顯得意味深長：

　　　　前世出家今在家，不將袍子換袈裟。
　　　　街頭終日聽談鬼，窗下通年學畫蛇。
　　　　老去無端玩骨董，閒來隨分種胡麻。
　　　　旁人若問其中意，且到寒齋吃苦茶。

半是儒家半釋家，光頭更不著袈裟。
中年意趣窗前草，外道生涯洞裏蛇。
徒羨低頭咬大蒜，未妨拍桌拾芝麻。
談狐說鬼尋常事，只欠功夫吃講茶。

　　自壽詩刊出後，和者頗多，蔡元培、林語堂、錢玄同、胡適都有唱和，一時間蔚為壯觀，周作人在此詩中所透露出的沉潛之意，不言而喻。然而此時一幫自詡革命的青年，四下裏衝將出來，對周作人一陣拳打腳踢，其情形一如當年的魯迅，被太陽社創造社的一群後生圍攻。其中出手最為凌厲的乃是發表在《申報自由談》上的雜文〈人間何事〉，以周作人的生活態度為靶子大打出手，更以自壽詩為例，和出了一首十律。其言辭之刻薄、之不留情面，躍然紙上：

先生何事愛僧家？把筆題詩韻袈裟。
不趨熱場孤似鶴，自甘冷血懶如蛇。
疊將笑話供人笑，怕葱麻煩愛肉麻。
誤盡蒼生欲誰責？清談娓娓一杯茶。

　　對於這種不講任何道理的評論，周作人只能一笑了之。相較之下，與周作人失和已久的魯迅，倒是給予了中肯的評價。其在三四年四月底致曹聚仁的信中寫道：

周作人自壽詩，誠有諷世之意，然此種微辭，已為今之青年所不憭，群公相和，則多近於肉麻，於是火上添油，遂成眾矢之的，而不作此等攻擊性文字，此外近日亦無可言。此亦

> 「古已有之」，文人美女，比負亡國之責，近似亦有人覺國
> 將亡，已在卸責於清流或輿論矣。

　　畢竟是一母所生的兄弟，即使相互之間有所牴牾，但在對於世
事的具體認知方面，可謂心有靈犀。斯時國家形勢日益急迫，周作
人提倡平和的詩文，當然被一幫失去理智的青年找到由頭，予以所
謂出師有名的口誅筆伐。這些青年的口吻，與周作人附敵之後群起
而攻之的文章，端的是如出一轍。可見周作人其後為歷史所活埋的
悲劇，早在其作《五十自壽詩》時，便已經顯示出了徵兆。

　　關於周作人落水，出任偽政權教育督辦一事，歷史上存在著各
種的說法，褒貶不一。其中的具體情況，個中究竟，誰也無法一一
予以詳盡的澄清。但是必須指出的是，周作人對於自己的抉擇從來
沒有後悔。而另外的歷史事實在於，周作人之出任偽職，對於青年
以及北大校產的保護，其中的功績，亦是不能抹煞。周作人並非不
知道留在北平的後果以及之後在歷史上所要承擔的罵名，但他受人
之託，必然要為之踐行。只是令他痛心的是，遠在英倫的胡適，居
然也和躲在大後方的一些無知青年一樣，寫信給他敦促南行。數年
後周作人出獄之後被胡適約見，周作人斷然拒絕，因為胡適曾經說
過：「周作人留下來為北大犧牲，我胡適也要留下為北大努力。」
在周作人選擇了犧牲的當口，胡適選擇了離開，當周作人選擇了履
約時，胡適選擇了背叛。
　　由此可見，周作人自許「知堂老人」，並非心態上的暮年，而
是閱盡滄桑的悲涼。其一再提到的苦雨齋，乃是周作人苦住的絕佳
證明。在國民黨統治時期，周作人選擇苦住；在日本人統治時期，
周作人選擇苦住；共產黨一統天下，周作人依然苦住。這一漫長的

歷史，伴隨著的乃是永恒的苦茶，以及知堂老人超群的定力。或許周作人的這種難以為人所理解的超然，恰恰是其能成為別開生面的文化大家之所在。也許是蒼天庇佑這位中國文化史上的一代英才，當刺客行刺向他開槍時，子彈剛好打在鈕扣上，周作人倖免於難。幾天後，周作人生活依舊，行刺於他而言，彷彿從未有過。

相較之下，周作人背後的歷史和人物，一派猥瑣與焦灼的氣象。別的不說，就拿周作人出任偽職之後眾人的反應就可以看出，斯時的人物因為抗戰的焦灼，已經失去了最起碼的價值判斷力。一向以引領時代潮流為榮的郭沫若，率先跳將出來，以〈國難聲中懷知堂〉一文，對於周作人竭盡挖苦，其言辭之油滑刻薄，較諸其當年辱罵魯迅為「法西斯蒂」，有過之無不及。而茅盾、何其芳諸人的痛心疾首，也的確表演過度。在那樣的環境下，讓周作人如蘇武一樣牧羊守節，至死不渝，也實實在在是逼人做烈士。然而時代之中，擁有這樣認識的人，幾乎絕迹，即便是傅斯年那樣的風雲人物，也對周作人表示出習以為常的不以為然。這些例證，對於日本兵敗之後周作人的命運，無疑是更令人心痛的構陷。

然而即便是周作人在戰後被坐實了漢奸的罪名，其在獄中的生活，依然體現出老僧一樣的超然。在一張廣為人知的照片上，周作人出席指控他漢奸罪名的法庭，畫面上的周作人穿著大方的白色長衫，臉上沒有絲毫的憂懼，依然名士風範。相較於數十年後那場普天同慶的四人幫審判，歷史之中人物生命的氣象究竟是成熟了還是萎縮了，一目了然。周作人的這張照片讓我想起了他被捕時候的場景，據旁觀者描述，周作人被捕之時並未表現出慌張的神色，只是淡淡地說：「我是個讀書人，大可不必這樣。」

身處獄中的周作人，心態一如過往，表現出了超乎尋常的淡定。而他在獄中所寫下的詩行，透露出極具情趣的生活氣息。對於

周作人而言，無論是八道灣還是監獄，說到底只是一個居住的形式，居住者的內心情趣方才是苦住的真切意義。從這一層面上而言，周作人於監獄中的自得，其實並非苦住，乃是對於民族時代歷經風雨後的淒涼表現除了本能的疏離。他沉浸在自我的園地裏，不時在生活中發現常人不注意的趣味：

> 布衾米飯粗溫飽，木屋安眠亦快然。
> 多謝公家費錢穀，鐵窗風味似當年。

> 夜半呼吃水餃子，獄裏過年亦大奇。
> 五十餘年無此事，難忘白酒與青梨。

> 寬袍據案如南面，大嚼囚糧味有餘。
> 卻憶學堂搶飯吃，一湯四菜霎時無。

　　周作人的獄中之於往事的回憶，之於現實的無奈，二者交織，構成了周作人苦住的真實內容，這樣的苦住，與時代潮流中的人物，截然迥異。此時監獄外的中國政局，波譎雲詭，國共雙方在戰場上的爭鬥，難解難分。以郭沫若諸人為代表的左翼文人，以文字的批判批判政敵，對於眼中的思想敵人痛下殺手，而站在國民黨一邊的文人，則以另一副面孔寫作「幫忙文學」，而眾多打著第三方旗號的所謂民主黨，以明裏調停、暗中討好的方式在國共兩黨間搖擺不定。這一幕歷史舞臺上的眾生相，周作人置身事外，既是生存上的抉擇，更是理念上的不敢苟同。

天佑知堂。誰也沒想到，國共間的黨爭，居然在抗戰之後的四年間，就分出了勝負。從這一層面上看，周作人在這樣的歷史轉機中從監獄中走出，對於國家民族而言，無疑是一件幸事。然而幸運中的不幸在於，斯時乃至今天的國家民族，依然對於周作人不以為意，並且在當時，將周作人與大陸的無數義人一道，實施了接連不斷的批判與清算。

一九四九年之後的周作人，如同冬眠，蟄伏不出。作為政治上的「漢奸」，他已經喪失了用「周作人」這一光芒萬丈的名字發表作品的可能。作為文化意義上的「五四遺老」，周作人的地位依舊尷尬。即便是周作人想做文抄公，也只有自娛自樂地將文字鎖入箱中，而他後來面世的文字，悉數用「啟明」、「遐壽」署名。當世人茫茫然周作人聲息全無之時，事實上，他在以最後的心力，苦住至死。北京的八道灣裏，住著一位中國最後的隱士。

與此相對應的，隱居南國的陳寅恪，終日閉門謝客，堅決不與塵俗有染，其晚年窮十年之功，著述《柳如是別傳》，同樣成就了晚近中國歷史上不可多得的絕唱。在同時代的學人紛紛寫下悔過書、反思錄的時代裏，陳寅恪不為所動，〈對科學院的答覆〉、〈贈蔣秉南序〉，乃是陳寅恪心跡的自我袒露，其人文精神之高標，除卻周作人，當世稀有其匹。

周作人在一九四九年之後埋首翻譯，寫出了近千萬字的譯作，無疑是對他人生最無奈的總結。作為一個以創作為志業的人而言，翻譯之事，無疑是一種不盡如人意的舉動，而這也是周作人晚年幾乎全部的工作。此時的周作人，已完全沒有當年與其兄魯迅一起翻譯《城外小說集》時的青春年華，而是如同冬日裏的枯樹，接受將死的命運。在那樣文化淪喪、斯文掃地的年代，周作人的努力，只是有限度的安慰。文學所具備的優秀品質，已經全然為階級鬥爭所

取代。周作人的作品被焚毀，毛澤東語錄、毛選四卷，成為全民的必讀物。其中最為荒誕的還在於，其兄魯迅的所謂戰鬥檄文，也同樣是時代話語的經典文本。

周作人最後也沒能在翻譯中度過餘生，而是在文革來臨之際，在紅衛兵無休止的批判辱罵中，猝然作別。臨死之前，他托兒媳將類似於遺書之類的呈文交給派出所，呈文上的內容，一如既往的平靜：

> 共產黨素來是最講究革命人道主義的，鄙人已年過八旬，再延長壽命，也只是徒然給家人增添負擔而已，懇請公安機關恩准鄙人服用安眠藥，採取「安樂死」一途。

但最後，他還是沒有安樂地死去，彷彿那個時代所有中國人的共同命運。周作人最後在無人在場的情況下，淒然離世。久已臥病在床的知堂老人，或許只是想喝一口水，從床上掙扎起身，一下子翻落到了地上，再也沒有爬起來。他死在那個被王朔稱作陽光燦爛的時代。這個時代不以文化為然，以鬥爭為樂；不以慈悲為懷，以兇殘著稱；不以平和為要義，專以仇恨為準繩。周作人之死，死得悄無聲息。他死的時候，窗外住著造反有理的紅衛兵，舉著紅寶書高呼毛澤東萬歲，義正詞嚴。而其中，還有其兄魯迅的戰鬥口號。

從五四新文化運動至革命時代，周作人一生淒冷，無人理解。他的慈悲寬容，依然和人們有著巨大的陌生。在一個講求階級鬥爭的年代，周作人被忽視，再為正常不過，而在一個自稱開明進步的社會，依舊無法直面周作人，卻是歷史的遺憾。要知道即使是周作人被判漢奸罪入獄之後，尚有眾多社會賢達公開倡議營救。而時至

今日，周作人的作品依舊只是零散的簡章。魯迅的全集一版再版，
而周作人的全集，至今杳無聲息。西方學人曾言，二十世紀是人類
文化的倒退期。此語同樣適合中國，而周作人的命運，無疑揭示了
另一層含義：二十一世紀是中國文化的潰敗期。

胡適和他的時代

一九一〇年，一位名叫胡洪騂的青年，不滿足於自己名字的古板，忽然想到要改名，後來他在《四十自述》中如此回憶：「有一天的早晨，我請我二哥代我想一個表字，二哥一面洗臉，一面說，就用『物競天擇，適者生存』的『適』字，好不好？我很高興，就用『適之』二字。」在當年的北京庚子賠款留學考試時，胡適的名字赫然在列。

這位青年的二哥無意之中隨口說出的名字，在其後的歷史中，成為影響一個時代的標誌。胡洪騂以「胡適」之名在海外遊學數年，歸國之後暴得大名，其影響在民國時代的中國大陸，能夠出其右者，寥寥無幾。只是無論胡適當時是如何的名動公卿，現在的人，提到胡適，已經顯示出驚人的疏離和陌生，就算是胡適當年倡導、如今依然沿用的白話文，人們也悉數忘記了它的「始作俑者」。對於胡適而言，或許他本人對此不以為意，但對於整個歷史而言，遺忘終究是一種令人心痛的遺憾。

事實上胡適的這種被有意無意的遺忘，與其一生歷程的起起落落相比，並不足為奇。其一生的歷程，如同其名字一樣，打上了時代的印跡。在胡適和他的思想占主導地位的民國時代，胡適風行於世，毋庸置疑，而當民國時代覆滅之際，代表民國時代文化標誌的胡適被革命時代打倒，也是時代的必然。

胡適以及他一生的抉擇，可以從其名字中得到觀照。貶之者稱其趨時趨新，贊之者稱作引領時代潮流。而在此之外，他徘徊

於新與舊、現代與傳統之間的矛盾，也使得胡適本人透露出多元的色彩，無論如何，在二十世紀中國歷史中，胡適是個繞不開的的名字。

胡適的所謂「趨時趨新」，放在那個時代的大背景看，代表了青年知識分子之於國家命運前途的深切關懷。按照胡適自述，其生於安徽績溪上莊的商家，後世將胡適的家族看作所謂文化世家，終究只是一廂情願。胡適幼年喪父，因禍得福，因此發奮苦讀，後來以「胡適」之名考取官費留學，成為名副其實的「西化派」。美國天生的商業文明氛圍讓胡適這樣出生商家的子弟如魚得水，思想日益自由，其後來在美國寫下的《文化改良芻議》，雖然其立論有待商榷，但其思想的獨立精神，以及其中所昭顯的自由意志，放在斯時死氣沉沉的思想界，如同一束黑夜裏的火炬。

實際上胡適提倡白話文運動，推動新文學的改良，並不是首創之舉。在他之前的梁啟超諸人，便已經是白話文的提倡者。其中梁啟超更是以一支健筆，獨撐清末輿論界的大樑。胡適早在上海讀書時，便已經對梁啟超推崇備至，而他數年後歸國提倡新文學，與梁啟超的巨大影響，不無關聯。

世人可以據此而論，胡適總好拾人牙慧，並無過人的創見，事實上也的確如此，胡適的學術，乃是名副其實的草創。要說淺薄，稍顯無情；要說深刻，卻也勉為其難。然而胡適的精彩也就在這裏——四平八穩，踏踏實實。陳寅恪對於胡適之的不以為然，乃是文化貴族的自負；而蔣介石對於胡適之的推崇備至，卻走向另一個極端，乃是政治流氓之於文化學者的頂禮膜拜。說蔣介石無知者無畏，並不恰當，然而說陳寅恪說的有理，也的確道出了胡適的特點。

胡適之的這種草創，放諸一個時代的草創階段考量，無可厚非。胡適的《終身大事》與魯迅的《過客》、《狂人日記》相比，如同女學生抒發情感的作文。胡適的《嘗試集》較諸周作人的〈小河〉，更是詩意全無，溫吞得像一杯白開水。即便是被譽為經典的《中國哲學史大綱》，也存在著不可盡數的漏洞，而為其人生招來毀譽的政論，現在看來，也只不過說的都是常識而已。然而胡適的龐雜也就在這裏，經史子集，無所不通，西哲東哲，一應俱全。魯迅筆耕不輟，也只寫下了三百多萬字的作品，胡適一生著述，全集一排，書架都要壓塌。所謂笨鳥先飛，說的就是胡適之。

胡適之剛到青年時代，便入北大教書，其中的壓力，自不必言。北大一夥不安分的學生曾想夥同傅斯年將胡適趕走，足以證明當時胡適難以服眾。然而胡適的石破天驚在於，講授中國哲學史，拋開三皇五帝，直接從周朝講起，而將孔子置於老子之後，更將恪守傳統的夫子，惹得氣憤萬分。五四時代反傳統的調門，實際上在胡適那裏，只是蜻蜓點水，一帶而過。然而即便如此，傅斯年聽完胡適的課後，也佩服得五體投地，拋開了師從許久的章太炎高足黃季剛，轉而追隨胡適。

傅斯年之於胡適的服膺，只代表了胡適為人所接受的一個側面，即是思想之新。而另一層為人所接受的側面在於，胡適雖然思想開明，貴為新文化運動的領袖人物，然而其個人生活方面，依然恪守傳統道德信條，並以此獲得了舊派人物的好感。胡適的左右逢源，與此不無關係。相較於陳獨秀的風流，胡適顯得老成持重，不要說混跡青樓，即便是與心儀的女子交往，也謹記分寸。同樣，胡適在婚事上的不違母命，與魯迅在婚事上的一走了之相比，更顯出平凡而又偉大的人道主義情懷。在胡適與江冬秀

恩愛生活的時間裏，魯迅帶著他的學生許廣平，拋下母親和原配夫人，從北京到廣州，從廣州到上海，一路奔波，直至臨死，與許廣平也只是同居關係。

　　胡適的這種帶有若干矛盾意味的思想和行為之間的牴牾，正是轉型時代知識分子具有典型性的特徵。張灝先生在《1890－1907：梁啟超與中國思想史上的過渡期》中，曾經探討過這種帶有矛盾性人格特徵的不無深意。由此可見，胡適與梁啟超之間，有著某種一致性。胡適在二十年代的「暴得大名」，也只有曾經的梁啟超可以比肩。只是梁啟超之於歷史舞臺的出場，乃是仰仗其師康有為，借戊戌變法的風潮，一躍成為輿論界的風雲人物。胡適成為新文化運動的先鋒，完全沒有政治性的憑依。人們可以這樣認為，胡適的崛起，乃是填補了中國思想史上的一段空白，更為準確的說法則是，胡適憨人有憨福，風華正茂的有為時期，恰好趕上了中國可以可為的時代。

　　胡適之於這一段中國可以可為的時代中的作為，不僅僅指的是他在學術界的諸多帶有拓荒性質的工作，更是包括其對於中國民主與自由矢志不渝的追求，胡適在災難深重的文革之後重見天日，與其說是風水輪流轉，不妨說是時代發展的必然。今日的中國，較諸一個世紀前的年代，對於自由民主的期許，更為迫切。自由民主的闕如，依然存在。歷史走過近一個世紀，究竟是進步了還是倒退了，不語自明。

　　當然，胡適的自由民主思想之發展，乃是一個循序漸進的過程，其中帶有諸多標注性色彩的事件，乃是思想史上彌足珍貴的材料，而胡適作為思想史上的重要人物，其在歷史事件中的具體態

度，也是值得人們玩味的。由胡適的留學時代至新文化運動，直至大革命時期，延伸到內戰，還有其獨處孤島的晚年，胡適對於自由民主的理念，雖然幾經變遷，但是底線依然堅守，常識依然存在。梁文道曾言：今天乃是一個常識稀缺的時代。或許正是對於胡適存在的一種肯定。

一九一六年，是胡適回國的前一年，這一年發生了對中國教育界影響深遠的事件——蔡元培就任北大校長。而後胡適受聘回國，至北大任教。一九一六年的中國，革命風起雲湧，辛亥革命並沒有畢其功於一役，共和民主與獨裁專制的拉鋸戰仍在上演。斯時袁世凱復辟，孫文迫不及待，馬上號召革命軍興師討伐。胡適對於這樣的政治格局，曾經在一篇英文文章中如此描述自己的看法：

> 我並不譴責革命，因為我相信這是進化過程中的必然階段，但我並不贊成不成熟的革命，因為這總是一種毫無結果的浪費……所以，儘管我深深地同情這些革命者，但並不贊成中國正在進行的革命。

這是胡適早年乃至一生思想的重要縮影，反對暴力革命，提倡漸進改良。暴力革命的惡劣在於，它以極端非理性的方式，以貌似公正的口吻，發動一場又一場的社會劇變，社會在這樣的環境下，無法擁有安定的秩序，也就無從談起社會的發展。數十年後鄧小平倡導改革開放，提出穩定壓倒一切，雖有矯枉過正的嫌疑，但也間接肯定了社會秩序之於國家建設的首要之義。胡適之於暴力革命的不敢苟同，以及鄧小平對於社會秩序的認同，異曲同工。而在胡適那裏，提倡的一點一滴改造社會，更是對於斯時中國的一劑絕好的處方。

　　在當時的中國，除了胡適而外，也有諸多對於暴力革命不以為然的知識分子，如梁啟超、王國維、辜鴻銘等。其中最具代表性的，要數王國維。王國維對於暴力革命的反感，除卻革命推翻了他所效忠的清王室這一具體原因之外，他對於歷史本身的深刻洞察，也是一個重要的因素。一九一七年二月革命之後，王國維致信羅振玉，信中已有「俄國革命事起，此事於東西方諸國內政外交影響均可見」之語。數月過後，十月革命爆發，王國維憂心忡忡，在致友人的的信中吐露他對於十月革命以及中國受其影響的擔憂：「觀中國近況，恐以共和始，而以共產終。」王國維對於暴力革命的深刻洞察，以及對於中國前途命運的預言，盡顯無疑。

　　胡適在四十年代，曾經在不同的場合，以不同的言辭，間接地表達了對於王國維歷史預見的贊同。在一九四一年胡適赴美期間，曾在密西根大學作了一場名為〈意識形態的衝突〉的演講，在演講中，胡適將極權與民主的衝突認定為兩個方面，其一為激進的革命與漸進的變革，另一者則為控制劃一的原則與個體發展的原則。這一歸納，無疑是在影射蘇聯。隨後在一九四七年，胡適斷定：社會主義革命是「逆流」。對於蘇聯的厭惡，也可以得到佐證。果然在一九八九年之後，東歐社會主義國家全面崩潰，蘇聯宣告解體，胡適當年的論斷一語成讖。如果以此認為胡適乃是先知，並不確然，然而胡適從不缺乏常識，卻是無可爭議。

　　然而無論在當時還是在現在，胡適的漸進改良思想，依然不為眾人所認同。即便是知識界達成共識，社會對此也是置若罔聞。經歷過革命時代的中國民眾，已經對革命形成了迷戀般的推崇，即便是有文化大革命那樣的滔天罪惡，革命的光芒依然不減。這種局面的出現，固然有當時躁動急切的社會環境之於改良

主義漸進態度的不以為然，我認為更重要的，在於中國由來已久的暴民傳統。

　　有人曾經說中國的歷史是不斷消滅貴族的歷史，此言雖然不虛，卻沒有點出正題。貴族傳統的難以為繼，正是暴力傳統的代代相沿。晚近歷史以降，從太平天國義和團至辛亥革命，雖然給歷史本身帶來劇變，但在此之中，卻帶著江湖草莽起義造反的歷史傳承。與此相反的歷史建設者，從曾國藩李鴻章到袁世凱蔣介石，致力於國富民強的同時，從來沒有思考過國家這一名稱的真實含義。國家之為國家，並非國力國運的單獨存在，更為重要的，則是國民自身權利、信仰的實現。民眾這種基本的需求不被滿足，漸進式的改良所倡導的一點一滴改造，當然不會成為歷史的主流，革命成為時代之命題，也成為順理成章的災難。近現代以來的種種革命，說到底，都是以極端的非理性的暴力手段，完成一次又一次的江山易手。革命成為二十世紀中國的關鍵詞，綿延數十年之久。

　　胡適所倡導的改良主義，在這樣的歷史階段，尤其在以革命為標準的年代，當然會被打入冷宮。而在此之中，國家政權的變更，胡適的命運由此發生戲劇性的轉折，由民國時代的一呼百應到毛時代的人人喊打，胡適之子胡思杜的率先倒戈，更使得一場批判，顯得意味深長。在民國時代，胡適雖然擁有不可替代的地位，並數次擁有登堂入室的機會，但胡適始終抱持獨立的淡然姿態，即便是在情急之下出任駐美大使，也只是因國家形勢而勉力為之，更何況他在民國時代留下來的諸多自由主義政論，更使得國民黨統治下的國家尷尬萬分。而在國民黨敗退臺灣之後，胡適既不聽從共產黨的勸誡留下，也不去臺灣黨附蔣氏政權，孤身去國，成為了二十世紀中國知識分子歷史上不可多得的絕唱。而其在海外的時期，中國大陸

掀起的胡適批判運動，表面上看，乃是對於胡適的政治清算，實質
乃是對於胡適為代表的一大批帶有自由主義傾向的知識分子群體的
試探性的打壓。如果誰有過人的政治敏感，不難看出，胡適批判運
動，乃是反右運動的預演。

胡適既不容於共產黨，又不容於國民黨，恰恰反映出其作為
自由主義者的獨立地位。早在一九二九年，胡適就因為接連發表
〈人權與約法〉、〈知難，行亦不易〉、〈我們什麼時候才可有憲
法？〉等一系列激烈批評黨國的文字，遭到當局的嚴正警告，甚
至與他交情甚篤的吳稚暉和胡漢民，也在公開場合指責他的「反黨
言論」。蔣介石在一九三一年三月接見清華大學學生代表時還曾揚
言：「胡適系反黨，不能派（當校長）。」而對於此，胡適只在日
記中留下了「今天報載蔣介石給了我一個頭銜」這麼一句不以為意
的話。

胡適在二十年代末的文人論政，雖然是對其早年主張「二十年
不談政治」信條的背叛，但是卻帶著時代性的轉折痕跡。一九二七
年蔣介石發動的清黨，胡適是持贊成態度的，但是他很快就發現，
蔣介石所建立的政府，以訓政為由，行獨裁之實。之前的北洋軍閥
時代，雖然兵災連連，社會動蕩，但是人文環境，卻類似於春秋戰
國，充滿了自由的氣息，蔣氏以武力清黨，除卻政治上的勝利，文
化上輸得一敗塗地。要知道中國共產黨雖然名為政黨，但在早期，
卻是由一群熱血青年組成，這些熱血青年身上的一個重要特徵，便
是對於自由的追求。蔣介石的清黨，居然借助上海的青紅幫買辦，
其流氓特徵，昭然若揭。

胡適在清黨中的態度，素來為人所詬病。但是胡適的贊成態
度，並未意指其缺乏基本的人道主義。胡適在一篇論述自由主義施

行條件的文章中談到，自由主義實現的首要前提，乃是社會的秩序。蔣介石於一九二七年的清黨，除個人的政治目的之外，同樣包藏著構建社會秩序的意向。雖然其手段太過殘忍，付出了白骨皚皚人頭亂滾的代價，但是較諸其後的文化大革命，無疑是小巫見大巫。二者相隔近半個世紀，歷史究竟是進步還是退步，毋需多言。

更為重要之處在於，胡適在對當局持批評態度的同時，對於斯時的學運，同樣保持了難能可貴的清醒。且不說在五四運動中胡適對於學生運動的痛心疾首，轟轟烈烈的一二九學運，胡適同樣冷眼旁觀。在胡適本人的日記中，居然出現了一節課只有一個人來上海上課的記載。蔡元培先生在〈我在北京大學的經歷〉一文中感慨：「我對於學生運動，素來有一種成見。以為學生在校，當以求學為第一要義。」胡適對此，亦有呼應性的表示。他曾引用易卜生的名言，告誡學運中的學生：「你要想有益於社會，最好的法子莫如把自己這塊材料鑄造成器。」然而這樣的聲音，太過微弱。

胡適的這種觀點為時代置之不理，歸根到底在於中國在二十世紀的發展，步伐太快。革命與復辟，共和與專制，抗日與內戰，接連登上歷史舞臺，其躁動，其焦灼，其激進，不僅使政治人物難以自持，文化人物同樣如此。余英時先生在《中國近代思想史上的激進與保守》一文中，以聞一多為例，闡釋民國時代思想史上的驟變。聞一多在五四時代傾向於浪漫主義，對於中國傳統抱持著相當程度的好感，然而抗戰以後，他居然認為中國古典文化中有無數的壞東西，居然宣稱他之前的深入古典，乃是為了和革命裏應外合。在一些文章中，他將儒道與土匪混為一談，進而強調，只有完全摧毀了中國的舊東西之後，才能夠有新生。不僅如此，他在留學期間養成的對於自由民主理念的基本尊重，在其思想左傾之後，很快將

其完全否定，革命的巨大威力，於此顯現無疑。余英時先生指出：
聞一多留學回來時不過二十多歲，死時不過四十八歲。對此余英時
先生感慨：短短二十年之內，一個人的變化突然到了這個地步，可
見中國思想激化之快！

　　另外一個例子則是陳獨秀，其與胡適在新文化運動中的建樹，
有目共睹，然而其在〈文學革命論〉中所透露的激進品性，成為他
日後日益左傾不斷趨於革命的重要緣起。在此之中，李大釗起到
了推波助瀾的作用。這位中國革命史上罕見的歡呼暴動的赤色知識
分子，在十月革命起時，歡呼這是「布爾什維主義的勝利」，其幼
稚，一如○八年歡呼中國崛起的愛國憤青。而另一位新文化運動的
健將魯迅也不甘人後，撰文聲稱十月革命乃是「新世紀的曙光」。
陳獨秀在這樣的風潮下，斷然從北大出走，瘋瘋癲癲地投身革命。
或許胡適意識到了陳獨秀這種轉變的悲劇性，在公開場合，多次表
示了對於陳獨秀離開北大極大的遺憾。

　　胡適這種不為革命左右，不為學運所擾，始終保持故我本色的
巋然不動，固然是他之於自由主義信念的堅貞不渝，更為重要的
是，在於胡適本人中庸的性格，以及心態的端正。與同時代的諸多
人物相比，胡適的心態端正，是許多人無法企及的。與胡適一樣幼
年喪父的魯迅，自小缺少溫暖，成年之後從事寫作，將幼時鬱積的
悲憤，一股腦倒進那本名為《吶喊》的小說集裏：「有從小康之家
墜入困頓的麼，我想在這途中，大抵可以看出世人的真面目了。」
其心理之創傷，自不必言。而一九二七年之後，躲進法租界的魯迅
孤立無援，思想日趨左傾，在晚年那些被稱作「匕首投槍」的雜文
中，耗盡了心力。反觀胡適，從幼年至成年，從美國到中國，最不
符合實際的文章，就是那個至今仍有借鑒意味的「好政府主義」，
除此之外，再無太多值得指責。

　　另外一個極為重要的內容在於，胡適之所以能一如既往，與其養成的常識觀念，具有莫大的關聯。十月革命無論多麼具有劃時代的意義，然而其中的暴力傾向，顯而易見，只有胡適在眾人迷醉的當口，高呼警惕意識。國民黨一黨專政，政治黑暗，胡適挺身而出，以一己之力，向獨裁說不；四十年代，蔣介石誠心邀胡適做總統，胡適斷然回絕。說胡適淡泊名利，並不確然。唯一之處，在於其常識的從不缺席。在內戰全面爆發前夕，胡適還致電毛澤東，勸其以和平為重，珍惜大好局面。與其說胡適太天真，不如說胡適太真實，其一生恪守自由主義的信念，遵守起碼的常識，在一段處處畸形的歷史中，理所當然的成為了絕唱。

　　由此可見，胡適一九四九年的去國，具有多大的智慧。當時即便是學問深不可測的陳寅恪，也選擇了隱居中國大陸。只有胡適，不顧國共雙方的一再拉攏，回到他少年求學的合眾國，安心地做他的圖書館長。與其說胡適大智若愚，不如說胡適一如既往的清醒，在中國大陸為政治批判所席捲的歷史時刻，臺灣的蔣家王朝獨裁依舊，冥頑不靈。在此之中，胡適孤身一人，拒絕淌這兩蹚渾水，保持了自我的孤高秉性。其晚年回到臺灣，不以蔣介石的忠告為意，毅然與堅持反抗專制、宣揚自由民主的《自由中國》站在一起，並由此再次受到批判，這並不是他的意氣用事，其真實的內容在於，其一如故往，堅守自己的信念。

　　胡適晚年在《自由中國》的雷震案中，一再保持沉默，直至雷震入獄後，方才寫就一幅書法，錄楊萬里詩云：萬山不許一溪奔，攔得溪聲夜夜喧。到得前頭山腳盡，堂堂溪水出前村。以示對於雷震捍衛自由民主的激勵。實際上早在五四時代，周作人就曾經以

〈小河〉一詩，表達了類似的觀點。他們筆下被萬山阻擋的溪水，被石堰封鎖的小河，居然成為他們命運的絕佳寫照。只要獨裁專制的政治還在，民主自由的理念常識不深入人心，胡適的所錄詩句中的溪水，也只能永遠在萬山之中徘徊，胡適和他的時代，也注定一去不返。

世間已無蔡元培

　　整個一場五四新文化運動，浩浩蕩蕩，橫無際涯，其中的標注性人物，數不勝數，然而沒有人像蔡元培那樣，擁有獨一無二的歷史地位。他之於歷史的不可或缺，與其在北大的光輝事業，如同歷史上的清華國學院，成為一段無法複製的傳奇。在五四時代，如果缺少陳獨秀，一場文化啟蒙運動或許會缺少那樣轟轟烈烈的進程；如果缺少胡適，一場文藝復興運動或許會缺少蓬勃的朝氣；如果缺少周氏兄弟，一場新文化運動或許會缺少應有的深度和廣度。然而這一切假設的前提在於，他們的身後有著蔡元培與北大奠基性的作用。

　　在歷史由晚清向近代過渡的階段中，帶有轉折意味的歷史人物，寥寥可數。例如政治領域的袁世凱、孫中山，文化領域的梁啟超、王國維，而在教育領域，毋庸置疑是蔡元培擁有這種轉折意味。這種轉折意味的深意在於，既是舊時代的終結，又是新時代的開端。蔡元培及其統治的北大，終結了中國傳統教育，開創了現代教育的先河。換而言之，在中國由傳統家國轉為現代文明社會的過程中，教育領域是由蔡元培所主導的。

　　五四時代的領袖人物胡適，曾經轉述其師杜威對於蔡元培的評價：「拿世界各國的大學校長比較一下，牛津、劍橋、巴黎、柏林、哈佛、哥倫比亞等等，這些校長中，在某些學科上有卓越貢獻的，固不乏其人；但是，以一個校長身份，而能領導那所大學對一個民族、對一個時代起到轉折作用的，除蔡元培而外，恐怕找不

出第二個。」杜威乃是美國哲學家，提倡實用主義哲學，與蔡元培的思想資源，並無相通之處，然而其對蔡元培的評價，可謂知人論世。

蔡元培一生歷經晚清時代，臨時政府時代，北洋政府時代，國民政府時代，其人生最為輝煌的頂點，即在北洋政府時代。雖然這樣一段歷史，通常被人描述為軍閥割據、民不聊生的歷史，但是其在文化領域上的高標，只有先秦諸子的諸子百家，方才可以一爭高下。只是先秦諸子的言說，乃是中國傳統文化的精要，五四時代的百家爭鳴，卻帶有更具深意的傳統與現代的交融。換而言之，乃是梁漱溟所稱東西方文化交匯的問題。這一帶有時代轉型特徵的文化景象，乃是由蔡元培的北大一手主導：在北大既有陳獨秀、胡適這樣提倡新文化運動的健將，也有黃侃劉師培這樣竭力捍衛古文的舊學鴻儒。而放諸整個社會而言，既有《新青年》之標新立異，立新思想之異；也有《學衡》之抱殘守缺，抱舊文化之殘，守舊思想之闕。除此之外，梁啟超、章太炎等諸多徘徊在新舊之間的學人，更是時代性的佐證。

蔡元培以北大立功業，放諸其一生的歷程考察，帶有某種程度的必然性。其早年以進士補翰林院編修，可謂文名注定。而其日後的革命生涯，則顯示出於孫中山不同的秉賦。孫中山之不學無術好大喜功，在蔡元培那裏並無蹤跡，相反，蔡元培的學有所長，謙和低調，倒成就他之後投身教育的重要條件。與孫中山一類的革命者動輒暴動相比，蔡元培雖時常有激進之舉，但對於充滿破壞意味的革命，始終表示不敢苟同。而他其身所體現出的長於建設的天賦，也得以在北大任上得以展現。

　　以蔡元培為首的北京大學，處於北洋政府統治之下，卻帶有鮮明的現代化大學特徵，這一特色細化而言，便是大學本身的獨立性，以及在社會上的主導作用。大學作為高等知識分子的群居地，帶有明確的頭腦意味，能夠引導社會的運轉。蔡元培時期的北大，也的確做到了這一點。當年孔子周遊列國，才情抱負尚且無處施展，如今其身處北大，只須編輯《新青年》，便可以呼風喚雨。由此後人將五四一代的知識分子稱作啟蒙精英，一語中的。

　　蔡元培主政北大的歷史功績，以後世的眼光來看，至少有三個方面仍然對於當下有著借鑒意義。其一是他的「兼容並包」思想，其二是他對於五四學生運動的看法，其三乃是哲學與教育思想，前二者之有文章論述，在此僅作略微的鈎沉，第三方面則會有所解釋。

　　蔡元培的兼容並包，在五四新文化運動首席代表陳獨秀那裏曾有極為精闢的論述：「一般的說來，蔡元培乃是一位無可無不可的老好人；然有時有關大節的事或是他已下決心的事，都很倔強的堅持著，不肯融通，這是他老先生可令人佩服的第一點。」蔡元培的「無可無不可」，並非意指他是一個和稀泥的風派人物，而是指他的包容態度。而「不肯融通」則顯示出包容下的底線問題，這在五四時代新舊文化的論爭中，有著極為清晰的體現。
　　五四時代新文化的代表，諸如陳獨秀、胡適、周氏兄弟，能夠在北大彙聚一堂，與蔡元培的誠意相邀，有著莫大的關聯。陳獨秀攜《新青年》至北大，乃是蔡元培一手促成，斯時蔡元培的北大校長任命狀剛剛發表，蔡元培冒著嚴寒前往門西河沿陳獨秀的住所拜訪。與陳獨秀同住的汪孟鄒回憶道：「蔡先生差不多天天要來看仲

甫，有時來得很早，我們還沒有起來他招呼茶房，不要叫醒，只要拿凳子給他坐在房門口等候。」除此而外，陳獨秀無學歷的問題，也是蔡元培一手解決。因為陳獨秀就任北大文科學長，其學歷問題頗令人頭疼，在教育部審核時無法通過。一是蔡元培馬上替陳獨秀偽造了一份冠冕堂皇的學歷，稱陳獨秀「日本東京大學畢業，曾任蕪湖安徽公學教務長，安徽高等學校校長」，其愛才之心，不可謂不迫切。

相較之下，胡適之至北大就職，更顯傳奇，斯時籍籍無名、僅有留學身份的胡適，僅僅因為在《新青年》上發表〈文學改良芻議〉一文，就被陳獨秀一眼相中，鼎力向蔡元培推薦，至北大就任教職，同時教授《中國哲學史》等課程。台下聽講的學生諸如傅斯年羅家倫等人，與胡適年齡相仿，胡適因為而課上得戰戰兢兢，生怕有人當堂搗亂。而胡適在備感壓力的同時，也埋頭苦學，學問日益精進，成為五四時代卓有成就的學人。與此相似的是，同樣籍籍無名的梁漱溟，因為發表了一些印度哲學方面的文章，被蔡元培延請至北大，後來同樣成為學界的一代英才。

新式人物層出不窮，並不意味著舊派人物必須退出歷史舞臺。蔡元培至北大就職，不僅舊式人物悉數保留，還延請了眾多舊學造詣甚深的夫子。例如章太炎的高足黃侃。黃侃脾氣古怪，但學問極好，蔡元培登門請他至北大教書，黃侃提出令人啼笑皆非的「三不來」——颱風不來，下雨不來，下雪不來，以示「脾氣與學問成正比」。而那個終身保留腦後的辮子，以示對於清季念念不忘的辜鴻銘，曾經支持袁世凱復辟，留下千古罵名，蔡元培同樣不以為意。至於在張勳復辟中表現積極、被人譏諷為「一念之差，誤了先生清德」的經學大師劉師培，仍在北大繼續任教。在同一個校園，新舊之爭雖有，但都依循文化的軌跡，漸次發展。《新青

年》諸君嘗言二十年不談政治，即是抱定決心，先從文化上解決中國的問題。

　　然而好景不長，政治的風潮，在新文化運動如火如荼之時，登臺亮相。一九一九年的五四新文化運動，乃是政治風潮達到頂點的標誌。五四時代這一指稱，名為五四運動與新文化運動的前後相繼，密不可分。但實質上五四運動與新文化運動，乃是在宗旨乃至取向上背道而馳的運動。新文化運動以啟蒙為宗旨，以政治為賭注，李澤厚自舒衡哲處舶來的「救亡壓倒啟蒙」一說，雖然籠統，但是卻道出了五四運動與新文化運動的不一致性。那就是新文化運動的方式平和的、漸進改良式的道路，而五四運動卻是暴虐的、激進式的政治對抗。

　　五四救亡運動的象徵性意味在於，喪權辱國的條約，激起了中國息聲已久的狹隘民族主義的興起，或曰民粹主義的發生。對於民族主義之於五四運動的歷史作用，林毓生曾經有過極為精闢的分析，林毓生在五四運動九十周年之際，寫作〈認識五四認同五四〉一文，深度闡釋五四精神，對於五四救亡之運動中的民族主義，林毓生指出：

　　　　民族主義，也可稱作「本能的愛國主義」。它堅信它要保衛民族的尊嚴、掌握民族發展的自主性。然而，民族主義的依賴性卻很明顯。因為它自己提不出如何達成它的目標的方案與策略。它依賴具有建國方案與策略的其他意識形態的支持。在支持的同時，其他意識形態，尤其是代表某種政治利益的意識形態，很容易對之操控與利用。

　　林毓生所指出的為政治利益所操控利用，意指何處，不甚明瞭，但在蔡元培那裏而言，洞見了學運與政治的微妙關係。一方面學運昭顯了學生之於民族命運的深刻關切；另一方面，學運也破壞了社會秩序，學生因學運而獲得了政府的讓步，日益驕狂，為其後的歷史，埋下了種種不可預料的結局。蔡元培愛學生運動退潮之後辭去北大校長一職，眾人一再敦促，他依然不肯回北大。蔣夢麟在《西潮》一書中，記錄了蔡元培當時的想法：

> 他（蔡元培）說，他從來無意鼓勵學生鬧學潮，但是學生們示威遊行，反對接受凡爾賽和約有關山東問題的條款，那是出乎愛國熱情，實在無可厚非，之於北京大學，他認為後將不易維持紀律，因為學生們很可能為勝利而陶醉。他們既然嘗到權力的滋味，以後他們的慾望恐怕難以滿足了。

　　蔡元培之於學運的不敢苟同，與新文化運動中另一位風雲人物的觀點不謀而合，他便是被蔡元培延請至北大教授印度哲學的梁漱溟，梁漱溟在〈論學生事件〉一文中，敢於犯眾怒，提出兩個驚世駭俗的意見：其一學生必須投案自首，法院必須作出審判。其二請司法總長特赦。學生不接受法律制裁，無以維護法律尊嚴；司法總長不特赦，無以維護學生愛國熱情。我翻遍當時的史料，沒有一個人像梁漱溟這樣冒天下之大不韙，公然對學生說不。結果梁漱溟的話成為了預言，於學運中占盡上風的北大學生，從此驕狂日盛，三十年代發生了毆打蔡元培的事件，四十年代又在公開場合侮辱北大精神偶像胡適，直至文革，將北大領導關進牛棚，極盡非人手段予以踐踏。這一脈歷史的深刻教訓，被史家稱作「丘九」傳統。

　　蔡元培與學運之間的憤然離職，既是對於當局的最後通牒，也是對於學生的最後規勸——已經仁至義盡，諸君好自為之。至於他那則表明心跡的啟示，也只是心力交瘁時的無奈吐露。晚年的胡適在回憶起五四運動時，依然對於學生的激情之舉，一再表示難以釋懷。在三十年代的一篇文章中，他曾經寫下那個後來被稱作經典的論斷，論斷的題中之義在於，五四救亡運動對於新文化啟蒙運動而言，是一場災難。它不僅對於新文化運動的方向，而且對於二十世紀的中國歷史而言，也是一場深刻的轉折。五四運動之後，陳獨秀由啟蒙到革命，以北大文法學長的身份，一躍成為黨派領袖，從此胡天胡地大鬧革命，直到革命革去他兒子的性命，革去他所有的一切，才恍然大悟。一九四九年離開大陸的胡適，回望五四至中共建國這一段歷史，說到陳獨秀時，不由得一陣感慨：「我的朋友陳獨秀只認得兩個名詞（科學與民主），卻不知道科學是一個方法……民主是一種生活習慣，是一種生活方式。」

　　蔡元培離開後的北大，果然如蔡先生所預料的那樣，成為學運的根源，這一根源自五四運動而後，層出不窮，二十世紀的北大，在蔡元培離開之後，成為百年中國左翼思想的溫床。以陳獨秀李大釗將《新青年》改造作宣揚馬列主義的刊物伊始，以五四學生運動為先導，成就了左翼文人政治激進主義得以崛起的歷史背景。北平的一二九學運，內戰時期的學生遊行，一九五六年的學運，文革時代紅衛兵的造反，北大學生首當其衝，北大因此成為社會風暴的中心。蔡元培之後的北大，主導社會的惡性循環，一正一反，橫貫二十世紀中國。

　　蔡元培的這種悲劇，較諸他的思想遺產為人所忽略，更顯示出一代精英為歷史所活埋的殘酷。蔡元培於歷史上而言，多半以教育

家的形象現諸世人，而他的思想家形象，卻被多數人所忽略。實際上他的思想，不僅僅在教育方面，其在社會領域的建樹，同樣意味非凡。正如同其革命同輩章太炎，雖以國學造詣名聲在外，但其一生最具深刻意味的思想，在於其對於進化論的質疑。頗有意思的是，蔡元培之於進化論偏頗的否定，與章太炎遙相燭照，成為蔡元培思想遺產中最為耀眼的部分。

進化論這一由嚴復舶來中國的學說，在《天演論》中被描述為「物競天擇，適者生存」，它深刻地改造了中國人的思想方式，打碎了中國傳統中順應天意的古老哲學，極其迅猛地激發了中國人的爭強好勝之心。更為戲劇性的史實在於，進化論進入中國的背景乃是整個國家面臨亡國滅種的危機，因而其具有非比尋常的含義。五四時代所呼喊的救亡圖存，正是進化論的歷史反映。自嚴復以降，中國歷代知識分子，悉數受過進化論的熏陶。直到九十年代，尚有學子以進化論為然，以爭強好勝為能事，進化論之影響深遠，於此可見一斑。

章太炎對於進化論的質疑，出於他在佛法中的高深造詣，他以佛學的善惡樂苦，對於進化論表示不敢苟同：「若以道德言，則善亦進化，惡亦進化；若以生計言，則樂亦進化，苦亦進化。」太炎提出的這一命題，不要說嚴復不明就裏，即便是達爾文或者是赫胥黎，都茫茫然不知其所以然。章太炎的質疑在於，既然進化論承認萬物進化，不斷向上，那麼善惡樂苦，都應同時進化，章太炎在提出質疑的同時，意在說明，進化論的原則，乃是生物學家的標杆，其對於社會歷史，並無概括性的含義。對此章太炎舉出漢唐時代至宋明時代的歷史變遷，指出人類就自身生活而言，就生產力而論，乃是進化，但就文化氣象而言，卻是一退再退。對此，德國學者斯賓格勒亦有類似觀點，即是「歷史循

環論」，他在那部描述西方文明不斷淪陷的境遇的書中，稱這種歷史的演變為《西方的沒落》。

蔡元培之於進化論的質疑，正是對於進化論於社會而言是否適用的疑問，作為《天演論》的原作者赫胥黎，對於弱肉強食之類的進化論史觀，深表贊同。蔡元培指出，若以這樣的天演公例，則在國際社會中，強國侵略弱國，帝國主義掠奪殖民地，那就是天經地義的，顯然這種推導站不住腳。蔡元培進而指出，照進化論的趨勢來看，人類前途應該互相周濟，共同合作，而這樣的推論，又是對於進化論本身的質疑。蔡元培的推論不語而明，進化論之於社會歷史的作用，實際上缺乏根本的依據。

蔡元培的這種思想被忽略，很大程度上與當時的政治文化形勢有關。從一八九五年甲午海戰失利，躁動不安的情緒一直瀰漫著知識界。救亡的理念使得中國的知識分子難以保持清醒的頭腦，一而再而再而三的於革命與改良之間久久徘徊。革命還是改良，救亡還是啟蒙，孰先孰後，難以分別。整個社會在進化論的指引下，爭強爭勝，一較高低。而所付出的代價可以看見。蔡元培的幸運在於，他在災難的歷史進程沒有走到最後一步的時候，溘然長逝，長眠於海外孤島。而新文化運動中的另一個靈魂人物胡適之，也在二十年後享受了同樣孤寂的命運。對於整個歷史而言，損失一個蔡元培，並不意味著什麼，而對於二十世紀中國而言，缺少了蔡元培，歷史的走向也就無法預料。今世已無蔡元培，而來世，也茫然未卜。陳寅恪先生所言神州之外，更有九州，今世以後，更有來世，終究只是聊表安慰的言辭。

第二輯

革命不是原罪

郭沫若：革命的背後

　　郭沫若在時下中國，正面臨日漸沉入深淵的命運，儘管正統文學史上一再確認其在中國二十世紀文學史上僅次於魯迅的地位，但已不足以掩蓋諸多的質疑。這種質疑不僅是文學本身而言，更重要的，還攜帶了之於郭沫若人格的質疑。而郭沫若下沉的命運的背後，乃是全民對於改革時代之前的革命時代深刻的不認同。郭沫若作為整個革命時代中的代表人物，命運大起大落，也是歷史的趨勢，帶有某種程度上的必然。

　　然而即使如此，以「順其自然」、「趨勢而動」等諸多詞彙來評價郭沫若，已經不能全面地理解郭沫若在二十世紀中國的標注性意味。郭沫若本身所體現出的二十世紀中國思想史的變遷，以及整部社會運動史的演進，以此來透視歷史全貌的作用，無可替代。對於郭沫若的研究，不能以義正嚴詞的道德審判來取代，必須以寬闊的視野，探究郭沫若一生悲劇的形成。

　　我認為郭沫若之所以能崛起於中國晚近歷史，一個至關重要的條件，趕上了清末民初那一段歷史大變局。這一段歷史中一個重要的文化現象，便是甲午海戰之後大規模的留學日本風潮。整個老大民族在一場海戰的失利之後，忽然從迷夢中驚醒，「學西洋」的洋務運動由此夭折，「學東洋」的風潮由此興起。自一八九六年伊始至一九二七年，據不完全統計，留學日本的中國人至少有十一萬人之多，這其中的風雲人物，不可一一細數，周氏兄弟、郭沫若、郁達夫，比比皆是。

　　留日學生的激增，遇見了另一派人物，由此構成了晚近歷史上另一種獨特的文化現象。我指的是流亡日本的中國早期革命者，諸如孫中山、黃興、章太炎、陳天華、鄒容，留學生與革命者的合流，直接促成了二十世紀中國革命高潮的到來。革命的高潮不僅加速了政治上的變動，文化上的轉變，也成為這一歷史時段不可忽視的側面。

　　文化上的轉變，指的是留日學生與革命者之於日本「尚武」精神的推崇。這種文化上的影響不僅使得清末民初的暗殺成風，也使得這一時期知識分子的文章，充滿了大義凜然的豪俠之氣，暴戾之氣。諸如梁啟超、章太炎、秋瑾，尤為值得一提的是章太炎。他在《革命軍》序言中之於滿清的仇視，充斥著復仇的殺氣與逼人的暴力意味。而在〈駁康有為論革命書〉一文中，更是把話說絕說盡：「漢族之仇滿洲，則仇全部」，即使「血流成河，死人如麻」也要「確固堅後，重然諾、輕生死」。行文中的不以生命為然，至今讀來依舊令人戰慄。

　　在這樣的歷史風潮下，郭沫若遠赴日本留學。他與魯迅一樣都拋棄了開始學習的醫科，轉而從事文學創作。一九一八年的初春寫下《牧羊哀話》這一明顯帶有政治色彩的小說，夏初更是寫下了《鳳凰涅槃》、《地球，我的母親》、《爐中煤》諸多詩篇。一九二一年出版的《女神》，乃是對這一時段郭沫若創作的總結。

　　雖然《女神》作為郭沫若的代表性作品，開創了新文化運動蔚然成風的詩歌熱潮，但《女神》依然有著令人質疑的諸多硬傷。《女神》中的詩句，絲毫沒有所謂「女神」的端莊大氣、雍容華貴，而是充斥著一個革命者的躁動、不安、狂想以及焦慮，例如

〈天狗〉一詩，更以類似於狂犬般的吠叫，宣告了郭沫若之於歷史的出場：

　　我是一條天狗呀！
　　我把月來吞了，
　　我把日來吞了，
　　我把一切的星球來吞了，
　　我把全宇宙來吞了，
　　我便是我了。

　　我飛奔，
　　我狂叫，
　　我燃燒，
　　我如烈火一樣的燃燒！
　　我如大海一般的狂叫！

　　郭沫若選擇這樣的方式於歷史的出場，不管後人如何評價，即便是同時代的人，也要笑掉大牙。較諸魯迅拿出《狂人日記》的出手不凡，郭沫若顯得極為浮躁；較諸胡適拿出〈文學改良芻議〉的石破天驚，郭沫若顯得學養淺薄；即便是較諸周作人同時期寫下的稍顯稚嫩的白話新詩〈小河〉，郭沫若的創作也缺少那樣深邃高遠的境界。由此可見，《女神》被吹捧為中國新文化運動中詩歌的開山之作，並不全然是文化方面的原因。
　　在《女神》的序詩中，郭沫若留下了這樣的詩行：

我是個無產階級者，

因為我除個赤條條的我外，

什麼私有財產也沒有。

《女神》是我自己產生出來的，

或許可以說是我的私有，

但是我願意成個共產主義者，

所以我把她公開了。

　　這一段通常為人所忽略的重要材料，提示了郭沫若之於歷史的深切含義。雖然《女神》從產生時代以及後世學人的評價而言，屬於五四新文化時代，但是所謂「共產主義」，並不是五四新文化運動時代的特質，至於所謂的「無產階級」，更是聞所未聞。五四時代是啟蒙時代，核心乃是科學與民主。郭沫若莫說對於科學與民主這兩個詞彙帶有明顯的陌生，即便是對於五四新文化運動的啟蒙宗旨，郭沫若也渾然不明就裏。郭沫若曾言：《女神》之後，我已不再是詩人了。郭沫若的表述有誤，《女神》之中，郭沫若就已經不單單是詩人了。

　　郭沫若的轉向，原因複雜，許多人將一九二四年郭沫若翻譯河上肇的《社會組織與社會革命》作為郭沫若思想向左轉的依據，並不確然。事實上郭沫若翻譯《社會組織與社會革命》一書之前，思想已經發生了向左轉的動機。在一九二四年翻譯完此書之後，郭沫若在致成仿吾的信中，透露了自己思想的轉變：

這本小書的譯出在我的一生中形成了一個轉換的時期，把我從半眠狀態裏喚醒了的是它，把我從歧路的彷徨裏引出的是它，我對於作者非常感謝，我對於馬克思、列寧非常感謝。

後人依此將郭沫若翻譯此書作為郭沫若思想轉型的重要環節，有失偏頗。我們應該注意到文中「我對於馬克思、列寧非常感謝」這一類話，事實上在郭沫若致成仿吾的信中，多次提到了他本人之於列寧的感恩戴德：

譯述中我感到最驚異的是：我們平常當成暴徒看待的列寧，才有那樣縝密的頭腦，才是那樣真摯的思想家。

郭沫若對於列寧的推崇，說到底，在於郭沫若之於十月革命的巨大神往。早在一九二〇年四月，郭沫若便寫下了〈巨炮之教訓〉一詩，詩中對於列寧發動的十月革命讚不絕口，之於十月革命的歡呼，溢於言表：

為自由而戰呦！
為人道而戰呦！
為正義而戰呦！
最後的勝利總在吾曹！
至高的理想只在農勞！

詩作中最後兩句的邏輯混亂，強詞奪理，一看便知。在一九二一年所寫的〈偉大的精神生活者王陽明〉一文中，郭沫若聲稱：「馬克思與列寧的人格之高潔不輸於孔子與王陽明，俄羅斯革

命後的施政是孔子所說的王道。」言語中的不容質疑，更是讓人覺得荒謬可笑，及至一九二四年初列寧去世，郭沫若如喪考妣，立即創作了〈太陽沒了——聞列寧死耗作〉，其詩中對於列寧之死的痛心疾首，盡顯無餘：

> 啊，太陽沒了——在那西北的天郊，
> 彌天的暗雲也暫時泯卻了它的嘲笑。
> 消沉的萬象都像隨以消亡，
> 四海的潮音都在同聲哀悼。
>
> 你我都是逐暗淨魔的太陽，
> 各秉著赤誠的炬火，前走！前走！

　　所謂「赤誠的炬火」，放諸郭沫若生活的時代背景而看，毫無疑問是指列寧傳播的馬克思主義。郭沫若由右而左，轉而投入馬克思的懷抱，與列寧的影響密切相關。十月革命的巨大魔力，由此可以想見。

　　事實上不僅僅是郭沫若如此，十月革命的風潮，也讓陳獨秀這樣的五四精英，對於革命，陷入吸毒般的不可自拔。一整代文化精英，悉數有著由啟蒙而革命的事例。而三十年代興起的革命文學左翼文學，也是這樣的時代風潮，於文學上的具體反映。在此之後，陳獨秀由啟蒙運動中的主角，轉身成為黨派之領袖，而郭沫若更是積極投身北伐，一度擔任國民革命軍政治部副主任的職務。

　　如果不是一九二七年蔣介石所發動的清黨，郭沫若的人生軌跡也不會發生那樣戲劇性的變化。坦白而言，一九二七年郭沫若拒絕

蔣介石的拉攏，憤然寫下〈試看今日之蔣介石〉一文，的確昭顯了作為知識分子不可或缺的獨立精神與坦蕩人格。但在參加南昌起義之後，受蔣介石通緝，慌忙躲到日本，也的確讓人啼笑皆非。不過類似的事情，革命前輩孫中山章太炎諸人，也都曾經做過。只是與這些革命前輩在日本繼續革命不同，郭沫若在日本鑽研歷史，為其日後的人生，埋下了伏筆。

對於郭沫若在考古、歷史方面的成就，一向自負的陳寅恪有所保留的表示：只有一部四十年代的《青銅時代》比較有價值。這也的確道出了郭沫若在歷史學上的尷尬之處。他的歷史學著作，絕大多數帶有過多的非學術色彩，或曰政治色彩，而使得著作本身的價值大打折扣，尤其是那篇〈甲申三百年祭〉，更是被定為中共延安整風運動的學習文件。

要說郭沫若在日本一無所成，並非公正之語。他在日本所寫下的《中國古代社會研究》、《甲骨文字研究》，的確是許多學人窮盡畢生精力難以企及的，如果郭沫若在這條路上繼續走下去，成為一代學人的翹楚，完全是順理成章。可是郭沫若偏偏就那樣的耐不住寂寞，抗戰爆發之後，立即回國投身到革命之中，並在政治上完全成為了黨派的附庸。郭沫若後半生的悲劇，也在此奠定了基礎。

考察郭沫若這一段時間乃至之後若干年的創作，會發現其對於政治的熱衷，完全到了讓人匪夷所思的程度。大革命失敗之後，毛澤東走上井岡山號召點燃革命的星星之火，郭沫若在日本用馬列主義研究歷史指出「造反有理」的正當性；抗戰期間，全民槍口一致對外，郭沫若在《屈原》中大肆媚俗，過分表演性地修飾了愛國主義的不容侵犯。劇中屈原的捶胸頓足，是對於政治的無恥獻媚；及至開國大典，郭沫若忙不迭的寫出〈新華頌〉，高呼「五星紅旗遍

地紅」，只是令人遺憾的是，半路殺出個胡風，寫的獻禮詩比起郭沫若的更加高明——〈時間開始了〉，言下之意，時間是從中華人民共和國建國開始的，馬屁拍得無與倫比。

幸虧胡風五十年代被關進了監獄，否則郭沫若的阿諛詞章就不會是獨唱，而是合唱。在寫下〈新華頌〉之後，郭沫若再接再厲，炮製出了《長春集》這樣「熱烈歌頌祖國大好河山」的詩集。而更為趨時之處在於，黨中央在五十年代號召百花齊放，百家爭鳴，郭沫若積極響應，立即出版了《百花集》。詩集中以一百零一朵花為題材，寫了一百零一首詩，以示對於黨的號召發自內心的「鼓與呼」。

趨時而作，並不能構成對於一個人道德的質疑，更何況郭沫若身居高位，自然有著諸多不可言說的苦衷。但是昧著良心講話，卻是天理難容。反右運動時，當《光明日報》記者問及郭沫若「言者有罪還是無罪」時，郭沫若表示「無罪者的言者無罪，有罪者的言者還是有罪的。」在那樣的歷史風潮中，這樣的話，無疑有著不可比擬的殺傷力。

而在文革伊始，郭沫若更是自我討伐：「拿今天的標準來講，我以前所寫的東西，嚴格地說，應該全部把它燒掉，沒有一點價值。」後世學者普遍認為，郭沫若此語純屬自保。其客觀效果，乃是為全盤否定歷史的極左思潮推波助瀾。而郭沫若在文章中的浮浮沉沉，更顯示出郭沫若自保的無用，政治終究還是政治。

然而即使如此，郭沫若依然沒有深入的自省，繼續在歷史的舞臺上扮演文學弄臣的角色，同時更以學術上的功力，直接服務於政治。〈李白與杜甫〉的出現，便是極具代表性的案例，文中對於杜甫的貶低，完全是出於政治鬥爭的需要與毛澤東的附和（毛澤東喜歡李白而不太喜歡杜甫）。更為戲劇性的是，郭沫若以〈茅屋為秋

風所破歌〉中關於斥責孩童抱走茅草為例，指責杜甫不講「階級感情」。其話語的令人啼笑皆非，事後回味，讓人搖頭歎息。

　　幸好郭沫若在閒暇之餘，在與其忘年交陳明遠的通信中，或多或少的吐露了其逼不得已的心跡。與陳明遠的書信往來，無疑是揭開晚年郭沫若之謎的一份不可多的的文本。在信中郭沫若一再吐露自己在歷次運動中的身不由己，一再表示自己創作中的虛假、做作。一向以革命面目示人的郭沫若，私下裏也會透露出人之所以為人的真誠、坦蕩與不可或缺的常識。對於二十世紀中國知識分子的精神史而言，這些書信彌足珍貴，但對於郭沫若本人而言，其價值，並不高於郭沫若在日本寫下的《甲骨文研究》。

　　郭沫若曾被人稱作甲骨文研究的「四堂」之一，「四堂」之中，有羅振玉羅雪堂，王國維王觀堂，董作賓董彥堂，郭沫若字鼎堂，忝列其中，並非過譽。然而這四人在二十世紀中國波譎雲詭的歷史上，都在政治大變局的波動中，淒慘的死去。郭沫若未能在文革中作別，而是苟活到了一九七八年，也是一種僥倖。郭沫若的悲劇，並不只是他個人的悲劇，更是革命時代背後難以為外人道的深刻的歷史性悲劇。

茅盾：從啟蒙到革命

　　在中國近現代文學史上，茅盾是一個讓人無法認清的人物。種種猜測、推論，都使得茅盾本人身上籠罩了一層不可言說的色彩。更為重要的史實則在於，茅盾訥於言語，尤其在一九四九年之後風起雲湧的政治浪潮中，茅盾的表現，沒有太多讓人為之評說的內容。與同時代的學者作家相比，茅盾實在顯得讓人犯難。評說郭沫若是容易的，因為那些阿諛的詞章，早已成為公論。其人格的分裂，也在日常的言行與私密的書信之間的反差中得以昭顯。同樣，評說陳寅恪也是容易的。其人格的壁立千仞，早已在〈對科學院的答覆〉、〈贈蔣秉南序〉以及煌煌巨著《柳如是別傳》中，得到了淋漓盡致的展現。而茅盾的晚年，卻彷彿一個巨大的黑洞，而對這個巨大的黑洞，一說便錯，一說便俗。

　　關於茅盾晚年的生活，相關的回憶錄早已出版。然而令人心痛之處在於，其間既沒有珍貴的史料，亦無高遠的見地，更談不上對於茅盾人生歷程深入的叩問。這種莫名其妙的空白，並非茅盾回憶錄的編纂者刻意的遮掩，恰恰是由於茅盾本人巨大的人格分裂。這種人格分裂並非意指茅盾在道德層面的可堪指責，而是指茅盾徘徊在理想與現實之間的巨大痛苦，以及在政治高壓下的失語狀態。一九四九年之前的茅盾，尚能在國民黨的通緝下寫出《子夜》那樣的巨著。一九四九年之後，知識分子群體性的淪陷，茅盾亦不能免俗，其名下，也只有一堆趨時而作的文章。

　　我想對於茅盾生命歷程的探討，不應該著眼於晚年，卻應該在茅盾一九四九年之前的歷程中找出茅盾的思想線索。茅盾一九四九

年之前的生活，恰恰是二十世紀上半葉中國風起雲湧的時代。辛亥革命、新文化運動、五四救亡、黨爭與學運，茅盾都身處其間，更有了切身的感受。而茅盾在時代中的沉浮，更具代表性地體現出了一個從五四新文化運動時代走來的知識分子，在時代的潮流中逐漸為流俗所轉，成為革命作家的歷史性轉變。曾有學者在描述文學之功用在二十世紀中國的戲劇化扭轉時，歸納為從啟蒙到革命。而茅盾的前半生，大抵如此。

出生於浙江嘉興小鎮上的茅盾，起初對於何為新文化，何為新思想，並不了然。但一個重要的事實在於，茅盾生活的地方，乃是太湖南部的魚米之鄉，是近現代以來農耕文明最為發達的地區，而此地又與中國現代化進程最早的城市上海比鄰。茅盾在這樣的環境下成長，其身既有農耕文明的浸潤，又帶有鮮明的現代傾向。在嘉興中學堂這所舊式學校讀書時，茅盾與幾個同學一起，抨擊當時為人所痛恨的學監，結果被學校除名，這件事所發生的背景，乃是辛亥革命風起雲湧之際，茅盾的拍案而起所昭顯的反叛，不難看出革命的激勵。

事實上茅盾這種反叛，帶有鮮明的趨時而動、隨波逐流的性質，與魯迅筆下的阿Q嚮往革命，實際上並無迥異。從中學堂退學之後，幾經輾轉，茅盾考入北京大學預科，又因為財力困窘，無奈之下，才在叔叔盧學梁的推薦之下，到上海商務印書館謀差事。盧學梁與商務印書館北京分館經理孫伯恒相熟，茅盾至商務印書館謀職，帶著孫伯恒的介紹信，自然輕車熟路。

值得注意的是，在茅盾的回憶錄中，這一段經歷頗為有趣。茅盾因家境困窘輟學的原因被一筆帶過，反倒是茅盾本人在商務印書

館因孫伯恒的介紹信所經歷的帶有戲劇性意味的轉變，在茅盾的回
憶錄中依舊栩栩如生：

> 我剛到樓梯邊，就有人攔住，問：「幹什麼？」我答：「請
> 見張總經理。」那人用輕蔑的眼光把我上上下下打量一番，
> 冷冷地說：「你在這裏等罷。」我真有些生氣了，也冷冷地
> 說：「不能等候，我有孫伯恒的介紹信。」一聽「孫伯恒」
> 三字，那人立刻面帶笑容問道：「是北京分館孫經理嗎？」
> 我不回答，只從口袋取出印有「商務印書館北京分館」的
> 大信封對那人一晃。那人的笑容更濃重了，很客氣地說：
> 「請，三樓另有人招呼。」我慢慢地走上三樓時，回頭往下
> 一看，果然那人對面的一條板凳上坐著兩個人，想是等候傳
> 呼然後可以上樓的。我心裏想，好大的派頭，不知總經理的
> 威嚴又將如何？

　　茅盾回憶錄中的這一段史料，極為珍貴。它對於透視茅盾心理
的若干特質，具有不可替代的作用。其一，茅盾帶有鮮明的所謂
「小資產階級」的傲慢脾性。這種脾性並非運用階級分析法對於茅
盾的指責，而是指出茅盾徘徊於某種階層帶有這一階層鮮明價值態
度形象的表現。其二，茅盾的心理活動，帶有鮮明的對於舊式尊卑
等級秩序的反叛。這一正一反，恰恰刻畫出了茅盾本人徘徊於舊與
新之間的不知不覺。其筆名所昭顯的人格矛盾，恰如其分。
　　茅盾這種帶有鮮明分裂色彩的人格特徵，使他沒有堅定的信
仰，既不能像胡適那樣終身對於自由主義堅守不渝，也不能像某些
共產黨員那樣終身對於馬列主義心存敬意。他更多的在不同的信仰
之間徘徊。五四時代，茅盾興致勃勃以《小說月報》為陣地，張揚

啟蒙大旗，而大革命失敗，茅盾東渡日本，寫下《幻滅》、《動搖》、《追求》三部曲，描述自己對於革命失望的情緒，因而受到諸人的群起而攻之。然而時隔不久，茅盾拿出了《子夜》這樣的作品，並在其後的歲月中，成為延安的革命作家中一幅旗幟。

在《茅盾回憶錄》中，這樣的線索，清晰可見。茅盾曾經在十月革命之後，在一九一九年五四運動的前夕，開始注意到俄國文學，茅盾如此回憶：

> 從一九一九年起，我開始注意俄國文學，搜求這方面的書。這也是讀了《新青年》給我的啟示。

《新青年》之於茅盾搜求俄國文學的著作，看似無關，實際上卻包含著一個隱秘的信息。一向以倡導文學革命，提倡白話文的《新青年》，使茅盾對俄國文學感興趣，起因應該是一九一七年與一九一九年之間的一九一八年的《新青年》上有關蘇俄革命的文章。一九一八年十月五日，李大釗在《新青年》上發表〈庶民的勝利〉一文，這是《新青年》上刊登的為數不多的宣揚俄國十月革命的文章。在這種歷史風潮的激蕩下，茅盾在《學生雜誌》第六卷第四—五號上發表〈托爾斯泰與今日之俄羅斯〉一文，文章開宗明義，對十月革命褒揚有加：

> 十九世紀末年，歐洲文學界最大之變動，其震波遠及於現在，且將影響於此後，此因何事乎？回俄國文學之勃興，及其勢力之勃張也。

俄人思想一躍而出……二十世紀後半期之局面，決將受其影響，聽其支配。今俄之布爾什維克主義，已瀰漫於東歐，且將及於西歐，世界潮流，澎湃動蕩，正不知其伊何底也。而托爾斯泰實最初之動力。

將托爾斯泰之於十月革命的作用如此誇大，乃是其日後主張文學「為人生」的預演。而其後爆發的五四運動，更讓茅盾難以自持，其在回憶錄中寫道：

到了一九一九年春夏之交，五四運動爆發了，在它的影響和推動下，我開始專注於文學，翻譯和介紹大量的外國文學作品。

一九一九年尾，我已開始接觸馬克思主義，我覺得看看這些書也好，知道社會主義還有什麼學派。那個時候是一個學術思想非常活躍的時代，受新思潮影響的知識分子如飢似渴地吞咽外國傳來的各種新東西，紛紛介紹外國的各種主義，思想和學說。大家的想法是：中國的封建主義是徹底要打倒的，替代的東西只有到外國去找，「向西方國家尋找真理」，所以當時「拿來主義」十分盛行。也是在這種求真理欲的驅使下，我還譯過兩篇尼采的東西。

可以看出，茅盾之於五四新文化運動的熱衷，是順應時代的潮流。一九一九年五月，《新青年》上公開宣傳馬克思主義學說，發表李大釗〈我的馬克思主義觀〉一文。而在其後，更是出現了馬克思主義研究的專號。胡適看到這樣的場景，立即洞穿了其間對於蘇俄暴力革命的推崇，一再發表文章，極力倡言多研究問題，少談些主義。

　　茅盾對於俄國文學的迷戀，日漸顯示出濃厚的興趣。對於胡適的告誡，不甚了然。茅盾之後投向革命，於此也有了思想上的基礎。在一九一九年之後，已是新文化運動的晚期，茅盾接管《小說月報》，大刀闊斧地進行改革。而在此之後，參與成立了文學研究會。這個在中國近現代文學史上光芒奪目的文學社團，幾乎可以說是時代文學圖景的一種反映，其成員名單如下：

　　　周作人　　朱希祖　　耿濟之　　鄭振鐸　　瞿世英　　王統照
　　　沈雁冰　　蔣百里　　葉紹鈞　　郭紹虞　　孫伏園　　許地山

　　這其中不僅有新文化運動的先驅周作人，舊學泰斗朱希祖，還有一長串在近代文學史上聲名顯赫的人物。而於此同時期的創造社，卻打出了與文學研究會宗旨截然相反的主張，其言曰為藝術的藝術。文學研究會的「為人生的藝術」與創造社「為藝術的藝術」，終究只是虛妄的言辭。這兩個社團之中的代表性人物——茅盾與郭沫若，之後成為了不折不扣的為革命的藝術。

　　這種意指上的變遷，於茅盾而言，一個至關重要的轉折，在於一九〇二年陳獨秀與茅盾的會面，以及同年七月上海共產主義小組的成立。茅盾受李達之邀，為《共產黨》這一黨刊撰寫文章，茅盾備受鼓舞，首篇文章便以共產主義為起始，接著更發表了多篇對於共產主義、共產黨綱領及其內部組織的介紹性文章。除此而外，還在陳獨秀的影響下，撰寫了〈自治運動與社會革命〉一文，激烈批判當時的聯省自治運動。文中不自覺地運用階級鬥爭的觀念，對於「資產階級民主」大加撻伐。文中所露出的革命暴力意味，隱隱約約，呼之欲出。

　　為黨刊撰寫文章之後的茅盾，欲罷不能。很快便以《小說月報》編務為掩護，從事黨中央聯絡員的工作。其間更在黨所辦的學校宣揚革命，培養革命志士。一九二五年五卅運動爆發，茅盾身處其中，八月更以代表的身份積極參加與商務印書館的罷工。國共合作之後，茅盾飛黃騰達，在北伐之後，一度出任武漢政府《民國日報》主編，直至清黨事起，倉皇出逃。

　　一個從事文學事業的人，在短短幾年之間，忽然成為一黨之傑出人物，並不只是茅盾一人。陳獨秀諸君，更是歷史性的佐證。革命失敗之後，茅盾為生計所迫，這才想起曾經的文學事業。從一九二七年九月至一九二八年六月，先後完成三部小說《幻滅》、《動搖》、《追求》，是以為《蝕》之三部曲。文中所透露出對於革命的失望情緒，即便是在充滿積極意義的《追求》中也比目皆是。茅盾同時期寫下的《從牯嶺到北京》，描述這一段歷史中個人心路的變遷，同樣為人所詬病。

　　指責茅盾最為積極的人，大多數以「革命」自我標榜的所謂「革命作家」，如錢杏邨在〈茅盾與現實〉一文中開宗明義，對茅盾痛加斥責：

　　　　他所表現的大都是下沉的革命的小布爾喬亞對於革命的幻滅
　　　　與動搖。他完全是一個小布爾喬亞作家。

　　言語中的信誓旦旦，彷彿不容辯駁。而在《從東京回到武漢》一文中，錢杏邨更是毫不手軟，將他對於茅盾的不滿，加以戲謔性的概括：

> 以《從牯嶺到北京》為理論的基礎，以《幻滅》、《動
> 搖》、《追求》為創作的範本，以小資產階級為描寫的天然
> 對象，以替小資產階級訴苦並激動他們的情熱為目的的「茅
> 盾主義文學」。

錢杏邨為代表的之於茅盾的攻擊，茅盾當然有所觸動。而在
一九三〇年代，蔣光慈的出現，更使得茅盾之於革命，嚮往得無以
復加。蔣光慈的出現，對於三十年代的左翼文學，可謂意味深長。
他以革命＋戀愛的小說模式，將青年之於革命的追求，以最為赤裸
的形式予以表達。在此之中，革命成為一種時尚，革命文學更成為
社會的風潮。文學青年對其迷戀有加，茅盾也對此難以自持。在寫
下《蝕》之三部曲後，茅盾改頭換面，立即寫下了《春蠶》、《秋
收》、《殘冬》這樣的農村三部曲，在此之後，更是一發而不可
收，炮製出了《子夜》這樣的長篇巨著。

在文學史上的《子夜》，雖然擁有高高在上的地位，並且也的
確顯示出了茅盾在長篇小說領域精湛的功力，但《子夜》在藝術
上，卻是十分可疑的。且不說在行文的語氣上茅盾已經事先擺出了
自己的立場，如同《三國演義》早已定下了「尊劉抑曹」的基調一
樣，茅盾在行文中之於資本家的咬牙切齒，完全是一副勞工神聖苦
大仇深的模樣。由此，茅盾為革命隊伍所接受，轉身加入了左聯，
成為不折不扣的革命作家。

《子夜》所具有的魅惑力，不但讓革命者為之神往，即便是學
界中人，對此也是讚不絕口。早在《子夜》出版之初，瞿秋白便一
錘定音地聲稱：「一九三三年是《子夜》年。」對於《子夜》之推
崇，毫不猶豫。而身在清華的吳宓，更是對於《子夜》讚不絕口：

「筆勢具如火如荼之美，酣姿噴薄，不可控搏。而其細微處復能婉委多姿，殊為難能可貴。」茅盾欣喜若狂，立即著文表示吳宓的評論「真正體會到了作者的匠心」。「匠心」一詞，多用於對他人之讚譽，茅盾以此自詡，頗為可笑。

茅盾至此，已完全迷失於革命之中。革命所具有的巨大魔力由此可以想見。一九三〇年，茅盾加入左聯，後來一度擔任左聯的執行書記，與魯迅一道，從事所謂的文藝活動與革命鬥爭。只是魯迅的定力尚可，雖然身在左聯，但對於左聯中的周揚諸人，一再表示道不同不相為謀。而茅盾在左聯解散之後，奔赴延安，與丁玲一樣，成為延安時代的革命歌手。

茅盾於此之後的歷史，並無出彩之處，而其中帶有某種諷刺意味的是，他在周作人逼不得已出任偽職之後，不分青紅皂白，夥同何其芳諸人，發表〈致周作人的公開信〉，以義正言辭的口吻，對於周作人的作為，予以殺氣騰騰的批判。其文較諸同時期郭沫若所寫的〈國難聲中懷知堂〉的油腔滑調，更顯可笑。如果這封公開信出自何其芳蔣光慈之流的革命後生，並不奇怪。但茅盾好歹是從五四新文化運動走來的知識分子，不要說對周作人有起碼的敬意，就算看在同為文學研究會的成員的份上，也該在行文上有所收斂。然而歷史令人心痛之處在於，茅盾出言不遜，行文中的鋒芒畢露，是在時代的浪潮中所凝結的話語戾氣，帶著革命所特有的暴力意味，完成了之於周作人的討伐。

至此，茅盾宣告了之於五四新文化運動的決裂。即便是在左聯時期殘存的自由主義思想，到了延安之後，也湮沒無聞。建國之後，茅盾出任文化長官，創作日漸稀少，其作為作家的生命，業已

終止。而在一九七六年文革結束之後，茅盾一生最大的敗筆，也留
在了歷史之中。在其去世的一九八一年，茅盾臨終時表示：「如蒙
追認為光榮的中國共產黨黨員，這將是我一生最大的榮耀。」黨中
央由此決定恢復其黨籍，黨齡從一九二一年算起。從一九二一年到
一九八一年，六十年，一個甲子的輪迴，茅盾只是這個輪迴中諸多
知識分子的血淚悲歌中不甚具有太多歷史性含義的一環。

革命時代的告密者

　　二〇〇九年，久未有新作問世的章詒和女士接連拋出〈誰把聶紺弩送進了監獄？〉、〈臥底——他走進了章家大門〉二文，以豐富的史料排比，將革命時代的告密者，諸如馮亦代、黃苗子諸人一一剝皮抽筋，鞭撻斥責。作為曾經寫出《往事並不如煙》這樣錐心之作的章詒和，經歷了一九四九年之後中國大陸歷次政治批判運動，而其父章伯鈞，更是反右運動中赫赫有名的主角，因此其筆下所透露出的無限蒼涼，乃至行文之時的用筆如刀，極為深刻地展示了章詒和的內心如煎如煮的悲慟與焦灼。無論人們對章詒和此文持何種態度，至少我認為，其對於極權制度下人性醜惡的揭露入木三分。而它，更是開創了將現當代特務統治告密制度的主子和嘍囉一起拉出來示眾、予以撻伐的先河。就此而論，章詒和之功績，怎麼評價都不過分。

　　無獨有偶，一貫以風月形象著稱的上海也同樣傳出「告密」的事件。革命時代的告密幽靈，如今死灰復燃。二〇〇九年年末，上海華東政法大學人文學院教授楊師群，因在上海時偶然間講了幾句批評政府批評中國文化的話，被兩位女學生添油加醋的以「反革命罪」告發。對此，楊師群先生的部落格中有極為生動之描述：「下課時兩位女同學找我，憤慨地指責我怎麼能批評中國文化！批評政府！甚至眼睛裏已經含有淚水。」對於這一類似於余秋雨大師的「含淚」舉止，楊師群倒是顯示了師長的大度：「這樣熱愛中國文化與中國政府的同學，我很敬佩，你們有這樣的權利。那為什麼我就沒有批評中國文化和政府的權利呢？」而後兩位女學生居然以

「老師上課時講××功，宣傳國外反動網站」為名，一面向教委舉報，一面向公安局舉報。據楊師群與華東政法大學校方領導交談的描述來看，校方領導稱公安局已經「立案調查」，楊師群震驚之餘大為感慨：「政法大學的學生居然還和文化大革命的思路一樣，為了告發老師為反革命，可以不擇手段。如果這種事情發生在清朝末年可能還會有人相信，而如今，卻依然發生在二十一世紀的中國，並且就發生在中國的大學裏，這就太讓人匪夷所思。」

楊師群的戲劇性遭遇，恰恰是這個病態時代大學潰爛的絕佳的證明。而大學之中告密者的復生，也不過是一種歷史的順延而已。中國教育的一個最大的弊病，就是只灌輸知識，不教授學問，至於做人的道理，也僅限於五講四美那樣令人啼笑皆非的文明條例。這樣的現狀，不僅使得學生告密這樣令人髮指的事情成為可能，並且學生將老師送進監獄的惡劣情況也並不鮮見。在一九四九年之後的若干次政治批判運動中，學生告密致使師長身陷囹圄者，難以計數。而在最為慘烈的文革時代，告密的心虛膽怯轉為造反有理的理直氣壯，在光天化日之下公開以暴力的方式對師長進行羞辱。僅就文革這十年而言，據研究者統計，因學生批鬥致死的教師，多達十萬人之鉅。而官方公佈的數據，與其差之千里，暴露了執政者對於歷史發自內心的虛弱與不敢正視。

寫出〈臥底〉、〈誰將聶紺弩送進了監獄？〉二文的章詒和，其父章伯鈞在一九五七年反右運動中被打成右派，八十年代在大規模的平反運動中成為中共中央堅決不予改正的五名中央級右派之一，由此成為反右運動中一個最具象徵性的歷史標記。他所提出的「政治設計院」的主張與另一名大右派儲安平「黨天下」的言論，乃是那一場反右運動中至今聽來仍然振聾發聵的驚

世之論。章伯鈞被打成右派後，生活並不安生，為數眾多的「臥底」在章家出出入入，而章伯鈞卻渾然不覺。在此之中，著名翻譯家馮亦代便是其中最具代表性的人物，這位在章詒和筆下曾經最為親切的馮伯伯，在與章家交往的若干年裏，一直被章伯鈞引為最為交心的朋友，而正是這位馮伯伯，總是在第一時間向情報部門提供章伯鈞最近的「思想動態」，以及一些最為敏感的「反黨言論」。這些情況，在馮亦代晚年懺悔錄《悔餘日錄》中，都有十分清晰的記載。

翻開《悔餘日錄》，其第一手材料的披露，讀來極有收穫。按照常理而言，類似於日記這樣的文體，在寫作時應該直抒胸臆，無甚顧忌，但是《悔餘日錄》中所收錄的馮亦代的日記，絲毫沒有私下書寫時的敞開心扉，顯示出時代的重壓。尤為重要的是，在時代的重壓下，本身文采就極為低劣的馮亦代，文字更是平淡無奇，甚至充斥著革命話語的表態、宣誓，體現出為時代話語所荼毒的悲劇。試選錄幾段：

> （1958年8月6日）
>
> 一百多年來中國是被侵略的國家，在國際舞臺上根本沒有發言權，而只有在解放後，才成為一個強大的國家，而且國際關係中如果沒有我國的參加，就解決不了問題，這個國際地位的改變從何而來的呢？那就是黨，黨所領導的革命的成功，建設的成功，才能有今天的地位。

馮亦代的表態之後，三年大饑荒的慘劇隨之而來，斯時的馮亦代是否於心有愧？下文還有更為讓人哭笑不得的記載：

（1958年10月2日）

開始寫8、9月份的思想情況彙報，我怎覺得自己這種焦慮的
情緒是中小資產階級的好高騖遠的思想作風的表現，自己努
力克服，但時不時露出頭來給我苦惱，摘帽子也是件實事求
是的事情，焦慮又有何用？如果不嚴格要求自由，不鼓足幹
勁，力爭上游，一切都是空的。

　　在寫日記的時候還不忘做思想的「自我改造」，將自己對於
「思想改造」的迷惑，放在所謂「實事求是」的相比下自省，是不
是太滑稽？在日記的下文中，馮亦代再次提供了這種滑稽：

晚上早睡，想多休息一下，把過高的血壓回下去，身體好，
工作中拿出幹勁來，一人抵三人使用，這是我在工作中力爭
上游的一個企圖。

　　如此的將個人的身體健康，強行比附在工作之中，而所謂的
「工作」，便是情報部門指派給馮亦代的任務，即是告密，將告密
之事做到如此的盡心盡責，也的確難為了馮亦代。
　　而章詒和在文章中所提供的馮亦代在章家「臥底」的材料，在
《悔餘日錄》中也有清晰地記載。值得注意的是，雖然在日常生活
中，在章詒和的記憶中，馮亦代稱呼章伯鈞，總是恭敬地叫一聲
「伯老」，而在馮亦代的日記裏，對諸如潘光旦、費孝通等有交情
的人，多數情況下稱「光旦」「孝通」，以示親近。但只要一提到
章伯鈞，悉數以「章家」代替，即便是不得不提，也是直呼其名，
大有隨意之感，其人格之分裂可想而知。

　　從《悔餘日錄》中有關於章伯鈞的記敘，不難看出馮亦代始終是以警惕的敵對的態度來與章伯鈞交往的，而據章詒和的描述，每次他來章家作客，賓主都是相談甚歡，由此可見「知人知面不知心」一語，的確是早已有之。而在馮亦代與章伯鈞的交往中，一個顯露的特徵在於，每次當國家有重大事件時，馮亦代都會第一時間去章家，瞭解章伯鈞的「思想動態」，收集其「反動言論」，《悔餘日錄》中，這樣的例子不勝枚舉。

　　（1959年1月23日）

　　下午休息後，章（伯鈞）在費屋中談他向黨進攻前的思想活動，說道周總理批判他思想中的兩面派，很引起我自己的警惕。他邀我一同坐車回去，他說如果下期不繼續要把自己的思想寫下來。（費勸他自己梳一次思想的辮子，似乎打動了他的心）

　　再如：

　　（1959年2月18日）

　　下午去章家，聽了一下午的廢話，但有一句話卻使我十分注意，那就是他說在思想上必須力爭上游，我不知他指的是什麼？我自己想，則思想上力爭上游，那就要把思想紅起來，要使思想紅，首先要改變立場，以唯物主義辯證法來看世界，來改變自己的思想……

　　馮亦代通過章伯鈞與費孝通個人之間私密性的談話，乃至於章伯鈞之間的談話，聯想到自己的思想改造，不難看出這其間的奧

秘。馮亦代之所以出賣章伯鈞，作出告密這種極為卑劣的勾當，乃
是在反右運動之後，其迫切希望「拿掉右派的帽子」，在情急之下
做了情報部門的眼線，說馮亦代「賣友求榮」，雖然不甚確切，無
法指出馮亦代的具體行為，但是以告密求自保的情況，卻是鐵板釘
釘的事實。

　　在賣友告密這件事上，要說馮亦代有所懺悔，那也是文革之
後，時代的重壓褪去之後，在其日記中，更多透露出的乃是其對於
「思想不能跟上黨的步伐」這樣的憂心忡忡，這樣的思想狀況，放
在那樣的思想環境中絲毫不足為奇。但作為一個知識分子的馮亦
代，在日記這樣足以坦誠相待的書寫中，居然一再對自己「思想落
後」作出「深刻反省」，其獨立人格自由思想的闕如，一目了然。
而馮亦代不僅限於此，還將所謂「黨的鼓勵」看成一種至高無上的
榮譽：

　　（1959年5月7日）
　　晚上去看老楊和老劉二同志，得到許多鼓勵。黨如此信任
　　我，我一定要把工作做好，需要沉著、鎮定和機智，最主要
　　的是多動腦筋。

　　（1960年1月23日）
　　晚上在全聚德吃飯，老王老彭老劉三位還有安娜，我喝了許
　　多茅臺，雖知多飲不好，但在這樣一個歡欣的時刻，組織的
　　鼓勵，同志們的親切幫助，我又怎能不開懷暢飲，結果是大
　　吐而歸。但我的心情很好。這是一個開始，把一肚子肮髒，
　　努力吐光了，就可以輕裝前進，力爭上游。要嚴格對待和要

求自己，我想組織上我離入黨還遠，但思想上我應該入黨，
這是一九六○年的努力目標。

馮亦代在年輕時代曾經加入青紅幫，後來又加入國民黨，之後
再入民盟，馮亦代與章伯鈞相熟，正是因為章伯鈞的夫人李健生在
民盟北京市委一起共事的好友關係。如此的一個風派的彈簧腰人
物，其在一九六○年萌生出加入共產黨的念頭，也就不足為怪了。
而馮亦代在此後，更以積極的態度，從事情報的收集工作，這在
《悔餘日錄》中有所記錄，不再贅述。

值得注意的是，在馮亦代的日記中所提到的老王老彭老劉，便
是直接領導馮亦代告密工作的人，除此而外，還有一張姓人物。馮
亦代向此四人彙報的密度超過常人想像，而且日記中所透露出的一
個重要的細節，即是連續幾天章伯鈞家都有訪客，馮亦代因為不能
準確的瞭解章伯鈞最近的情況，顯得焦躁不已。而另外的記載則表
明，當領導馮亦代工作的老彭因為工作忙無法聽馮亦代彙報時，馮
亦代也顯示出了同樣的急躁。縱觀馮亦代的告密史，其一貫的態度
不是消極的，而是甚為積極，在一九六○年，已經從事告密工作長
達三年之久的馮亦代，終於撤掉了右派帽子。在一九六一年一月一
日馮亦代的日記中，有著極為清晰地記述：

今天是個紀念日，摘帽子整整一年了，但當聽到黨嚴肅地宣
佈我撤去帽子時候那一種感謝黨的恩情的心情，始終保留在
心頭，時時會感動地回憶起這一點，從而生出了對生活對工
作的信心和勇氣，勇往直前。

　　我也記起了安娜在那晚上聽到這一喜訊時，所發出的喜訊和
感激的眼淚，感謝黨給予我新的生命。

　　言語中對於黨對於組織的感激，差點讓自己痛哭流涕，彷彿生
怕自己的努力還是跟不上黨的要求。其人格、其思想之委瑣不堪，
難以描述。就是這樣一個馮亦代，在日常生活中，依然表露出對於
章家的友好，一九七八年章詒和出獄，乘火車回到北京，前往車站
接他的便是馮亦代。而在與馮亦代祭掃章伯鈞墓的時候，章詒和還
記得那時馮亦代說的話「伯老，真是好人，他對我真好。」前後之
反差，別有深意。

　　在〈誰把聶紺弩送進監獄？〉一文中，章詒和有沉痛之語：
「人活在陰影中，也成了陰影的一部分。」在談到聶紺弩死後，曾
經出賣他的朋友寫回憶文章的情況，章詒和說：「那裏面沒有一絲
歉疚。」這其間的無限蒼涼，也只有章詒和敢於正面揭破。與此相
反的是，馮亦代直至將死之年，才將《悔餘日錄》交付出版，求社
會之公正評論，無論如何，都顯示出懺悔的姍姍來遲。對此，章詒
和倒是顯得無奈過後的寬容：「一個人無論你做過什麼，能夠反躬
自問，就好。」

　　由馮亦代的悲劇至楊師群的悲劇，歷史便在這樣偶然的巧合中
完成了交接。舊時代揮之不去難以祛魅的毒瘤，再次讓人感到陣
痛。楊師群被學生告密一案，與馮亦代監視章伯鈞一事顯然有相似
之處，但細想來，卻不盡相同，其更為類似的，則要追述到胡風案
中舒蕪與其間的「反戈一擊」。作為那一場公案中因「告密」長期
被人詬病的主角，舒蕪因主動交出與胡風之間的秘密通信，由此被

釘上了歷史的恥辱柱。而他所上交的材料，也成為所謂「胡風反革命集團」的重要罪證。胡風在書信中與舒蕪談及的對於現狀的種種不滿，也只是朋友之間帶有發牢騷意味的傾訴，並不具有「罪證」的性質，而時代將此作為罪證，也只能折射出時代的弊病。

只是馮亦代在晚年以極大的勇氣出版《悔餘口錄》以示對於過往作出懺悔的當口，舒蕪至死都沒有對胡風表示出哪怕絲毫的歉意。孫郁先生在舒蕪過世後接受記者採訪時強調：舒蕪晚年對「胡風案」以及他的「告密」不僅沒有深刻反思，甚至顯得有所迴避。其言語雖然不無指責，卻也是公正之論。舒蕪晚年為數不多的曲筆認錯，收在一本名為《回歸五四》文集的序言中，其文如下：

> 那麼多人受到迫害，妻離子散，家破人亡，甚至失智發狂，各式慘死，其中包括我青年時期幾乎全部的好友，特別是一貫獎我掖我教我望我的胡風，我對他們的苦難，有我應負的一份責任。

這是目前所能發現的極為稀少的舒蕪對於那一段歷史的反思，言語之中的遮掩，也是極為明顯的。我想，任何人面對任何事情，只要給他人造成了傷害，都必須做出反省，舒蕪也只是那萬萬千千中需要反省之人中的一員而已。翻開當年三大卷《胡風文藝思想批判論文彙集》不難看出，其中需要反省之人，還不止舒蕪一個。在論文集的作者名單中，既有我們不以為怪的名字，如姚文元、周揚，也有令人黯然的名字，如老舍、曹禺，更有讓人意想不到的人物，如王元化。

於此可見，在那樣的歷史年代中，能夠不做違心之事極為困難。然而在時代之後，能夠做出反省者，也極為不易。相較於周揚

晚年的悲劇，王元化活到二十一世紀才猝然作別，並在晚年成為中國自由主義學人的旗幟，也的確是不幸中的萬幸。但是在王元化浩如煙海的著作中，除卻對於五四、激進主義這些空泛的詞彙提出反思而外，王元化先生對於「胡風案」中他曾經的不堪回首，雖然沒有諱莫如深，但也沒有公開坦蕩的自我反省。我並非對王元化先生不敬，只是想指出類似於舒蕪、王元化這樣的案例，已經成為中國由來已久的傳統，這個傳統當然是難以現諸世人的。

　　另外一種極為驚世駭俗的說法則在於，舒蕪之「告密」，與胡風的背信棄義，有著直接關係。據史料披露，早在舒蕪交信之前一年的一九五四年，胡風就在給黨中央寫的引用了私人信件和私人談話內容，揭露舒蕪惡毒攻擊人民解放軍，攻擊毛澤東思想，是打進黨的內奸，是叛黨分子，言之鑿鑿，讓人不得不信。儘管這一則史料有待考證，但無異提示了另一個問題，那便是：為什麼時代會出現，而且是一而再再而三的出現類似的事件？

　　我認為歸根到底，未必僅僅是毛時代的歷史罪孽，其更為深層的原因在於中國由來有之的告密風氣。武則天當年鼓勵天下百姓告密，其言曰：「有告密者，臣下不得問，皆給驛馬，供五品食。」這樣的豐厚待遇，加之「所言或稱者，則不次除官，無實者不問」的告密制度，使得天下百姓紛紛告密，朝中人人自危，相見不敢交談。先秦時代的道路以目，於斯時再次重演。而時隔百年之後的明代，則建立起了專門的特務告密組織東西廠，朱元璋的極權統治，成為專制時代又一座不可逾越的高峰，而其後國民黨的中統軍統，只不過是東西二廠鑒於歷史形勢的自我轉化而已。

　　尾隨其後的革命時代，在「解放軍的天是晴朗的天」這樣的歌聲中，延安「搶救運動」橫空出世，高華在《紅太陽是如何升起的》一書中所披露的歷史，讓人不敢正視。而一九四九年之後的歷次政治運動，告密者源源不絕，一樁接一樁的批判，一堆連一堆的材料，構成了土地上最為遼闊的冤獄。文革故去，天開一角，告密者無處遁形，懺悔者有之，逃避者有之，至於否定者，同樣不乏其人。這樣的歷史年代，告密者出現在大學，演變成學生告老師之類缺乏基本道德倫理的事件，提示著人們舊時代百足之蟲死而不僵的歷史現實。只要舊時代的毒素不被蕩滌，人的心智不被深化，國人將永遠生活在朝不保夕的年月裏，革命時代的告密者，必將成為在歷史重演的悲劇。

馮友蘭晚節考

　　三聯書店二〇〇九年以《中國現代哲學史》為名，出版了馮友蘭《中國哲學史新編》的第七冊。如果我的記憶不差的話，這是馮友蘭《中國哲學史新編》第七冊在新世紀的第二次出版。九十年代的廣州出版社也曾出版過此書，但是印數不多，也沒有太大的影響。此次出版，三聯書社依然小心翼翼地在售價處打上了「內部發行」的標誌，由此可見此書的「特殊待遇」。這如同《吳宓日記續編》一樣的情形，意味著馮友蘭此書不能公開上架銷售，因而其寂寞的命運，大概會再次重演。

　　馮友蘭在此書的前言中曾如此自述其創作此書的心態，他援引了夫人任載坤去世之後為其所作輓聯之中的句子：「斬名關，破利鎖，俯仰無愧怍，海闊天空我自飛」，來寄予自己寫作《新編》第七冊時的自由心態。他也無不悲壯地談到了此書的前景：「如果有人不以為然，因之不能出版，吾其為土船山矣。清初王夫之在深山中著書四十年，達數百卷，幾百年後才出版。」馮友蘭以此夫子自道，並且由衷地生出感慨：「文章自有命，不仗史筆垂。」此中辛酸，不足為外人道。

　　這部名為《中國現代哲學史》的著作究竟有著怎樣的內容，會令馮友蘭如此悲觀？我想這不是一個簡單的問題。我認為《中國現代哲學史》中之於歷史人物的評述，完整地體現了馮友蘭晚年在精神世界獨自行走的艱難與悲涼，這與馮友蘭在一九四九年之後之於政權的服膺態度背道而馳。前後之別，昭顯了馮友蘭晚年由三十年

的迷途中破繭而出的歷史勇氣。季羨林在馮友蘭逝世之後對其評價
乃是「大節不方，晚節善終」，雖然有文過飾非之嫌，卻也道出了
實情。

　　坦白而言，《中國現代哲學史》中所謂最為出彩之處，便是
〈毛澤東和中國現代革命〉一章，其間的反思勇氣雖然放在時代的
大環境之下，不值得過多地深究，但對於馮友蘭本人而言，彌足珍
貴。這位曾經像毛澤東表示「承蒙教育今又在，追隨正路永不怠」
的哲學家，於文革故去之後，終於說出了自己對於毛澤東的真實感
覺。在〈毛澤東和中國現代革命〉中，馮友蘭語出驚人：「毛澤東
思想發展的三個階段，其性質是不大相同的。第一階段是科學的，
第二階段是空想的，第三階段是荒謬的。」「荒謬」一語，石破天
驚，馮友蘭在此之上更有驚心動魄的論斷：「他集黨、政、軍大權
於一身，並且被認為是思想上的領導人，他是中國歷史上一個最有
權威的人。在幾十年中，他兼有了中國傳統文化中所謂『君、親、
師』的地位和職能。因此，他在中國現代革命中，立下了別人所不
能立的功績，也犯下了別人所不能犯的錯誤。」其間對於毛澤東的
不敢苟同，有心的人不難讀出其中的況味。

　　馮友蘭如此激烈地批評毛澤東，放在八十年代的歷史背景中考
量。乃是知識分子反思自我，回歸自我的大潮流使然。其中的鮮明
例證，諸如巴金的《隨想錄》，都是名噪一時的著名文本。巴金
《隨想錄》中所倡言的「講真話」，雖然有所保留，而且真話講的
曲折隱晦，不夠痛快，不夠兇狠，其在〈懷念胡風〉中的痛心疾
首，依然流於蒼白。而韋君宜的《思痛錄》更為悲劇之處在於，它
如同一個頑童開化後的自白，驚歎於世界原來如此暗藏鋒刃，令人
處處提防，其間對於常識性問題的感慨，暴露了韋君宜作為一個知

識分子女性的天真，這份天真在八十年代方才為歷史潮流所擊破，世界之慘相在韋君宜面前徐徐展開。她在《思痛錄》中所寫下的痛徹心扉的懺悔，今天看來，讓人心生憐憫。

　　馮友蘭不同於《隨想錄》中的巴金，也迥異於寫下《思痛錄》的韋君宜，他畢竟是哲人而非作家，在對過往的反思中更顯示出哲人之深沉與冷靜。與之相比，巴金的《寒夜》寫得淒苦悲涼，道盡了知識分子的哀傷；韋君宜的《露莎的路》更是平鋪直敘，不加節制地控訴，缺少應有的度量。而在馮友蘭的《中國現代哲學史》中，馮友蘭之於毛澤東的歷史性反思，雖然表面上平和中正，但實質上針針見血，他對於毛澤東思想的貶斥，庶幾可以看作他對於那一時代的否定。

　　如此的鋒芒畢露，在我看來具有多重原因，除卻整個八十年代歷史大環境的影響之外，之於晚節的看重或許也是促使其反思的重要因素。要知道馮友蘭雖然名動公卿，學術名望蜚聲全球，但是學人之於馮友蘭之人格，大抵深惡痛絕，且不說牟宗三大罵其「膿包哲學」，並極為尖刻地嘲笑其哲學「至少還有個樣子」，及至張君勱對其發出「不知人間尚有羞恥事乎？」的質問時，顯然已經清楚地表明馮友蘭之人格問題已經觸及底線。即便是溫柔寬厚，向來與人為善的胡適在說到馮友蘭時亦是不無尖刻：「天下蠢人恐無出芝生（馮友蘭字）右者。」言語之中的不以為然，躍然紙上。

　　馮友蘭之人格為眾多學人所輕視的具體原因，當然是他在一九四九年後近三十年始終「緊跟時代潮流」使然。在同輩人對其做出尖刻的評說之後，後學如錢鍾書也不禁對馮友蘭大發微辭，素來以刻薄毒舌出名的無錫錢氏，對馮友蘭作出評價之時，絲毫不顧及原有的師生之禮，演變成帶有市井氣味的驚人謾罵，斥馮友蘭為

「卑鄙小人」，指證其「出賣朋友，坑人妻小俱死」，言語之間高高在上的道德審判，加諸錢氏文化昆侖的社會形象，使得馮友蘭之形勢狼狽不堪，頗有身敗名裂之感。

事實上錢鍾書在肆無忌憚地指摘馮友蘭之時未曾想到，畢竟馮友蘭晚年尚有深刻自省，而錢鍾書本人，於一九四九之後的斑斑劣跡，在他的沉默之中一筆勾銷。自恃博聞強記、聲稱不翻閱資料只憑信手寫出《管錐篇》、《談藝錄》的錢氏，在自己歷史問題上的記憶一片空白，不能不說是個遺憾，而其夫人楊絳，在錢鍾書的歷史問題上為其多方遮掩，甚至不惜以動用官方途徑這一最卑劣的方式，打擊異議者，則更顯示出錢鍾書伉儷的心虛。

相較於錢鍾書在八十年代時代大潮之中的故作清高，及楊絳在《幹校六記》等一系列文章中透露出的對於往事的塗脂抹粉，馮友蘭晚年的捫心自問，顯得尤為可貴。由此可見，錢鍾書之名聲大噪不是崛起於八十年代而是崛起於九十年代，雖然有《圍城》熱播的延續性效應之原因，但最為重要的還是錢鍾書的人生策略。在文革之後，再也不復毛時代的政治高壓，錢鍾書成為眾望所歸的文化昆侖，乃是社會發展的必然，只是這文化昆侖一經褪色，其所顯露的恐怕只是深入骨髓的破敗之相。

與錢鍾書身後幾乎一片讚揚惋惜聲相比，馮友蘭無疑承受了更大的爭議，馮友蘭之女宗璞聲稱馮友蘭乃是中國受批判最多的學人，雖然有誇張之嫌，但也的確道出了馮友蘭那一段歷史中不可與君語的心酸。在錢鍾書身後有褒有貶，而明顯的褒多於貶的情況下，馮友蘭與之相比，自是另一番景象，只是錢鍾書之熱潮過後，所謂錢學煙消雲散，而馮友蘭之著作，乃至其人生的諸多象徵性標記，依然值得我們去追尋。

在此之中，蔡仲德先生的煌煌巨著《馮友蘭先生年譜初編》清晰而公正地展現了馮友蘭悲喜交集的人生。作為馮友蘭的女婿，蔡仲德非但沒有借修年譜之機為丈人抹清一切過往，相反，反倒在書中透露了諸多難以為外人知曉的珍貴史料。透過這本年譜，讀者可以詳細地領會馮友蘭一生之種種曲折所隱含的知識分子在時代之交中的無力感，這種無力感在時代之中為知識分子悲劇性的人生歷程，作出了極為深刻的注釋。

事實上馮友蘭在一九四九年之前的作為，已經注定了其在一九四九年之後悲涼的命運的必然。假若馮友蘭如同胡適一樣選擇去國，名節或能保全，然而馮友蘭選擇了留下，於其人生鑄成大錯。馮友蘭並非周作人那樣的絕世高人，懂得在時代的陰影之下苦住，求得人格之完整，因而其在一九四九年之後的種種表現，也就不足為奇。《年譜》中所記錄的馮友蘭那一段不堪回首的歷史，已然成為定格。

按照年譜中所記述，馮友蘭在一九四九年之前的歷史，已經為其一九四九年之後的命運埋下伏筆，雖說在一九三四年馮友蘭在出訪捷克、蘇聯之後於國內所作的兩場演講觸怒國民黨當局，並被逮捕審訊，但縱觀其與國民黨的關係不難看出，其一貫的政治態度，與國民黨比較接近。在一九三四年時馮友蘭曾經加入國民黨，而後在抗戰期間與國民黨聯繫中斷，因而在一九三九年再次加入國民黨。其後曾經多次應國民黨黨部之邀為國民黨幹部授課。一九四三年馮友蘭更是以西南聯大黨部的名義，致函蔣介石，望其「收拾人心」，據稱蔣閱信後「為之動容，為人淚下」，在之後的國民黨第六次全國代表大會上，馮被選為主席團成員。

　　然而世事輪迴，共產黨於幾年之後改天換日，青天白日旗為五星旗所取代。馮友蘭身處其中的變革，一如其以往所表現的隨形勢而變，於開國大典之後的幾天，亦即十月五日，致信毛澤東聲稱「過去講封建哲學，幫了國民黨的忙，現在我決心改造思想，學習馬克思主義。」毛澤東在收到馮友蘭的信後回了一封言簡意賅的信，這封信的內容是頗令人玩味的，先全文錄下：

　　友蘭先生：

　　　　十五日來函已悉，我們是歡迎進步的，像你這樣的人，過去犯過錯誤，現在準備改正錯誤，如果能實踐，那是好的，也不必急於求效，可以慢慢地改，總以採取老實態度為宜。

　　此覆
　　即頌教祺

　　　　　　　　　　　　　　　　　　　　　　　　　　毛澤東
　　　　　　　　　　　　　　　　　　　　　　　　　　十月十三日

　　毛澤東語體的暗藏殺機，鋒刃不顯，清晰可辨。其中所充斥的類似於紹興師爺的刀筆吏作風，無處不在。尤其是末尾一句「總以採取老實態度為宜」，一眼洞穿了馮友蘭企圖以「求饒」混得「過關」的「用心」，因此不聲不響地敲山震虎，提示馮友蘭小心謹慎，認真「改過自新」。而馮友蘭不知是大智若愚，還是被領袖隨口一說的鼓勵沖昏了頭腦，立即寫出了《中國哲學史新編》的一二冊，呈送給毛澤東閱覽。而在一九五五年所參加的批判胡適胡風與梁漱溟的活動中，馮友蘭表現積極，寫下了〈批判梁漱溟先生的文化觀和村治理論〉、〈嚴懲反革命的胡風集團〉、〈兩種反動

思想支配下的文化論——從批判胡風到自我批判〉之類緊跟政治形勢的文章。而在若干次出版海外的國際研討會中，馮友蘭不分大小場合，一再表示自己的「新理論」是「與馬列主義毛澤東思想為敵的」，是「反人民的」，是「要人一心一意擁護當時半封建半殖民地社會和國民黨的」。在一九六五年受毛澤東接見之後，馮友蘭感激涕零，寫下詩作一首，表達見到毛主席的激動之情：

> 懷仁堂後百花香，浩蕩春風感眾芳。
> 舊史新編勞詢問，發言短語謝平章。
> 一門親屬傳佳話，兩派詩論待衡量。
> 不向尊前悲老大，願隨日月得餘光。

　　其間的卑躬屈膝，奴顏媚骨，醜態畢露，令人難以描述，知識分子於政治威權面前的妥協，於此可見一斑。而馮友蘭作出如此表示，亦不是知識分子的首例。只要讀過郭沫若在一九四九年之後的詩作的人都會知道，馮友蘭的諂媚與郭沫若相比，小巫見大巫，實有雲泥之別。而馮友蘭之於毛澤東的關係，及其應景而作的詩句，也成為馮友蘭一九四九年之後命運的一條線索，由此成為一段令人心痛的歷史。

　　文革初始時，馮友蘭與眾多知識分子一樣，被關進牛棚，直到一九六八年才被釋放。馮友蘭被釋放的原因，也僅僅出於毛澤東隨口說的一句話。文人之命運沉浮，僅僅由一個領導人的不經意之語就輕而易舉地改變，其悲劇，其恥辱，想來可歎。一九六八年毛澤東在一次會議上說：「北京大學有一個馮友蘭，是講唯心主義哲學的，我們只懂唯物主義，不懂唯心主義，如果想知道一點唯心主

義，還得去找他。」馮友蘭由此被釋放回家。儘管馮友蘭在牛棚中
受盡折磨，但是對於能被釋放還是心存感恩。他聽說被人在回家過
後都給毛澤東寫了感謝信，便也有樣學樣，照葫蘆畫瓢地給毛澤東
寫感謝信，並且在十二月二十六日毛澤東生日當天，填了一首〈蝶
戀花　韶山頌〉，與感謝信一起交給了毛澤東。感謝信的內容今已
不可考，但〈蝶戀花　韶山頌〉這一應景而作的詞卻流傳了下來：

> 紅日當空耀奇彩，照遍全球，開創新時代。五洲萬國祝壽
> 愷，長領革命向前邁。

> 辜負期望十九載，反動路線，罪行深如海。承蒙教育今又
> 再，追隨正路永不怠。

　　詞作中的謙恭、卑微心態，以及自甘侮辱的麻木，今日讀來，
依舊令人揪心。知識分子自甘墮落如此，失卻氣節，不能不說是一
個悲劇性的事實。然而我們不能就此一再對馮友蘭提出道德審判。
須知任何事件，都須放在當時的社會環境中來考量。馮友蘭之氣節
的喪失，除卻個人性格方面的遺憾而外，更重要的是時代的陰影所
致。在馮友蘭所生活的時代中，與馮友蘭一樣備受侮辱的知識分子
不在少數，然而想馮友蘭一樣忍辱活下來的，極為有限。資中筠所
言「馮先生苦撐殘軀，含垢忍辱活下來了，他保全了性命，也留住
了學問」，雖說有替馮友蘭辯白的嫌疑，但所道出的馮友蘭的處
境，也的確是知人之論。

　　馮友蘭之命運在一九七三年，再次發生戲劇性轉變，其原因，
還是因為毛澤東不經意的言行。一九七三年毛澤東所發動的「批林

批孔運動」中，馮友蘭因為對孔儒素來有研究，再次被點名，出任「梁效」寫作班子的顧問。斯時有云馮友蘭「從舊營壘裏衝殺出來，給了孔丘一個回馬槍。」今天看來雖是戲謔之語，但在當時，卻是如同社論一樣的正統語言，在此之中，毛澤東委託文革紅人謝靜宜看望馮友蘭，轉告馮友蘭上次的信和詞都已收到，請謝轉達他的問候。馮友蘭再一次「感激涕零」，當著謝靜宜的面賦詩一首，委託謝靜宜轉交給毛澤東。這首詩放在當時的環境下審視，無疑是一份帶有悔過書性質的文字：

> 善救物者無棄物，善救人者無棄人。
> 為有東風著力勤，朽株也要綠成陰。

馮友蘭因毛澤東之故，受命參加「梁效」寫作班子，充當所謂的顧問，雖是奉命行事，但是馮友蘭對此事的積極態度，卻令人頗為遺憾。且不說他炮製出名噪一時的〈論孔丘〉這一長篇文章，更以〈對於孔子的批判和對於我過去的尊孔思想的自我批判〉、〈復古與反復古兩條路線的鬥爭〉之類的文章為江青所讚賞。在這樣趨時跟風的著作中，馮友蘭自稱自己四九年以前的尊孔思想是「為大地主大資本家，特別是為國民黨反動派的統治服務的」，而四九年之後則是「為劉少奇，林彪反革命的修正主義路線服務的」。馮友蘭更加不顧顏面地表示自己能夠參加「批孔運動」是一種「更大的幸福」。難怪有人哀歎一代儒學名家「竟以批孔鳴於時」，這言語之中的心痛和惋惜，不語自明。

如果說毛澤東在世時馮友蘭尚能感受到某種壓力，因而自覺不自覺地趨時而作，寫出一些應景跟風的文字，尚屬情有可原，及至

毛澤東去世，馮友蘭居然在公開場合私下場合，一再表示對於毛澤東的「深切緬懷」，難免讓人懷疑有逢場作戲之嫌。要知道即便是郭沫若那樣的無恥之徒，在四人幫被隔離審查之後也能順應時勢，寫出「大快人心事，粉碎四人幫……擁護華主席，擁護黨中央」這樣明顯拍馬屁的阿諛之作，馮友蘭之於毛澤東的悼念一而再再而三，其間所謂的「悲慟」，難免讓人心生疑竇，有詩文為證：

> 神州悲痛極，億兆失尊親。
> 一手振華夏，百年扶昆侖。
> 不忘春風教，長懷化雨恩。
> 猶有鴻文在，燦爛照征塵。

這是一九七六年九月九日毛澤東去世之後，馮友蘭在當天寫下的輓詩，其間故作悲痛的哀思，有心之人不難讀出。此時依然感念所謂主席的「春風教」、「化雨恩」，也只能用糊塗一詞來解釋了。對於此，馮友蘭彷彿意猶未盡，在九月十八日毛澤東的追悼會上，馮友蘭又作了一首挽詩，其詩全文錄下：

> 紀念碑前眾如林，無聲哀於動地音。
> 城樓華表依然在，不見當年帶路人。

「不見當年帶路人」一語，與文革時代「毛主席的親密戰友林彪同志」所呼喊的「偉大的導師，偉大的舵手」如出一轍，暴露了馮友蘭歷經文革劫難之後心中依然揮之不去的陰影。馮友蘭這一貌似「執迷不悟」的行為，於四人幫倒臺之後終於受到了懲戒。馮友蘭不復批孔運動時的風光，由於其參加「梁效」，為其充當顧問，

同時「積極配合」寫出了諸多批孔文章，被捕審訊，弄得狼狽不堪。其夫人任載坤也對馮友蘭的表現有戲謔語，其曾經形容馮友蘭在文革後期表現如同「天要亮了，尿了一炕」，其中的暗藏玄機，會意者不妨一笑。

　　八十年代的馮友蘭，洗心革面固然幼稚，但是其間的種種局限，也令人深感同情。按理說，斯時文革的歷史陰霾已經散去，重獲自由的馮友蘭理應以四九年之前的自由心態，重新書寫他心中的哲學史。可令人遺憾的是，自一九八〇年開始，馮友蘭通過口述的方式重寫《中國哲學史新編》依舊自稱是寫「自己在現有馬克思主義水平上所能見到的東西，直接寫我自己在現有的馬克思水平上對於中國哲學史和文化的理解和體會」。一九八〇年至一九八九年十年之間，七卷書的《中國哲學史新編》，煌煌二百萬字，而馬克思主義和階級鬥爭的觀念，貫穿始終。

　　如果以此斷定馮友蘭晚年依然執迷不悟，未免過於苛責。事實上他在《新編》第七冊中已經透出他雖然有限但也是極為深刻的歷史反思。在第七冊《新編》中，馮友蘭不僅將毛澤東思想分為科學，空想，荒謬三階段，更以極大的勇氣，指責人民公社像一個封建大家庭。馮友蘭以此引申，聲言「無產階級並不代表新的生產關係」，其間的自由精神獨立意志，令人敬佩。在全書的最後，馮友蘭引用張載「仇必和而解」的名句，指出人類不會永遠「仇必仇到底」這一論斷，無疑是對文革時代所謂苦大仇深的階級鬥爭觀念的深刻質疑。馮友蘭之於毛澤東的反思，於此可見一斑。

　　馮友蘭之獨立意志的具體表現，年譜中亦有詳細記載。諸如一九八一年北大黨委統戰部來人要先生談〈評《苦戀》的錯誤傾

向〉讀後感，一向順應官方言論的馮友蘭一反常態，斷然表示自己既未看過《苦戀》劇本，也未看過電影，所以不能談。拒絕之斬釘截鐵，殊為可貴；又如一九八八年致函朱慶長、毛文善，囑將〈馮友蘭先生革命事略〉一文中「革命」二字刪去，並強調「我的一生主要的是研究學術，不能稱為革命」，其學人本色之未敢忘，同樣讓人欣慰；再如一九九〇年二月二十八日郭蘭芳來訪，問馮友蘭對於即將召開的民盟代表大會有何意見，馮友蘭無言以對，郭蘭芳走後，馮先生說，其實真有意見，想建議共產黨先在黨內實行民主，取消集中制，但明知提也無用，也就不提了，言說之中的無力感，以及所透露出的閱盡人事的感慨，令人歎息。

　　值得注意的是，從文革中走來的馮友蘭，在八十年代雖然恢復了名譽，但其待遇，依然有著不盡如人意之處。《年譜》中記載有關於馮友蘭生活的若干細枝末節的問題，就有若干處。如《年譜》記載：一九七七年十一月二日，「開始燒煤氣，煤中多石塊（煤丁說好煤只供應首長，外賓，公家），室內很冷」，又如一九八五年三月六日，「經北京市某副市長批准，終於購得煤氣罐一隻」；再如一九九〇年十一月一日，馮友蘭已經走到人生的盡頭，在醫院等待死亡，年譜中在此日記載：「所住病房無暖氣，先生患肺炎」；這樣惡劣的待遇在醫院裏還不是一次遇到，《年譜》中記載一九八二年二月一日，鍾璞、仲德陪同阜外醫院，幾經交涉，方得住進高幹病房。

　　生活方面如此的受到不平等待遇，其事業方面，亦無需多言。一九八五年三月胡喬木來訪，《年譜》中記載：下午胡喬木來訪，問先生寫作情況，與鍾璞談哈代，鍾璞於談論時提及先生的助手問題始終未能解決，此後胡喬木曾經三次致函北大，敦促解決這一問

題。而在一九九〇年七月，《年譜》中更有珍貴史料，極具諷刺意味地證明了馮友蘭晚年的不公正待遇：「國務院決定自本月起發給先生政府特殊津貼」，也就是說馮友蘭這樣一個哲學大師在文革之後的十多年之間，沒有領取政府特殊津貼的資格，其晚年的境遇淒涼，於此盡顯無遺。

　　在生活，學術上的坎坷之外，外人之於馮友蘭的不寬容也可以盡數。《年譜》中記載一九七八年三月，「王永江，陳啟偉〈再評梁效某顧問〉刊於《哲學研究》1978年第三期」，其中仍使用文革語言攻擊馮友蘭，上綱上線，同時竭力為四人幫開脫。這一文章也許不能說明問題，但《年譜》中所記載的另一則史料則更加發人深省。一九八五年十一月二十一日，「鍾璞打電話請梁漱溟出席先生壽宴，梁拒絕」，二十五日，收到梁漱溟二十一日來信，信中說「尊處電話邀唔……我卻斷然拒絕者，實為足下曾諂媚江青」，言語之中對於馮友蘭的反感，不言而喻。雖然其後在馮友蘭之女鍾璞調解下二人消除了許多誤會，但梁漱溟與馮友蘭這一段曾經的過節，為馮友蘭晚年的悲劇，提供了殘酷而真實的注解。

　　幸虧馮友蘭在其晚年結束了長達三十年的檢討生活之後，開始了對於「檢討的檢討」。他在八十年代寫下的長篇回憶錄《三松堂自序》雖然仍有反思之時的保留，但相較於許多老而不死拒不認錯的老賊而言，更顯出自省的可貴。更何況在《三松堂自序》之後，還有《中國哲學史新編》第七冊這樣對於過往提出深刻質疑的哲學巨製。要知道在漫長的專制時代，文人之於暴君的抵抗，最後的反擊，便是修史，即象徵了一種永恒的抗議。近代史學者蔣廷黻曾經有悲愴之語，他在回憶錄中曾經發問：「漢武帝偉大還是司馬遷偉大？」結論是司馬遷偉大。漢武帝英雄一世，可惜死後，文治武

功，煙消雲散，而司馬遷留下了煌煌巨著《史記》，以犀利的言辭，將漢武帝永久地釘在歷史的恥辱柱上。蔣廷黼的這一感慨，恰恰是馮友蘭的真實寫照。要知道，強權雖然顯赫一時，但公理必將戰勝強權。

視野之外的大師

　　文人評價逝者，常以文章為次，而以人品重之。季羨林生於二十世紀之初，歷盡二十世紀上半界世界性的災難以及二十世紀下半葉中國大陸的風雲變幻，可謂時代與歷史之見證人。而其人品，雖不似其師陳寅恪那樣歷盡世事後的壁立千仞，卻也如同中國傳統大儒那樣晚節無損，得以善終。季羨林逝於多災多難的二〇〇九年，此時此刻的巧合或許也暗示了季羨林逝世的非同尋常。

　　與此相對應的，在季羨林逝去之前僅若干小時，任繼愈早已西去，這位以煌煌四卷本《中國哲學史》留名後世的中國當代最為傑出的哲學家，終究順應了中國傳統中不與天數相違的古老哲學，在九十五歲高齡之上與世訣別。值得注意的是，這位一向中庸淡定的老人，在生命中的最後幾年裏，一再對於教育問題表現出與年齡不相稱的悲歡，甚至是痛心疾首，更昭顯了他對於社會之前途命運不祥的預感。他與季羨林的離去，不僅是中國學界的損失，更為重要的深意，在於其標注了一種時代的知識分子樣板的坍毀。

　　值得玩味的是，雖然任繼愈身為國家圖書館前館長、哲學史家、宗教史家，無論在官方地位或是學術水平都明顯高於在他之後辭世的季羨林，但從媒體報導的規格、數量質量而言，二者形成極大的反差。雖然身後哀榮未必能昭顯身前之成就，但他其中所包含的深義，卻是令人玩味的。

　　晚年的季羨林先生，已經全然喪失了思考乃至寫作的能力，他的學術生命，也已經漸行漸遠。而過多的官方媒體報導，讓這位常

年被養在醫院裏的老人，儼然成為世紀文化老人的標本，而國家領導人頻繁的探望，也使得這位老人喜笑顏開。不知起源何處的「國學大師」稱謂，雖然季羨林本人並不贊同，但是傳媒一再的宣傳引用，居然也成為民眾含糊的共識，如同熊貓是公認的國寶一樣，季羨林「國學大師」的稱號，估計為成為某種程度上的「公認」，這位「國學大師」在晚年寫下的〈泰山頌〉，無疑是管窺其晚年思想的一個重要文本。其文曰：

> 巍巍岱宗，眾山之巔。雄踞神州，上接九天。
> 吞吐日月，呼吸雲煙。陰陽變幻，氣象萬千。
> 興雲化雨，澤被禹甸。其青未了，養宵黎元。
> 魯青未了，春滿人間。星換斗移，河清海晏。
> 人和政通，上下相安。風起水湧，處處新顏。
> 暮春三月，雜花滿山。十月深秋，層林紅染。
> 伊甸桃源，准堪比肩。登高望月，壯思綿綿。
> 國之魂魄，民之肝膽。屹立東方，億萬斯年。

這篇作品，是季羨林在醫院裏送給溫家寶總理的，其用意，也無非是歌功頌德，至於歌頌誰，見仁見智。頗有意思的是，在談到這篇〈泰山頌〉時，季羨林的口氣完全不像是一個學者，更像一個主管意識形態工作的宣傳幹部。當溫家寶問及季羨林是否從小對泰山很喜歡，季羨林說，我的家鄉在山東，泰山的精神實際上就是中華民族的精神。而談到季羨林的散文中所謂「講真話」的問題時，季羨林頗有些自得的說：「要說真話，不講假話，假話全不講，真話不全講。」這其中的況味，恐怕我們要好好的琢磨。

季羨林晚年的另外一個受人詬病之處，在於其在《季羨林序跋集》中所透露出的為人作序的態度。按理說，為某書作序的前提條件，是要對書稿本身有一個大致的認識。然而在《季羨林序跋集》中，常常出現季羨林根本沒有看過書稿就為該書作序的笑話，按照李羨林自己謙虛的說法，許多人委託親朋好友來請他做序，他自己是個老好人，便隨便敷衍幾句了事。因此序跋集中，很大部分是這種應景之作。季羨林晚年的文字，也多半是這種為他人名利作敲門磚的粗製濫造，難怪有人感歎季羨林的晚年，已然是如同唐僧一樣的人物。試圖接近他的人，也多半是抱著吃唐僧肉的目的來。

另外令人啼笑皆非的事實在於，季羨林被冠之以「國學大師」的名號，實在是名不副實。要說季羨林是大師，也能勉強接受，但非要冠上「國學」兩字，則顯示出人之無知。按照常識而言，所謂的國學，是指中國傳統語文中包括訓詁、考證，以及研究中國傳統典籍的學問。季羨林主要的學術成就是研究梵文、巴利文等一些中亞文字。余英時先生在季羨林逝世後曾言：「我唯一看到的一部他的有學術價值的著作是一九五七年集起來的，叫做《中印文化關係史論》，這是收集他四十年代到五十年代初寫的一些文章，那是比較算學術研究的，後來就沒有了。」言語雖然頗為刻薄，而道出來的也的確是實情。

相比之下，道出季羨林晚年生活真相的，是著名學者、北京大學歷史系教授榮新江。榮新江在〈哭季先生〉一文中，在敘述自己與季羨林交往的一些舊事中，不經意之間，吐露了自己對於季羨林的一些微辭：

記得季先生曾把我叫到朗潤園13公寓的住所，說有電視記者
採訪有關敦煌的話題，讓我幫忙講講，可是鏡頭一架好，我
話沒說三分鐘，季先生就接過去，滔滔不絕舊事二十分鐘或
者半小時，鏡頭感極佳。

晚年季羨林的名利思想，恐怕於此能夠得以管窺一二，而榮新
江先生在感慨之餘，也生出許多的悲涼：

他這種雙重的性格，使得他即使到了晚年，還用英文撰寫了
《吐火羅語彌勒會見記》這樣的純學術專著，同時又頻頻出
現在媒體和報端，掛名主編一些「叢書」「著作」，受他人
利用。

可以毫不諱言的說，對季羨林晚年生活心中有數的人，並不止
榮新江先生一人。然而敢於像榮新江先生一樣說出實情者，寥寥可
數。榮新江所透露的季羨林的晚年生活，無疑充滿悲劇感，而在此
之後，榮新江先生對於季羨林的若干「表現」，也極為失望：

最後，他被以醫護的名義送進301醫院，我沒有機會見他，
只覺得辛未以來一位堅持非官方化的純學者的形象逐漸消
失。我在電視上看到他的樣子，聽他說的話，已經不是我所
知道的季先生了。所以我也就不再看，也不再信了，因為季
先生給我留下的最後印象仍是一位極其純粹的學者。

榮新江先生筆下季羨林先生的轉變，於他寫下〈泰山頌〉之
時，就已經宣告了終結，這一轉變看似令人心痛，細想起來，卻是

中國文化傳統中的必然。由官方化轉向非官方化，除卻季羨林自身的原因之外，整個社會將文化老人視為財富的因素也不能排除。而其中最為重要的原因，還是官方對於季羨林的「器重」。季羨林「大師」的稱號，便是官方刻意為之。須知真正的大師，永遠都是非官方的。按照余英時先生說法：「大師這些人跟政府的關係，都可以說並不是完全一面倒的，有時候支持政府，有時候反對政府，能說出話來，都是獨立的，獨立發言的，在社會上是非常有重量的。」反觀季羨林先生寫下的〈泰山頌〉，是不是符合所謂「大師」的標準，不言而喻。對此，余英時先生指出：不要做學術界為政府歌功頌德的「歌德派」。我想這恐怕是對季先生最後的規勸。而季先生本人，對這些諍言，也已經無福消受了。

　　相較於季羨林晚年的戲劇性，任繼愈則顯示出另一番幸運。而他「官方化」的背景，可以追溯到上個世紀的五十年代，這可能也是他學術生涯最大的幸運抑或是不幸。一九五九年十月十二日，毛澤東忽然將斯時籍籍無名的任繼愈請去，繼而問他北大有沒有人研究宗教。任答沒有。毛又問道教與福音書，任答也沒有專門人研究。毛最後問及北大哲學系一共多少人，任答師生加起來共五百人。毛不由得感慨，五百人一個系怎麼能沒有人研究宗教呢？後來毛澤東據此評價任繼愈及其宗教研究是「鳳毛麟角，人才難得」。幾年後，任先生奉毛澤東的命令組建了中國社科院世界宗教研究所。

　　按照任繼愈早年學術的思想軌跡，其官方化的歷史性轉變，乃至其在那一次談話之後，他開始正式運用所謂馬列主義研究宗教，可以說是半路出家。任繼愈三十年代從北大哲學系畢業，隨後考取西南聯大研究生，師從湯用彤、賀麟攻讀中國哲學史、中

國佛教史。按照學界公認的看法，湯用彤對他影響最大，而對湯
用彤治學方法最為恰當的評價，來自賀麟。賀麟曾經表示，湯用
彤治學是以「西洋人治哲學史的方法」，參以「乾嘉諸老的考
證方法」。早年的任繼愈或許在哲學理念與賀麟評價湯用彤相
似，然而他之後接受所謂馬列主義乃至唯物論，則令人遺憾。
一九五六年的任繼愈，寫了一篇名為〈熊十力先生的為人與治
學〉的文章，在文章中，他稱讚熊十力「為了他的理想，生死以
之」、「很早就宣佈他不能接受馬列主義，不能相信唯物論」。
而談到他自己時，任繼愈極為坦蕩：「我過去一直是儒家的信奉
者，新舊中國相比較，逐漸明確。在一九五六年，我與熊先生寫
信說明，我已放棄儒學，相信馬列學說是真理。」至此，任繼愈
已全然服膺於所謂馬列主義。

在致熊十力的信中，任繼愈嘗言：「所信雖有不同，師生之誼
長在」、「今後我將一如既往，為老師服務。」熊十力在接信之
後，以垂老之年，覆信以示，信中有云：「（任繼愈）誠信不欺，
有古人風。」然而儘管如此，二人之間在此以後，雖然依舊通信往
來，但於學問，已經隻字不提。

雖然熊十力在信中稱任繼愈「誠信不欺」，但明眼人一看就便
知，其服膺於馬列主義，恐怕也是時代使然。在此之中，一波接一
波的思想改造運動源源不斷，身處其中的任繼愈，自然有著順應形
勢的嫌疑。而其後的歷史也證明，任繼愈這一轉變，沒有被學術界
認可，在任繼愈所主編的四卷本《中國哲學史》，一以貫之的線索
是以所謂的馬列主義「攻佔舊的哲學思想堡壘」。而這一線索在今
天看來，已經失去效用。任繼愈的《中國哲學史》，已有了退出歷
史舞臺的迹象。與之相反的是，在一九四九年之前出版的幾部中國
哲學史論著，一個共同的特點，便是不知馬列為何物。胡適的《中

國哲學史大綱》和馮友蘭的《中國哲學史》，居然重新煥發了生命力，令人唏噓感慨。

任繼愈在晚年放棄了堅持大半生的佛教研究與中國哲學史研究，轉而主持古籍文獻整理，也算是對早年學術思想的一種隱性的回歸。熊十力在天有靈，或許也會感到欣慰。而令人更加會心一笑的則是，晚年的任繼愈偶爾也會說一些「大逆不道」的話。例如他在一次學術會議上曾經直言：「舊社會所謂『桐城文法』，寫不出學術論文，用『馬列義法』裝點的文章，也大多短命。」言語之中的自我否定以及反思，難能可貴。

晚年的任繼愈，雖然仍有官方身份。但是其官方化的色彩，已經愈來愈淡。民眾對於任繼愈這個名字，大多茫茫然不知其所以然。但一提季羨林，小學生張嘴就能說出其「國學大師」的諢號。這種戲劇性的反差，對於季羨林本人而言，也是一種諷刺。當然，要說季羨林是學界泰斗，也無可厚非。唯獨「大師」這個指稱，無端的嚇人，季羨林的辭謝，雖然有古人作姿態的嫌疑，但的確於心有愧，因為稱他是「泰斗」、「大師」，相較於二十世紀中國的傑出學人，季羨林無疑是自取其辱。而相較他那個上海小癟三的徒弟，季羨林的泰斗地位，也當得心安理得。但是其在政府總理面前高呼「政通人和，海晏河清」，就連素來稱呼他為「大師」的民間，都傳出許多冷嘲熱諷。

但冷嘲熱諷歸冷嘲熱諷，國家領導人於兩位老人追悼會上的出席，為兩位老人的褒揚，抹上了正統地位。「大師」一詞由官方媒體確認，其不容辯駁，顯而易見。相較而言，由商業媒體齊力打造出的「大師」，則顯得不那麼幸運。萬一有人發難，其情形如惶惶

然喪家之犬，可想而知。文懷沙便是這一場景中的主角。〇九年二
月，在季羨林任繼愈兩位老人尚未遠歸道山之際，這位被稱作「楚
辭泰斗」「同學大師」的文懷沙，被人當頭一棒，打得半死不活。
著名學者李輝撰文，直言文懷沙三大問題：其一，年齡造假；其
二，文章經歷造假；其三，所謂大師名號造假。

　　文懷沙的年齡一事，自李輝提出質疑後，眾說紛紜。莫衷一
事。但是透過這一質疑，至少從另一角度提示了「大師」之所以被
造成的重要因素。年齡乃是衡量大師的重要指標。「大師」者如文
懷沙，能夠四處招搖撞騙，出席各類文化運動，且給人的印象是精
神飽滿，身體康健，當然是再好不過。即便是身染沉疴，臥床不
起，只要年齡夠老，也能成為「文化大師」。在這一指標來看，季
羨林之所以成為「大師」，也是事出有因。而在年齡之外，一頭白
髮，一臉銀鬚，也是「大師」的重要標誌。如此看來，「大師」之
稱謂，何樂不為？

　　按照李輝的考證，文懷沙實際上生於一九二〇年前後，如此一
來其「為章太炎弟子」，「與魯迅是前後同學」等諸多自我標榜的
歷史，也就不攻自破。事實上文懷沙愚蠢在於，偏偏指著早在三十
年代便已去世的章太炎為老師，若是挑選一個四十年代甚至是五十
年代尚健在但在當下已經去世而且後世無弟子死無對證的「大師」
做老師，豈不是天衣無縫？而在此之中，陳明遠諸人對於文懷沙
生於一九一〇年的並不確切的肯定，多少帶有一點護短的意思。
使得本來就在輿論上處於下風的文懷沙，也因陳明遠諸人並無多
大把握的證明，更顯得如同蒼白的自我辯護，照出了文懷沙孤苦
的處境。

　　文懷沙文革經歷的造假，則顯示出其在閱世上的高深。寫藏
頭詩罵江青一事，在文革時代，自然是死路一條。而在文革之後

編造，卻是將自己打造成文化英雄的絕佳材料。對此，素來冷靜的李輝都難以克制，在痛斥文懷沙編造文革經歷掩蓋入獄真實原因時也露出文革式話語的殺氣騰騰：「查閱史料，他的罪名定的是『詐騙、流氓罪』。其罪詳情為：『自上世紀五十年代起冒充文化部顧問，稱與周恩來、陳毅很熟，與毛主席談過話，以此猥褻、姦污婦女十餘人。』」言語之中的人神之所共憤，天地之所難容，躍然紙上。

　　然而李輝尚未料想，他這一爆料，恰恰是「大師」之所以成為「大師」的絕佳佐料。有幾段桃色新聞，於紅塵中有若干的「不堪回首」，恰恰是大師生平不可或缺的經歷。大師的舊年之事，被李輝翻撿出來，誠然可貴，但李輝先生的缺少幽默感，也的確讓人無可奈何。要知道文懷沙之為「大師」，乃是人民群眾喜聞樂見的事物。生活在這樣的年代，別說陳寅恪王國維那樣的一流大師，即便是錢鍾書這樣稍遜一籌的學人，也難覓蹤跡。在這一情形下，文懷沙從離休老幹部中一躍而出，充當起了「大師」的角色，雖然裝神弄鬼，卻也逗得老百姓前仰後合。

　　至於李輝所言文懷沙學術水平低劣的問題，也的確是文大師的軟肋。眾多學人對於文懷沙學術水平的非議，也的確事出有因。要知道出來跑江湖的，會混固然是首要前提，但是身上沒有兩把刷子，也是足夠要命。在編書成風，主編到處都是的情況下，文懷沙所自詡的《四部文明》，也的確是拿不出口。相較之下，他所謂最為得意的「正清和」三十三字要訣，也如同江湖術士蠱惑人心的咒語。由此折射出的文懷沙水平之拙劣，似乎已成公論。而他之前在眾多媒體鏡頭面前搖頭晃腦重複那幾句楚辭的腐儒形象，再次對其淺薄的學養，提供了象徵性的證明。

　　文懷沙「大師」光環的褪色，對於時代而言，至少是一個象徵性的警示。而季羨林與任繼愈的離去，再次證明了時代對於所謂「大師」如同渴望諾貝爾獎的那樣一種焦慮。在這種意義上，文懷沙的「大師」稱號是一種帶有娛樂性質的表演，而季羨林與任繼愈的「大師」稱謂，更顯示出文化危機的悲劇性命迹。坦白而言，我們生活的時代，自一九四九年以來的歷史進程而言，已經扼殺了大師成長的諸多要素。而民國時代殘存的大師，諸如豹隱嶺南的陳寅恪，一生不以馬列為意的熊十力，都在一波接一波的政治批判運動中，神色黯然的離開人世。這一殘酷而真實的歷史，為所謂具有「大師」稱謂的諸多人物，提供了絕佳的反諷。

講真話的界限

　　巴金先生故去之後，其晚年五十餘萬言的《隨想錄》再版，再次引起對於巴金「講真話」的議論。人們大多跟風表示，晚年巴金以抱病之軀，寫出對於過往歷史深刻反思的文學，其勇氣，其道德文章，自是名垂青史。然而在我看來，這些趨時之論，早在巴金尚在人世之時，便已經沸反盈天。今日炒冷飯局面的出現，不過是對於死者極為廉價的安慰。《隨想錄》於文學史、思想史上的地位，時間自會證明一切。而世人因為巴金去世而對《隨想錄》的高度評價，也只是出於哀悼逝者的一種由來已久的形式。

　　與此相類似的是，學者季羨林逝世之後，其早年回憶錄《牛棚雜憶》也遭遇了與《隨想錄》同樣的命運。事實上季羨林在《牛棚雜憶》中寫下的文字，無非是對被關進牛棚的那一段歷史的如是記錄，要論反思，蹤跡難尋，要論批判，更是免談，以季羨林老好人和稀泥的性格，以及其一以貫之的溫吞水的文風，要在《牛棚雜憶》裏尋找反思批判的痕跡，真是比登天還難。季羨林之《牛棚雜憶》再次風靡之原因，無非是其所謂「國學大師」的光環使然。

　　巴金的《隨想錄》和季羨林的《牛棚雜憶》，雖然無足道哉，但是其所代表的歷史性潮流卻無法忽視。文革以後，知識分子對於對於過往歷史之反思，乃至對於一九四九年以來民族社會諸問題之批判，成為一種極具象徵性意味的思潮。與此相對應的，文學界傷痕小說、反思小說的興起，也正是這一思潮的外延。

在此之中，巴金的《隨想錄》，周一良的《畢竟是書生》，及馮友蘭的《三松堂自序》，甚至是韋君宜的《思痛錄》，都是不可多得的反思性文本。在一個為尊者諱為老者諱有著悠久歷史的國度，這一類文本的出現，至少象徵著時代變遷所留下的印記。這一象徵的終極含義在於，其為歷史留下了一份記錄，為遺忘留下一份證明。雖然這種記錄與證明有著令人遺憾的種種缺失，但其所昭顯的，畢竟是這些歷經劫難的老人良知未泯的絕好證明。

作為這類文本中公認的最具代表性的作品，《隨想錄》早已為人所捧殺，事實上《隨想錄》與其說是對於過往的反思，不如說是一個老人對於自己經歷的自說自話。令人意外之處在於，我於《隨想錄》中讀到的最多的並非世人所強調的巴金對於歷史的痛心疾首，而是其在《隨想錄》中曲筆帶出的其晚年生活的境遇淒涼。文革之後，作為作家的巴金，其文學生命除了《隨想錄》的慘淡經營而外，於實質上已經終結，其存在更多的作用，是所謂現代文學史上「魯郭毛巴老曹」歷史排名下所透出的象徵性含義。《隨想錄》中巴金寫到他對於門鈴的恐懼，門鈴之聲音代表了訪客，在訪客之中，為名利而來者，為敘舊而來者，為拜訪而來者，數不勝數。晚年的巴金便在這樣的門庭若市中度日如年，而他內心門可羅雀、人近黃昏的感慨，今世之人已經不大能夠體會了。

九十年代的巴金，較諸八十年代更為悲劇，在八十年代，至少他有《隨想錄》，而到了九十年代，他的記憶一片空白。此時的巴金，也因當局的推崇而成為世紀末帶有標注性意味的文化老人，尤其是當冰心等諸多五四之子在世紀末紛紛故去之後，巴金的生命之延續更有了非比尋常的意義。因此巴金獲得了當局的眷顧，住進了只有高官才能享受的高級病房。要說巴金對此無動於衷，也的確勉為其難，每逢

春節時中央首長的探望，巴金所表現出的感激，也是中國一以貫之的傳統。如果以此斷定巴金已成為受供奉而不自知的偶像，顯然說不過去。據說在巴金晚年，自知苟活已無多大意義的他曾經主動要求安樂死，被官方斷然拒絕，這其間的種種原因，不語自明。

縱觀巴金一個世紀的歷程，其身所透露出的二十世紀中國知識分子戲劇性的一生，其悲劇，其苦難，乃是整個民族歷史的縮影。早年的巴金寫下《霧》、《雨》、《電》，作為五四那個大時代反抗禮教的代表性文本，其所昭顯的乃是一代青年追求自由、真理的熱血激情。而作為曾經為魯迅抬棺的青年，一九四九年後的巴金並未如魯迅那樣選擇反抗時代，而是順應形勢，成為時代的應聲蟲。他在四十年代所寫下的最具震撼力最富有人性關懷的《寒夜》，恰恰是巴金作為一個知識分子卑微懦弱心理的夫子自道。在一九四九年之後幾乎歷次的政治批判運動，巴金從未缺席，尤其在他的摯友胡風因被誣陷而成為眾矢之的，舉國上下一致聲討的情形下，巴金毫不顧及曾經的交情，不惜上綱上線，寫批判文章，其情形一如批孔運動中的馮友蘭，不惜歪曲事實，大肆批判所謂「孔老二」的反動哲學，甚至自輕自賤的表示自己「與孔老二是一丘之貉」，其獨立人格之缺失，纖毫畢露。幸虧晚年的巴金寫出了《隨想錄》，在遺忘成為習慣、反思已成笑談的國度，巴金彎彎繞繞的幾句幼兒園水平的真話，居然成為了一個時代的話語象徵，其所折射出的一個時代精神的縮影，其委瑣可想而知。

而巴金更大的悲劇在於，他的晚年在寫下了《隨想錄》之後，人生的意義也由此消解。在全社會擁有寬鬆的環境中，巴金沒有說出他心裏的話，在最需要他說話的時候，他恰恰選擇了沉默，而在他生命垂危滿腹心曲尋找表達的時候，他已經在心理和生理上失去了說話的權利。巴金的故去對於生者而言，或許也僅僅是一種形式

上最終的離開，而巴金的精神遺產，對於生者而言，實質上也極為有限。唯獨巴金之人生遭遇，及其所對應的種種策略，寫下的一系列能夠勾勒出其生命軌跡的文章，成為研究二十世紀知識分子精神遭遇的一份不可或缺的記錄。這其中雖然有著種種類似於「講真話」的歷史界限，但對於歷史本身而言，它也具有某種獨一無二的意味深長。

　　晚年巴金的境遇，相較於晚年的季羨林，雖然待遇不可同日而語，但於自我追尋上，更顯得慶幸。晚年季羨林，雖然名滿天下、桃李滿園，但其內心，恐怕有著諸多難以與君語的辛酸。尤其是其死後家事的糾紛，更顯得家門不幸的破敗荒涼。季羨林的晚年成為所謂「國學大師」，與其說是眾望所歸，不妨當作當局對於老人的嘉獎與包裝，這一動作的內在深意，與其追求傳統儒家中的所謂「和諧」以治當世中國的政治取向驚人的一致。季羨林雖非研究孔儒孔教之學人，但晚年得享望百之高壽，於中國傳統而論，成為眾人眼中的國學大師，乃是必然，而媒體的「大師」之稱，估計也多半出於對當局「造大師」工程心照不宣的呼應。季羨林晚年的真實境遇由此可見一斑。

　　季羨林早年所著《牛棚雜憶》，乃至海外回憶錄《留德十年》，雖然自稱不說假話，但是其中能透露出其內心真實想法的真話，屈指可數。充其量只是對於文革乃至他在西方親歷歐戰的若干見聞的如實記錄而已。雖然有史料之用，但於史識方面，鼠目寸光。這就足以解釋為何在季羨林即將跨過百歲之際，居然還能寫出〈泰山頌〉這樣阿諛拍馬的文字。〈泰山頌〉表面上看去，乃是季羨林對於山東老家泰山的由衷讚美，讚美其巍峨偉大，而實質所指，有心之人不難看出。

　　季羨林晚年雖然悲劇，但再較諸他的北大同事周一良，也算是慶幸。也就是說，在巴金、季羨林、周一良三人之中，巴金較諸季羨林，於悲劇層面，略顯慶幸。而周一良與巴金，顯然不可同日而語，其與季羨林相比，都顯得委瑣不堪。要知道季羨林雖然是史識淺薄的老好人，但於晚年乃主個人聲譽之保全上，功力頗深，即便是知識界對於對於季羨林的知識分子批判立場提出質疑，但於季羨林之人品，基本上無話可說。而周一良則沒那麼幸運，其在晚年所著《畢竟是書生》，不僅是對其晚年的污辱，更是對其過往歷史的粉飾，如此一來，周一良的一生也幾乎為人所詬病，而這樣晚節不保的事例，在世紀末的中國顯得獨一無二。

　　事實上周一良的人生悲劇，或許注定只是極為稀有之個例，按照周一良自述，其家學之淵源，雖不能說光耀千古，至少也是士族出身。其曾祖周馥，原先乃是李鴻章之幕僚，仕至兩廣總督。《清史稿》中周馥赫然在目，乃是清末之際封疆大吏的代表人物。及至其父，乃是民國實業界與張謇合稱「南張北周」的重要人物。周一良幼年師從著名學者洪業，其後受教於陳寅恪。余英時曾經言稱「周先生是當年大家公認的傳陳寅恪先生之學的後起健者」，其深厚的國學根柢、魏晉南北朝史研究的成績，甚至是其在哈佛所學的多種語言，都成為余英時口中「公認」的極佳佐證。一九四六年抗戰勝利後周一良回國，立即被傅斯年延請到史語所任歷史組組長，傅斯年寫信給胡適說：「周一良恐怕要給他教授（職稱），給教授也值得。」只是斯時的周一良還是選擇了應聘清華大學，追隨陳寅恪研究魏晉南北朝史和翻譯佛典。這位「公認的可傳陳寅恪之學」的書生史家，其命運在一九四九年之後悄然改觀。

　　一九四九年的中國社會，在一場接一場的政治運動中不得安生，身處其間的周一良先生，完成了對於陳寅恪獨立人格自由思想

的背叛。在知識分子改造運動如火如荼之時，出身世家的周一良表態：「我決心改造自己，力求進步」，其墮落之徹底之快速，令人始料未及。也正是如此，斯時已豹隱嶺南，終年閉門謝客的陳寅恪在弟子汪篯來訪後大為震怒，並留下了「你不是我的學生」這樣以示絕交的狠話。表面上看，陳寅恪在怒斥汪篯，其更為深層的含義，也在於對周一良墮落為「思想改造積極分子」的痛心疾首。所以他在那份名聞天下〈對科學院的答覆〉中口述了如下文字：「從我之說（治學當秉持獨立之思想自由之精神）即是我的學生，否則便不是。」言語之中的警戒，振聾發聵。

然而，即便是有陳寅恪頗有責問意味的警戒，周一良也依然不為所動。周一良的孩子不能上大學，周一良寬慰地認為不上大學才對，以示對於時代潮流的認同，絲毫不覺得這是制度乃至時代的荒謬。對待文革中的批鬥，他認為那是「改造」，連他的兒子周啟博都對其深感厭惡，聲稱其父「對所受非人待遇甘之如飴」。而在文革後期，周一良與馮友蘭諸人為江青欽定參加「梁效」寫作組，奉命炮製大批判文章。周一良大為驚喜，認為是「組織對自己改造成果的肯定」，「每每奮筆疾書，熬至深夜」，「欣喜於古文知識居然能夠服務於革命路線」，「總算派了用場，不免欣然自得，忘卻疲勞」。文革成為歷史之後，「梁效」接受政治審查，周一良既然自我表白故作單純：「從未意識到批儒是指周總理，也從未聽到任何暗示。」其為自己開脫的用心，昭昭如同白日。

這樣的開脫，在《畢竟是書生》中舉目皆是，顯示了周一良作為一個學者道德底線人格底線的突破。「畢竟是書生」之典故，源於曾經與周一良同時參與「梁效」寫作組的魏建功去世後他人的輓聯，其言曰「五十年風雲變幻，老友畢竟是書生」。這句話用於憑弔逝者，當然有文過飾非的必然性，也並非魏建功本人的夫子自

道。而周一良卻以此自許，尚未蓋棺，其論已由自我敲定，如此不知廉恥為何物，周一良何以為人？而對於此，周一良頗有怨言，他在書中描述受審查的經過時表示：「組織上調我進梁效，並非個人報名，談不到經驗教訓。」

　　或許正是因為對周　良失望透頂，隱居南國的陳寅恪，在六十年代〈贈蔣秉南序〉中不無悲涼地談到了自己治學之路的坎坷。在這篇帶有托命意味的文章中，陳寅恪本人的悲歡，恰恰是對周一良的諷刺。要知道周一良所自詡的「畢竟是書生」，與陳寅恪相比斯文掃地。周一良所言「書生」，即是但求學問不問政治的讀書人，而陳寅恪也恰恰是這種「書生」，他一生厭惡政治，曾於吳宓相約不入黨派，一九四九年之後看到舊年故友紛紛表示「洗心革面」、「重新做人」而遞交入黨申請書時，陳寅恪曾以杖擊地，大呼「無氣節」。而此時的周一良，恰恰加入了「偉大光榮正確」的共產黨。陳寅恪曾明確表示不信奉馬列，在科學院擬請他出任中古所所長時明確言明就任之條件乃是「研究所不信奉馬列，並請毛公劉公書一字條，以作擋箭牌」。陳寅恪之一生，真的做到了書生本色，不畏強權，不媚顯貴。康生到中山大學拜訪，陳寅恪閉門謝客，為此康生耿耿於懷，尋找事端打擊報復，令陳寅恪《元白詩箋證稿》出版在即胎死腹中，直至文革過去後方才中見天日。陳寅恪的書生本色，於此盡顯無遺。而反觀周一良，又怎敢在曾經的老師面前自稱「書生」，雖然周一良在回憶錄中曾言「轟轟烈烈的一二九運動，我都置身事外」，的確做到了不問政治。而其與一九四九年之後的種種過往，都令人大跌眼鏡。或許正是這樣的原因，蔣天樞在編輯陳寅恪文集時，將陳寅恪在文章中提及周一良之處，統統刪除。對此周一良倒是頗有自知之明：「這當然不可能是蔣先生自作主張，定是本

陳先生意旨……刪去此節，正是因我『曲學阿世』，因而不願存此痕跡。」

　　相較之下，曾經與周一良同為梁效顧問，在「批林批孔」運動中表現同樣甚為積極的馮友蘭，晚年在其回憶錄《三松堂自序》中對於那一段歷史的反思與回顧，顯示出明顯高過周一良的道德立場。馮先生有過深刻自責：「（批林批孔文章）有譁眾取寵之心，不是立其誠，而是立其偽。」言語之中對於自我的戕伐，很是真誠。而周一良面對同一段歷史，曾經一起「戰鬥」的同事，輕描淡寫以「畢竟是書生」一筆帶過，馮先生天上若是有知，定要大牙笑掉。或許正是因為斯時馮友蘭、魏建功等「梁效」同事都已故去，周一良才敢如此大言不慚厚顏無恥的表態。或許正是意識到了這種無恥的赤裸裸，舒蕪在〈四皓新詠〉中如此譏諷周一良：「先生熟讀隋唐史，本紀何曾記武周」，意指周一良批孔文章的顛倒黑白。

　　坦誠而言，一九四九年之後中國知識分子的命運，也的確是險惡之至。在這樣的條件下，若依舊以氣節求全知識分子，無異於逼人做烈士。對此，李劼先生在談到錢鍾書時曾經不無深意的說道：「苛求錢鍾書成為林昭，無異於讓周作人鑽進青紗帳去抗日一樣可笑。」在這樣的歷史條件下，過分對知識分子的人格道德提出質疑，毫無必要，但以此為由，降低自己的人格底線，也有粉飾之嫌。孔子所言老而不死是為賊，拒不認錯的老賊周一良，無論如何，說不過去。

　　在周一良文過飾非，季羨林語焉不詳的時刻，韋君宜《思痛錄》的橫空出世，成為世紀末最富歷史性的精神收穫。韋君宜在《思痛錄》中所寫下的，雖然不全是文革的內容，但是其對於文革

乃至種種政治批判運動極具自剖性質的分析，入木三分。其深刻，其坦誠，放在《隨想錄》面前，也要讓巴金羞愧萬分。她從對延安「搶救運動」的回憶開始，細數中國知識分子在災難的二十世紀中國之悲慘遭遇，成為一個時代終結性的審判。

更為重要的事實在於，韋君宜寫作《思痛錄》時右手的神經已經壞死，而且一身重病：腦血栓、右臂骨折、腦溢血偏癱、骨盆震裂……在這樣的情形下，他在病床上，用左手硬是寫出了《思痛錄》以及中國第一部以「延安搶救」運動為主題的小說《露沙的路》。其在這兩部作品中所吐露的愧疚、沉痛，令人不忍卒讀。一九八五年他在人民文學出版社總編輯的任上，不顧人們一再的挽留，堅決辭職回家，斯時的政治環境，對於韋君宜的離任是一個意味深長的提示。他在離任時的告別會上語氣不無悲涼：「我一輩子為人做嫁衣裳，解甲歸田，也得為自己準備幾件壽衣了……」在那之後，她果真沒有再次踏入出版社的大門。

韋君宜的《思痛錄》便寫於辭職之後，寫完修改後十年，才得以刪節出版，其歷經艱難的歷程可想而知。在業已出版的眾多有關於知識分子精神創痛的回憶錄中，《思痛錄》的獨特之處在於，她以一個老共產黨員的身份，對於她所親身經歷的歷次政治運動以及她在其中扮演的角色，都一一道來。從延安「搶救運動」至文革，乃是韋君宜筆下的歷史細節。在對於過往的反思與回顧中，韋君宜的真摯，較諸巴金毫不遜色，其削肉還父剔骨還母的決絕，庶幾可與自由主義老人李慎之相媲美。而《思痛錄》全文的基調，也由此奠定。

貫穿於《思痛錄》始終的，是中國知識分子命運在時代中的變幻莫測。延安整風運動中，韋君宜驚人得知四川共產黨被打為「偽黨」，她心中的震驚難以表述。及至她醒悟過來明白這是胡鬧之

後，依然沉默以對，而更為悲劇的吳伯簫連沉默的資格都沒有。在國民黨區內傳言吳伯簫被整死的消息的時候，中央出面要求吳伯簫闢謠，已經被整的死去活來的吳伯簫立即出來寫文章，聲稱自己在延安工作學習一切順利。其表態的「渾然天成」，讓韋君宜感慨萬千。而在若干年後的文革中，吳伯簫再次被整，韋君宜在吳伯簫死後寫下的文字，是對於死者遲到的祭奠。

韋君宜在《思痛錄》中還曾經寫到自己在反胡風運動中的積極表現，等到她意識到胡風的冤屈時，胡風已經成了不說話的植物人。而最具諷刺效應的是，她奉中宣部之命撰寫批判黃秋耘的文章，寫文章胡說八道了一番之後，交給黃秋耘自己看。黃秋耘苦笑一聲，讓她把所署筆名「朱慕光」改為「于向光」，以示嚮往光明，其中的苦澀不言而喻。它所折射出的知識分子在時代重壓下的反諷，是對於黑暗時代無奈而無力的抗議。

韋君宜的《思痛錄》於二〇〇〇年的香港出版了全本，代表了一個反思時代一去不回。從《隨想錄》到《思痛錄》，其中講真話的界限依稀可辨，而這一歷程中艱難的前行，至《思痛錄》中，已經彌足珍貴。但無論如何，反思的時代在終結之時必將擁有開端，由此形成反思周而復始的歷史循環。為了走出黑暗時代的陰影，中國人必須反思，講真話的界限必須打破，這樣整個民族才能獲得新生，由此擺脫歷史承重的積習，走向一個真正開明進步的時代。

1951～1957——《文史哲》史料鈎沈

　　山東大學學報之一的《文史哲》，乃是人文社會科學領域首屈
一指的學術刊物，長久以來其在人文社會科學領域中屹立不倒的地
位，一直無人能出其右。余生也晚，聞說《文史哲》之聲望，已經
是高中時代。而真正閱讀《文史哲》，業已是大學三年級。在圖書
館落滿灰塵的舊期刊閱覽室裏，我在無意之中發現了《文史哲》創
刊以來歷年的合訂本。令人遺憾的是，由於年代的久遠，一九五一
年至一九五三年的《文史哲》，其中有少許的遺漏。但即便如此，
這二年的《文史哲》所留下來的諸多珍貴史料，可以管窺一個時代
的精神狀況，也可以洞見那個時代政治干預學術的歷史真相。

　　由此作出延伸，一九五三年之後的《文史哲》，於政治干預學
術這一方面的劣跡，依舊清晰可辨，甚至變本加厲，登峰造極。而
一九五四年至一九五七年，這四年間的刊物極富代表性的對此作出
了詮釋。由一九五一年至一九五七年，正是中國大陸政治批判運動
接踵而至的歷史時期，《文史哲》身處其間，自然也不例外。這七
年間的文章，集中體現了一九四九年以來國家政治中的歷史敘事於
文化上的反映。因此本文擬對於一九五一年至一九五七年的《文史
哲》作一番簡單的梳理，鈎沈其中的若干珍貴史料，以此對於那個
時代的思想狀況稍作探討。

一九五一年   關鍵詞：毛選、《武訓傳》批判、魯迅

一九五一年《毛澤東選集》出版，孫思白在《文史哲》第一卷第四期中寫下《為〈毛澤東選集〉出版而歡呼》的文章。孫思白開宗明義：「《毛澤東選集》出版了，這是一九五一年我國人民生活中的一件大事，並且永遠是我國歷史上的一件大事！」並發出如下的感慨：「中國歷史上出現過許多偉大的人物，但是他們比起毛主席來就顯得渺小；中國歷史上曾有過若干燦爛的典籍，但是它們比起《毛澤東選集》來，就顯得黯然了。」將毛澤東與《毛澤東選集》抬到如此的高度，無疑是那個時代個人崇拜風氣的一種最為直接的表現。

一九五一年的《毛澤東選集》，較諸延安時期的版本，已經作出了大幅度的修改，然而它與毛澤東本人所寫下的原文，已經相去甚遠，被刪改得支離破碎。尤其在那篇《中國社會各階級的分析》一文中，刪去了最初版本中「知識分子是反動階級」這一駭人聽聞的說法。這一文章的原版，在當年的瑞金革命蘇區曾經廣為流傳，而在後來收入《毛澤東選集》時，出於當時的統戰需要，將其中有關於「知識分子」的論述一概刪去。今人所能查到的原版，見諸日本人竹內實所編《毛澤東全集》中。由此可見，一九四九年之後毛澤東對於知識分子發動的一次又一次的批判，早在《中國社會各階級的分析》中，已經作出了預告。而孫思白為《毛澤東選集》出版歡呼，如同一個莫大的諷刺。

一九五一年的《武訓傳》批判，開創了以政治干預影響文藝爭鳴的先例。在此之後，文藝爭鳴與政治相互糾纏，文藝爭鳴為政治服務，政治指揮文藝爭鳴，成為十七年乃至文革的時代潮流。而

《武訓傳》的批判，便是這一潮流的濫觴，毛澤東更是以親自撰寫的社論開啟了規模浩大的《武訓傳》批判的序幕，《文史哲》緊隨其後「響應偉大領袖號召」，發表了《讀〈武訓歷史調查記〉》等諸多深度參與《武訓傳》批判的文章。由歡呼《毛澤東選集》出版到歡呼《武訓傳》批判，思想軌跡，一脈相承。

此間值得注意的是，《文史哲》還發表了有關魯迅的一系列文章，如第一卷第四期所刊載的《魯迅論文藝》，第一卷第五期刊載的《魯迅論婦女問題》，都是配合當時政治形勢所刊登的文章。魯迅被綁在政治上並非始於《文史哲》，早在左聯成立之時，便已初步形成了「聯盟」。魯迅晚年定居上海所寫下的一系列批判性的雜文，雖然深刻依舊，但於心態而言，是極為不正常的。其後期雜文最為顯露之處，便是為革命所苦，為政治所左右，以革命的眼光衡量一切，以政治的態度對待生活。在一九四九年之後，魯迅晚年的文章與毛選一樣，成為批判文章中屢屢引用的經典文本，魯迅作為文人的悲劇，莫過於此。

一九五二年　關鍵詞：思想改造運動、批判資產階級教育思想運動

一九五一年發動、一九五二年全面開展的另一場政治運動——知識分子思想改造運動，則顯得更加意味深長。長久以來人們在研究一九四九年以後歷次政治批判運動時，往往將目光投向知識分子個體悲劇感較為濃重的事件，諸如「胡風案」、批判胡適運動，乃至反右運動中的「章羅同盟」，而對於思想改造運動這一知識分子群體性的事件，總是有意無意的忽略。這一忽略的原因有諸多方面，諸如其時間較短、運動範圍比較狹窄，而官方對此給出了「黨

及時發現並糾正了運動中的錯誤傾向，加強了黨的領導，保證了知識分子思想改造的學習運動的健康發展」之類冠冕堂皇的理由，所以它一直沒有得到重視。我想這場運動最為深刻的本質，在於以全面面對知識分子的態勢，迫使知識分子作出了一九四九年以來第一次的全面的自我檢查。雖然這些檢查未必全部出自真心，但是其中真誠的發自內心做出自我反省的人卻也不在少數，雖然這種反省在今天看來，顯得極為荒謬。

一九五一年秋天，以北大校長馬寅初為首的北京大學十二名著名教授響應中央號召，在北大教師中開展了政治學習活動。在此之後，周恩來總理親赴北大，作了名為《關於知識分子的改造問題》的報告，雖然檢討之事大家早已見怪不怪，但是親眼目睹周恩來一介大國總理以身作則，公開解剖自己，還是把諸多讀書人感動得「熱淚盈眶」。一位與會者便表示：「周總理是革命前輩，為人民立了大功，是黨和國家的領導人，尚且如此謙虛，當著我們的面解剖自己，我們還有什麼不能向黨交心的呢？」由此可見周恩來的動員，乃是知識分子思想改造運動得以順利推進的重要條件。而在隨後的自我檢討風潮中，既有馮友蘭、費孝通這樣常年檢討的「專業戶」，也有梁漱溟這樣偶而檢討的的「硬骨頭」，即便是躲在西南一角、遠離了政治風暴的吳宓，也在這一風潮下違心的寫出了《改造思想、站穩腳跟，勉為人民教師》這樣一看標題便知內容的文章，知識分子思想改造運動對於知識分子的全面覆蓋，由此可見一斑。

由於年代久遠以及史料的缺乏，加諸同時期三反五反運動、鎮反運動、抗美援朝運動之類群眾大規模參與的集體性運動的發生，知識分子思想改造運動直到今天，都沒有像樣的研究，不能不說是一件憾事。實際上這一運動較諸其後的「胡風案」，更有研究的空

間。在這一事件中探索知識分子如何從擁有獨立精神自由思想的立場，一下子轉變為受人民所感染、為時代風潮所左右，這其中的曲折，難以一言以蔽之。而在這次運動中知識分子所受的屈辱、嘲諷，也足以解釋在反右運動前夕，毛澤東號召知識分子向黨提意見幫黨整風時，知識分子一吐為快的那種情緒宣泄。思想改造運動之於反右運動，乃是一個歷史性的先聲。

《文史哲》在思想改造運動中自然不甘落後，接連炮製出了《目前形勢、思想改造和學制改革》、《學習馬澤東思想與自我改造》這樣的趨時之作。其中前者將國家形勢定位在革命戰爭時期，稱新民主主義革命還沒有結束。這一明顯帶有敵對情緒的觀點，放在時代以階級鬥爭為當然的理念下，毫不為奇，而其所引用的毛澤東的經典論斷「思想改造，首先是各種知識分子的思想改造，是我國目前在各方面徹底實現民主改革和逐步實行工業化的重要條件」，卻是毫無邏輯。將思想改造與民主改革聯繫在一起，顯然十分牽強，而思想改造與工業化，完全是風馬牛不相及。唯一的解釋在於，毛澤東試圖以「工業化」這樣壓倒全局性的事情來強調思想改造運動的重要性，由此令知識分子「就範」，知識分子全體性的自我檢討，與這樣不露聲色的威逼，無疑有著很大關係。

與思想改造運動相呼應的批判資產階級教育思想運動，則與這一時期的兩個重大事件緊密相連，一者為傷筋動骨的高校院系調整，一者為批判陶行知的教育思想運動。前者乃是對於高等院校依據蘇聯模式的改造，以期實現改造舊教育，重建教育體系。而這樣做的直接目的便是「為了更好的為社會主義建設服務」。而後者的原因則是因為一九五一年的《武訓傳》批判的延伸。作為一個在一九四九年之前便已提倡武訓精神的教育工作者，《武訓傳》受批

判的同時，陶行知也未能倖免。一貫習慣於秋後算賬的批判者，即便是陶行知早在一九四六年便已故去，但仍然發起了對於陶行知教育思想的討伐。

高校院系調整的歷史背景，既有政治氣候的原因，也是基於蘇聯教育模式與中國教育的某種一致性，而這也恰恰與當時執政黨的外交方略有著某種程度的一致性。執政黨通過院系調整，否定了歐美教育制度，建立獨立的專門學院，更好地服務於當時的國家建設方略。事實證明，這樣沒有經過系統論證、科學分析的盲動舉措，成為中國高等教育諸多弊病的歷史成因。而九十年代的高校合併，則是對於五十年代院系調整的反其道而行之，而此舉雖有直接的利益，但於長遠而言，依然不容樂觀。

陶行知的受批判除卻《武訓傳》批判的株連而外，其一貫秉持的生活教育理論之起源，也是他被批判的重要原因。陶行知的生活教育理論，乃是受到美國教育家杜威的實用主義教育思想之影響。而杜威的思想教育批判，早在一九五〇年便已展開，杜威乃是胡適的老師，其受批判，於胡適的去國不無關聯。陶行知、杜威、胡適，三者在一九四九年之後無一倖免，一一受批判，而這無一倖免的實質原因，也僅僅是因為他們思想上的關聯性。整個時代對於思想者的恐懼，有心的人不難看出。

一九五三年　關鍵詞：社會主義建設、斯大林、農民起義

一九五三年，《文史哲》上發表了大量關於社會主義建設的文章，體現出了國家意志之於人文社會科學領域的具體影響。與之呼應的是《文史哲》同期出現了大批研究馬克思主義經濟學以及社會史的文章。例如日知翻譯的馬克思《資本主義生產形態》，楊向奎

所著《中國歷史分期問題》，再如吳大琨《論前資本主義社會地租的三種基本形態》等文章。這些文章標榜社會主義無與倫比之處，對於資本主義生產關係進行毫無邏輯的批駁，體現出了為國家主義張目的真實意圖，而事實證明，文革之後的改革，正是對於資本主義生產關係的變相認同，所謂「中國特色的社會主義」，乃是鄧小平對此隱晦的說法。

《文史哲》第三期的斯大林逝世專號，封面一改原先的設計，改用黑白相間的印刷，頓顯沉重肅穆。對於斯大林逝世的紀念，也依然流於俗套，幾篇文章對於斯大林著作中諸問題的探討，空洞乏味。不久之後赫魯曉夫的《秘密報告》震動了世界，無異於對中國紀念斯大林的諷刺。而又過了若干年，西方世界在研究極權制度時，將斯大林時代的蘇聯，作為現代極權制度的典型來看。而在《文史哲》第五期，刊載了《學習斯大林以資本主義到社會主義過渡期中的「飛躍」理念》，則是將紀念斯大林與社會主義建設緊密聯繫，體現出最為鮮明的「趨時而作」的特徵。

這一年的《文史哲》還刊載了大量有關於農民起義農民戰爭的文章，如第三期刊登趙儷生的《北宋末的方臘起義》，第四期高昭一的《論中國農民戰爭的特點》，第五期趙儷生的《北魏末的人民大起義》等，這些都是一九四九年之後歷史研究的重要特點。將社會發展的歷史看作階級鬥爭史、農民起義史，雖不是馬克思主義史學的初衷，卻是斯時馬克思主義史學的現狀。歷史研究由於政治的干擾，由此陷入了困境，這只是一九四九年之後文化淪落現狀的一個極為狹窄的側面而已。

一九五四年　關鍵詞：總路線、周年慶、憲法

一九五四年的《文史哲》，較諸以往國家意志之於學術刊物的干擾，尤為猛烈。不僅人人表態支持總路線、支持社會主義建設，還要在國慶五周年，建黨三十三周年時發專文慶祝。更令人不解的是，中華人民共和國的憲法這一與學術幾乎無關的內容，堂而皇之地出現在刊物上。唯一值得信服的解釋在於，這是國家主義對於學術施行控制的一個絕佳的明證。

從歷史的延續性來看，總路線的提出，乃是承接社會主義建設之余諸的順延。只是與社會主義建設所不同的是，這是由執政黨對於社會主義建設的一次全面的闡述，也是一份施行的綱領。在總路線提出之前，執政黨除卻發動批判《武訓傳》這樣帶有文化色彩的批判運動之外，還通過三大改造、三反五反鎮反，對於社會主義異己進行清理。一九五四年，各項運動基本告一段落，著手真正的建設，乃是總路線的要義所在。

建黨建國的周年慶與總路線的提出，有著某種似是而非的聯繫，而此後憲法的頒佈，則是國家政權必備要素的一次完善。儘管憲法迄今為止已經走過半個世紀，但憲法的根本精神，依然為人所忽略，中國依然急切地呼喚憲政時代的到來。所以西方知識分子對於中國有憲法無憲政的現實，大為感慨。《文史哲》上所發表的《擁護憲法，實踐毛主席的指示》一文，提示了憲法至今未能成為現實的真相。中國的憲法在伊始時期，便已染上了濃重的國家主義色彩，換曰，帶有個人崇拜的傾向。將擁護憲法與執行領導人指示相聯繫，憲法本身的可堪質疑，於此也有了一個意味深長的注解。若干年後的黨章，則出現了將所謂「接班人」寫入的笑談。而同時代的《憲法》前言部分，則出現了「毛澤東同志天才般地創造性全

面地發展了馬克思主義」這樣明顯張揚個性崇拜的字樣。因此可以想見，一九五四年的《文史哲》以及同時期的刊物，已經對其後的個人崇拜作出了歷史的預告。

一九五五年　關鍵詞：漢字簡化、批《紅樓夢》、批判胡適、批胡風

一九五五年的《文史哲》，由豎排改為橫排，這是全國各種報刊書籍所作出的統一調整。如當年出版的《毛澤東選集》便由排改為橫排，而同時期的漢字簡化方案的頒佈，則與此相輔相成。這一事件的真切含義，表現了執政黨作為無產階級所宣揚的與舊時代決裂的毅然決然。不僅就政治上對於舊事物予以清算，文化上亦是如此。此種「決裂」的行為雖有「無知者無畏」的勇氣，但於文化上的傷害，卻是歷歷在目。

這一年度《文史哲》改版後的一個重要特點，便是專題劃分的出現，而這也是本年度幾大批判運動實現集中「報道」的重要條件。五五年幾件相關聯的事件，批判俞平伯以及《紅樓夢》，批判胡風反革命集團，都是「決裂」這一行為的具體表現，深刻揭示了執政黨發動一次次文化批判背後所昭顯的政治意圖。

批判俞平伯及《紅樓夢》不過是批判胡適運動的先聲。一九年《文史哲》上《批判胡適紀念五四》的文章，不過是小荷才露尖尖角。在批判胡適運動中，胡適之子胡思杜德率先倒戈，寫下批判文章清算父親，仍是這一場運動中永恒的標誌，由此構成批俞平伯與《紅樓夢》向批判胡適的轉折。而胡適之於俞平伯《紅樓夢》研究的深刻影響，也是轉折的重要原因。這一轉折的真正含義，乃是在文化上與舊時代進行「劃清界限」，並在自己的內部「肅清反革

命」。於是在批胡適運動之後，胡風難逃一劫，其中舒蕪的反戈一
擊，更有胡思杜與胡適決裂的氣概。

在思想改造同時期進行的小範圍批判胡適，延伸到這一年大規
模批判胡適的運動，以及對於其所謂資產階級教育思想的清算，乃
是相輔相承的歷史環節。《文史哲》在批判胡適時，表現並不十分
突出，但在清算「資產階級教育思想」方面，卻讓諸多讀書人寫下
了違心的檢討。而其中令人啼笑皆非的是，一九五二年第七期《文
史哲》上，載有《紀念五四、批判胡適》一文，讓人笑掉大牙。將
五四與胡適割離，紀念五四的同時批判胡適無疑自相矛盾。這也是
當時批判胡適荒謬性的一個主要反映。

為什麼毛澤東要在知識分子思想改造運動方興未艾之時的
一九五五年，匆忙發動批判胡適運動清算資產階級教育思想呢？表
面上的政治原因繞開不談，其深層的原因，恐怕是毛澤東對於知識
分子由來已久的成見。據毛澤東自述，其在北大當圖書管理員時，
有一項任務是負責登記前來借書的人的姓名。在那張名單上，毛澤
東認出了羅家倫、傅斯年這樣如雷貫耳的名字，毛澤東試圖去和他
們攀談，但很遺憾的是：「他們都是些大忙人，沒有功夫聽一個管
理員講南方土話。」而另一則珍貴的史料，性質上與此相似。特裏
爾所著《毛澤東》一書中記載了這樣的細節：毛澤東去胡適的課上
旁聽，曾經斗膽向胡適提了一個問題，胡適問他是不是正是註冊的
學生，毛澤東回答不是，於是胡適拒絕回答他的問題。

胡適在一九四九年之際，既沒有選擇留在臺灣依附國民黨，也
沒有與共產黨在大陸朝夕相對，而是選擇了千里之外的合眾國久
居，成為了二十世紀中國知識分子獨善其身的楷模。歷史的喜劇感
在於，大陸批判胡適之後，臺灣隨之而來的清算胡適自由主義思想
運動，極具荒誕性的將胡適一生的歷程作出了對稱性的勾勒。批判

胡適以及所謂清除資產階級教育思想運動，從反面將胡適於二十世紀上半葉在中國大陸學界領袖的地位再次予以確定。此前的民國，已經由國民黨統治下中央研究院院長的選舉，對胡適的卓越貢獻予以肯定。而臺灣在五六十年代對於胡適自由主義信念的批判，正是臺灣威權時代之於自由民主信念的恐懼。而浩浩蕩蕩的批判運動，也是從側面證明了胡適晚年以及其身後《自由中國》之於自由民主理念的推廣。

　　相較於胡適的善始善終，胡風的命運則充滿坎坷。他於一九五五年的遭遇，可謂中國知識分子命運悲劇的集大成。當權者的打壓、朋友的出賣、株連、長年的牢獄之災，構成了一九四九年之後最大的歷史冤案。胡風為當局所不容，可以在另外一則史料中得以解釋，毛澤東在於黨外人士座談時，黨外民主人士提出了假如魯迅還活著這樣的問題時，毛澤東略作思考給出答案：要麼保持沉默，要麼去蹲監獄。

　　由此可見，魯迅之於胡風「鯁直」的評價，與其說是讚譽，不妨說是夫子自道。魯迅的結局，已由毛澤東作出預見，胡風作為魯迅的弟子，其命運可想而知。在無法保持沉默，憤而寫出三十萬言書的歷史性時期，胡風於監獄中度過了餘生，而受其案件株連的所謂「胡風反革命集團」，也是二十世紀中國知識分子歷程史上一件永遠無法忘卻的滄桑往事。它所透露出來的批判力量之於知識分子的傷害，較諸明清時期的文字獄，有過之而無不及。李輝在《胡風反革命集團冤案始末》所記錄下的歷史場景，彌足珍貴。他提示了一段被人刻意忘卻的歷史，也提示了知識分子命運中沉重的宿命色彩。

一九五六年 關鍵詞：批判梁漱溟、批判華崗

　　一九五六年《文史哲》的第一期，刊載了兩篇相互關聯的文章，一篇為《實施農業合作化的必要意義》，一篇為《批判梁漱溟反共、反人民、反革命的鄉村建設運動》。前者對於一九五五年第七屆中國共產黨中央委員會第六次全體會議（擴大）《關於農業合作化問題決議》作出呼應，而後者則以「反面教材」入手，進一步歌頌農業合作化。與其說後者趨時而作，不妨說前者開了先例，而後者不過是將對梁漱溟的批判與國家政策相聯繫。作為一九四九年以後為數不多的敢於直言的讀書人，梁漱溟當面衝撞毛澤東，乃是建國以來從未有過的，說是前無古人，名不副實，但是相當長一段時間的後無來者，卻是人盡皆知。在文革的批孔運動中，梁漱溟依然故我，對於批孔運動表示難以苟同，而與他同時期的馮友蘭，卻欣然受命，寫下了另後世啼笑皆非的〈論孔丘〉，如此對比，高下立判。

　　更富有戲劇性的在於，一九五六年的《文史哲》，發表了大量批判華崗的文章，而華崗恰恰是五六年之前《文史哲》的風雲人物。他在《文史哲》上發表大量有關於哲學、經濟學的論述，說到底，乃是為斯時的政治路線服務。而一九五六年層出不窮的批判華崗的文章，乃是對於華崗本人的深刻嘲諷。他在之前《文史哲》上所發表的論著，也被人上綱上線，從思想到文字一概被指責為「反黨反社會」，甚至被冠上了抄襲的惡名。與之相類似的悲劇則是一九五七年《文史哲》所發動的對於陸侃如、馮沅君的批判。作為中國文學史研究領域最為奪目的雙星，陸侃如、馮沅君夫婦之才華橫溢，就連狂人李敖也是佩服的。李敖的父親李鼎彝，在北大求

學時與此二人同學，李敖其後在回憶錄中說：「父親的同學中較有成就者，有陸侃如、馮沅君。」而這二人在一九四九年至一九五七年，運用文史研究的知識，大談階級鬥爭，最終在反右運動中被「階級鬥爭」，成為難逃劫數的右派。另外一個事實在於，馮沅君的兄長，正是我在前文提到的馮友蘭。

一九五七年　關鍵詞：反右、批李鴻哲、批陸侃如

　　一九五七年的反右運動，顯示出一九四九年以來政治批判運動的階段性總結。毛澤東在反右運動之後的「陽謀論」，則更現實出執政者發動反右運動的初衷。這場由「整黨運動」忽而轉向「反右運動」的歷史風潮，以及「大鳴大放」時的人心向背，更顯示出了一九四九年以來知識分子被壓抑的真相。而與此相對應的，在反右運動之後全面大躍進，顯示出了國家主義之於國家建設的奮不顧身。而後一頭栽入大饑荒的慘劇，則是二十世紀人類文明史上無法抹去的灰暗記憶。

　　耐人尋味的是，一九五七年的《文史哲》對於「整黨運動」以及「反右運動」並沒有大篇幅類似於五五年五六年的漫天批判。這或許是當時「待機而動」的政治命令使然，而批判話語在形式乃至精神上的資源枯竭，日漸式微，也是重要的成因。本年度的《文史哲》，每期僅有少量的批判文章，如批李鴻哲，批陸侃如。這一靜穆有別於五五年五六年的場景，預言了反右運動最後集體性悲劇的總爆發。

　　總論：由一九五一年至一九五七年的《文史哲》，乃是中國大陸波譎雲詭的歷史變遷極為詳盡的縮影。其間國家意志與個人言論的衝突，個人意志之於國家政策的服膺，個人之間由於國家意志所主導的相互攻訐，構成了歷史紛繁複雜的全貌，也是一九四九年以來知識分子精神史上令人久久不敢正視的場景。在這一場景之下，潛藏著國家、歷史、政治的巨大危機，它之於其後「文化大革命」的歷史先導性作用，乃至後文革時代的社會動盪，都有著無可取代的警示作用，這也是我對於《文史哲》進行史料鈎沉的最初動機。

革命的歷史

革命的陰影

百年學運的背後

　　近日來無論在網絡上還是在生活裏，　種極為憤怒的氣氛在个安地蔓延，而這種氣氛的日益擴散，使得某些頗有先知之覺的人憂心忡忡。奧運聖火在全球範圍內的傳遞並非如同人們所希望的那樣一帆風順，相反倒是處處充滿了波折與兇險。這激起了中國人的憤怒，更為火上燒油的是法國、英國、德國種種抵制奧運會的行為，更使國人覺得難堪。於是種種行動開始了，集會、遊行、示威等等活動一一展開。本來一盤散沙的中國人在這種情況下才會如此的團結。集會、遊行‧示威，人多是難免的，人多則亂，而亂則會流血。潛伏在其間的不法分子刻意製造混亂，無辜的學生倒在地上，臉上流著鮮血，身上滿是傷痕。

　　這讓我想起半年前的那次鬧劇，一則短消息在各地大學生中流傳，大致意思是學校食堂物價奇高，學生難以承受，為向學校示威，特約定於××月××日罷餐。然後亡羊補牢欲蓋彌彰地宣稱此次罷餐並非惡意，乃是想引起有關部門的重視，使其拿出應對方案……結果如何？那一天我按慣去食堂用餐，偌大的食堂空無一人，我暗自震驚。我沒有收到那條短信，當輔導員開班會字字玉繫敲山震虎般地警告學生不要試圖與學校對抗時，我才想起似乎記憶裏沒有收到。當我從別人手機上看到這則短信時，頗為這位始作俑者好笑。他的行為頗有煽動性，完全是上個世紀二三十年代熱血青年的口吻，而這種口吻，居然取得了效果，這使人深思。然而此後政府的態度讓人感到不可思議，所有大學每個學生每月給予20～80元補貼不等。讓我看到自動圈存機前長長的隊伍，當我看到他們臉

上的表情如此的歡欣鼓舞，全沒有當初那種憤怒而不解時，我心裏感到戲劇性的變化，學生畢竟是學生，那個時代已經過去了。

那一次的罷餐事件讓我想到了上個世紀轟轟烈烈的五四運動，還有那些反抗殖民者的示威遊行，然而必須清楚的是，我所提及的這些屬於「槍口一致對外」，同時反抗黑暗政府的賣國，毫無個人的私利作祟，而這一罷餐事件，必須予以定性：示威還是請願？

我無意訓斥那些罷餐的學生，更無意為政府辯護——某種意義上來說，政府的宏觀調控不力是物價上漲的直接原因，不過我們必須從這次罷餐事件中認識其底部的危機——那就是，這是一次矛盾的總爆發。

「我對學生運動，素來有一種成見。」蔡元培先生曾經在學生流血的事件中看到運動的無用與犧牲。同樣，這種思想並非被人們充分認識到，與此類似的是，魯迅的思想給人的印象總是金剛怒目，支持學生運動，實際上這是我們錯誤的感覺，魯迅其實骨子裏是深味世故的，正是他看透了世故，才會有一種超然的通脫乃至驚人的洞穿，正是這種通脫與洞穿，讓他選擇了人性的而非暴力的鬥爭方式。他說：「一要生存，二要溫飽，三要發展」。對於今天那些一味呼號「為藝術獻身」的無知青年，仍然有其亙古的借鑒意義。

蔡元培和魯迅的教導似乎並沒有得到太多的回應，那個年代乃至今後漫長的時期裏中國沉浸在郭沫若式的革命浪漫主義之中難以自拔，而致使晚近中國歷史從一九六六年開始陷入無止境的深淵，直到十年過後，才有那次天翻地覆的變革，才讓中國走到了今天。

由魯迅在中國的被屈解可以觀照與其同時代的胡適，胡適一貫主張「容忍與自由」，他曾說：「容忍比自由更重要」。縱觀其充

滿矛盾與戲劇化的一生，處處與人為善，然而卻處處遭人誤解。他一貫主張的自由主義訴諸文學尚止有林琴南以《荊生》、《妖夢》攻之，更遑論訴諸社會。當毛澤東旗幟鮮明地在延安喊出反對自由主義的口號時，凡是與「個人」、「自由」沾邊的思想統統進了歷史的墳墓，而這一悲劇性的事件，也成為之後革命浪漫主義在中國橫行的丹書鐵券。五四以降，以傳統儒家為濫觴的中國中庸式的普世價值日益在震耳欲聾的口號中喪失了原本的光華。在西方社會挾裹著中國向著所謂現代是會進軍的進程中，中國為此付出了沉重的代價，這個代價直到今天才被認清，因此傳統熱國學熱中國風開始在大地上形成燎原之勢，而這又喪失了其逝去的傳統，終究使這種燎原之火變成遊蕩的鬼火。

由種種被曲解的先賢直至今天無顏面對先賢的我們，並無先賢曾有的成就，也忘記了先賢被忽視的警告，由此變成了現在庸俗而無所事事的一代。學生在校無事沉迷於網絡，給教育以絕望的反諷，而由現代科技包裹的一代只能在無所事事之餘以現實中的不滿為動力向著國家發出種種的辱罵與挑釁，而這些看似憤怒的青年，大多是不敢站到台前來的。他們擺出戰鬥的姿態，不過是影子在虛妄地招搖，當燈火照在影子上，他們又會像泥鰍一樣滑掉。

這是如何能讓人湧起希望的一代，這又是如何能讓人振奮的「天之驕子」呢？我們今天教育面臨的困境與難題，因這一代的無能與無聊而顯得無堅不摧。我們今天的這一代究竟是怎樣的一代，我們今天的這群人究竟是怎樣的一群人？

曾經有一位青年作家滿懷憂傷地寫道：「在我的心目中，五四時期和八十年代的大學生才是真正的大學生，他們推崇自由，滿懷理想，為了自己的夢而奔走在祖國的大地上。」另外一位早逝的詩

人駱一禾也曾經說過：「我在中國的大地上獨自醒來，那時候我在這塊大地上遊走，聆聽教誨，尋求我的思想，壯大我的身心，這個過程發生於我的母校北京大學，也發生在我們祖國的平原、海道和河川。」同他們一樣，我也常常無端地懷念起那些讓人沸騰的年代，但遺憾的是我們應該知道我們現在生活在一個理想與信仰備受嘲笑與侮蔑的時代，金錢成為這個時代首要的標尺，而大學生喪失理想，舉起雙手向孔方兄投誠。由此引發的道德誠信危機一次次地給教育主管部門敲響了警鐘。市場經濟帶給中國巨大的物質利益，卻也衝擊著本已岌岌可危的教育。社會所給予這一代的，終究只是無友的孤獨與無邊的誘惑。而這彷徨而失落的一代人，如何擺脫無能而無聊的積習，正是今天一代人的使命。

　　透過罷餐，反法等示威遊行，不僅沒有顯示出一代大學生如何愛國，相反倒暴露了中國的大學生暗藏的一種令人不安的力量，這種力量潛滋暗長，一旦找到發泄口，便會如同火山一般噴湧，無論採取何等措施補救，效果都是徒勞。而由此畸形發展而形成的學生宗派意識，經過好事者的變化改造，以學生會自管會等形式活躍在校園之中。遠在上個世紀二十年代，素來以官氣見長的北大經由蔡元培改造，官氣非但未減，反倒因五四運動中學生領袖的活動積極而愈加滋長。經由蔡元培之手改造的北京大學，官學傳統雖然光芒被學術遮掩，但在蔡元培銜恨離開的歲月裏，雖然蔣夢麟作為補台者在一定程度上都使蔡的意圖在北大得以傳揚與延伸，但畢竟蔣氏的能力與聲望無法與蔡元培相提並論，北大因而逐漸下沉，學者謝泳曾指出，中國有兩個北大，一個是二十世紀上半葉五十年的北大，一個是二十世紀下半葉五十年的北大。前一個五十年是北大自由、民主思想得以傳揚的五十年，後一個五十年則是逐漸陷入政治鬥爭的五十年，後一個五十年伊始北大的主政者是激情澎湃的馬寅

初，他的魯莽與率真，成為我們對於那一代知識分子僅存的蒼涼記憶。他的身上有著北大精神的真傳，然而不過數年，這一真傳在他與毛澤東近乎以卵擊石的對抗中被漫天的口號淹沒。儘管在那以後馬寅初又以陽剛之軀挺立了二十餘年直至他百歲故去，而他離開後的北人成為風暴中枯葉，遠不是他能左右的。

余杰曾經深入的分析北大的官學傳統，他指出，早年的京師大學堂實際上在具體運作中參與全國教育系統的運轉與革新。由光緒皇帝的若干御批乃至京師大學堂下發全國的各種公文可以看出它在性質上是一個行政機構而不是獨立學院。由此社會上形成去京師大學堂便可升官理念，從而使京師大學堂內烏煙瘴氣，學術凋零。嚴復是一個既革新又保守的人，他主政的北大，儘管沒有早年那樣的污濁，然而卻止步於此。實際上假使嚴復如蔡元培一般大刀闊斧改革並以有生之年一以貫之，其後來者蔡元培、蔣夢麟可以完成大學的蛻變也未可知，然而這僅僅是可悲而無望的遙想，歷史正是這樣拒絕假設與猜疑。

由於嚴復的抱殘守缺與蔡元培的半路出走，中國大學史上本可以改寫的一幕永遠定格成為無法挽回的損失。由嚴復時代的官氣積習，到蔡元培時代對於學生官僚化的彈壓而禁絕不止。北大學子乃至全國大學的學生會制度日益堅不可摧，直至十年動亂與政權分庭抗禮。今日學生會對於大學的影響，對於學生的影響明顯是弊大於利。每年開學之初便是學生會招新之際，想入學生會者絞盡腦汁投機鑽營，已入學生會者勾心鬥角傾軋相傷，學生誤其學業，一心沉迷於「部長主席」之類的夢，殊不知座次已定，哪需吾輩憧憬。這是中國高校擴招後最大的挫折，學生會的愈演愈烈，以九十年代末為甚。據傳北大每屆學生會換屆選舉工作開始之時，便是大學附近酒店火爆之時，請客送禮拉選票，種種社會上的醜態在學校裏上

演。此種風氣不但未被遏止，反而變本加厲。而教育主管部門有時竟從學生幹部中選擇優秀者擔任行政事務，這一措施更讓學生會的所謂鬥爭欲罷不能。數年以來此種發展趨勢愈演愈烈，成為高校知識分子心中一道難以癒合的裂痕。早在上世紀初，便有一位學者對學生之成群黨表示擔憂，而他的擔憂被歲月所遮擋，無法聽到他先知而又無奈的歎息。

由學生會而衍生的學生結為社團的宗派意識，成為百年學運的力量源泉。遠在明代末年，東林書院中學生讀書論政，被朝廷以「東林黨謀反」之名屠殺殆盡，可見學生結黨結社之事歷來為統治者所不容。以晚近歷史上歷次學生運動被高壓衝擊可見學生結黨結社所造成的後果之嚴重，犧牲之不值，就連素來以與政府交惡著稱的李敖也無比感慨地說：鬥爭要靠智慧，希望大家要和政府合作，而不是對抗。希望大家以一種健康的、快樂的心態來開創我們的未來。言語之間唏噓不已，這也是玩了一輩子政治的文化老人臨終之時振聾發聵的忠告。

或許李敖的忠告有些誇大的意義，他不瞭解當今的大陸高等學府的現實，他高看了這一代的大學生：這一代的大學生，無法與二三十年代的大學生相比，甚至無法與八十年代的大學生相比。如果說二三十年代的大學生充滿了愛國的熱情與成熟的理性，八十年代的大學生充滿了求知的渴望與熱烈的懷疑，那麼今天的大學生無論在哪一方面都無法與那些時代的大學生相提並論。今天的學生太聽話了，學生組織由那個時代的過於激進淪為現在的過於服從，未敢鐵肩擔道義，只會為個人私利明爭暗鬥，全然忘了自己一介書生的本份。

早在上世紀二十年代，蔡元培先生就曾經無奈而傷感地說過：「我對於學生運動，素有一種成見，以為學生在學校裏面，應以求

學為最大目的，不應有何等政治的組織，其年有二十歲以上者，對於政治有特殊興趣者，可以個人資格參加政治團體，不必牽涉學校。」元培先生已故去近七十年，七十年前他的理想非但沒有生根發芽，枝繁葉茂，恰恰相反的是，學生所成立的政治組織在大學之中已成燎原之勢。對此，學者余杰一針見血地指出：「使官場與大學脫節，使學生與官僚脫節，是每一個北大人和每一個熱愛北大的人的使命。」然而有誰能聽見這些呼喊呢？競選時哄鬧的人群壓住了這些無奈的呼喊，雷鳴般的掌聲掩蓋了這些無奈的人臉上無奈的表情。今日未名湖畔，清華園中，哪兒不是如此呢？驕傲的北大人忘記了他們的老校長，忘記了他在八十年前那句語重心長的話：「大學為純粹研究學問之機關，不可視為養成資格之所。」

我曾經在某權威雜誌上看過一篇發言稿，寫這篇發言稿的人雄心勃勃地宣稱將來數十年要在全國建立起一百所世界一流的大學，人言不慚這個成語是我對此唯一的理解。那位雄心勃勃的發言者有沒有想過，他瞭解大學多少呢，今天北大清華在國際上的地位尚在一流之外，更何況其他那些苦苦掙扎的國內二流大學呢。北大清華地位百年而至今依然在全國屹立不倒，其他的學校無論在經濟上還是在政治文化上都無法與北京相比，在如此的情況下，能過實現大學建設的「大躍進」，「超英趕美」嗎？

行文至此讓我想到中國現如今高校之狀況──學生問題之巨，體制弊病之多，學術氛圍之薄，周邊環境之惡劣。其中猶以學生問題最令人頭痛，學生過多地參與政治，行為愈發向官僚看齊，習氣愈發官味十足，驕橫跋扈。學者丁學良曾窮數年之功研究今日中國大學之流弊，經過橫向與縱向兩個角度的比較，他指出蔡元培當年試圖在北大建立的中國大學的樣板是今天的大學應該學習的典型。

蔡元培理想中的大學其本源來自於德國式大學，德國式大學是世界大學之林中光彩奪目的典範，也由此使得德國的人才培養始終領先於其他國家。而反觀今天中國的教育，大學成為政府發展經濟的棋子，學生成為拉動消費的生力軍。教育產業化所帶來的弊病使人才教育更加危機四伏，錯漏百出。大學沒有成為校園的最後一道圍牆，相反卻成了學生過早進入社會的催化劑與推動力。在這一風氣的指引下，學生會及學生團體的愈演愈烈，使得百年學運到了世紀末演變成一種非理性的衝動與唐突，其動力源泉已然由公利變為私利，由台前走向了幕後，由公開變成了隱形。學生對於朦朧印象中的權力，在現實的學生社團中被訴諸為種種職位的爭奪與暗鬥。而這些鬥爭在八十年前，被訴諸為反對帝國主義的遊行，與之形成戲劇性觀照的是，今天的學運並未遭到校方的彈壓，相反校方卻極力鼓勵和支持。而八十年前的北大，五四運動爆發之際，攔在學生遊行隊伍之前的不是別人，而是素來寬宏包容的蔡元培。蔡先生並非泥古不化，他也不是不愛國，他是先知先覺，他在那樣蒙昧的時代就已經敏銳地感覺到，學生過多地參與政治運動最後傷害的只能是學生。大學以學為本，以學生為本，假如學生無心治學，那大學就將難以為繼。學生熱情而單純，往往會淪為政客的犧牲品。因此，素有廣袤愛心的蔡先生才會在學生被捕後全力營救，不辭辛勞，而他唯一的要求則是：「回去上課。」然而有誰能記住呢？北大人忘記了蔡元培，忘記了他們在被捕時呼天天不應，喚地地不靈的狼狽，也忘記了他們的老校長在香港離開人世的淒涼與寂寞。

由上文含糊而混亂的敘述，百年學運的創痛被筆者訴諸為激憤的言辭或是感慨的文字，而對於其內核的流變始終無法得其要領。就筆者的個人感受而言，世紀兩端的學生與學運代表著極端與動

蕩，加之身處社會變革的浪潮中，所以充滿了激憤，而由於那一時代學人「理性缺位的啟蒙」（姜義華語），所以那一代的學生在民族主義國家主義的激勵下走上街頭，向當權者挑戰，向入侵者示威。而九十年代的大學生由於計劃生育時代的現實，沒有兄弟或是姐妹，加之社會競爭的加劇，貧富分化的嚴重，以家庭為單位的父母以社會的日益不公而向子女灌輸弱肉強食等等諸如此類的庸俗的社會進化觀，以致單身子女養成自私自利的品格，全無理想與信念的樹立與實踐。由於政府發展經濟需要安寧的政治社會環境，政府便從教育著手，試圖從小向學生灌輸安分守己的道德理念，使一代又一代的學生成為意識形態控制下「思想一流」「行動一致」的合法公民，而這煞費苦心的教育逐漸被停止，而由此引發的教育改革由於幾十年教育大環境的形成，改革步伐舉步維艱。而由於學生長期的「順從」，更使試圖推動改革的人感到困惑與躊躇，他們的處境，與五四新文化運動時代的啟蒙者如此的相近。而這深層的癥結，在於百年學運所形成的惡劣的風氣，這種風氣與積習我無法確切地描述，只是覺得它如同某種極易感染的毒素，如同幾千年封建社會的順民思想，深深地滲入我們每個人的血液，如果要徹底地清除這種毒素，需要幾代人甚至幾十代人的共識，而這種假設，似乎那樣的遙遠和不可及。

上個世紀九十年代北大百年校慶，一位北大學子在轟轟烈烈的校慶中感到了刺骨的寒冷。他在黑夜裏孤獨地吟唱：「未名湖是個海洋，詩人都沉在水底」，我們不妨把這首詩當成一種隱喻，領悟他背後的含義。那位學子在後來的十年中歷數北大之過，為人所不容，步入社會後四處碰壁，至今不知所蹤，生死未卜。

學運的創痛，在我的言說中顯得支離破碎，無法完整而明晰。寫作此文我經歷著無法忍受的撕裂感與矛盾，因而行文含糊而無法

切中要點。其次由於我的懦弱，不敢面對百年學運中慘烈的文革，
這不是我的刻意忽略，而是由於學養的不足與心理的脆弱，無法正
視那段黑暗無限延伸的歷史與塗抹在黑暗中無法識別的血跡。寫到
此處我不由得想起今天是五月四日，八十九年前的今天學生走上街
頭，鮮血塗滿向晚的街道，那些血色被逐年的歷史無情地沖刷，留
下依稀可辨的淺淺的痕跡。今天的學生走過那些街道，腳下的灰塵
輕易地就將那些痕跡掩蓋，而他們卻沒有絲毫的察覺。

彷徨大學路

　　當我們論述晚近中國人學歷史的時候，我們必然會提到的人物是蔡元培。而當我們提到蔡元培時，又必然會提到與之榮辱繫於一身的北大。而在當今中國，每當我們提到北大之時，又必然會論及清華。這樣的關聯不僅僅是北大與清華之於晚近中國乃至當代中國不可抹殺的影響，也不僅僅是兩座高等學府之於高等教育舉足輕重的作用。事實的關鍵在於，北大與清華的關聯，折射出晚近中國歷史的全部。一部晚近中國大學的歷史，便是一部晚近中國無所不包的社會史。其間包羅萬象，紛繁複雜。北大與清華代表了時代的走向，也必然記錄下了時代的風雲。

　　正如我在文首先提及蔡元培與北大的關係，並以此凸顯蔡元培之於北大乃至晚近中國大學歷史性的貢獻。的確如同眾多學者所認定那樣，在論述中國大學時，蔡元培與北大都是繞不開的字眼。假設能夠真正讀懂蔡元培以及其苦心經營的北大，並在此基礎上讀懂與之關係微妙的清華，便可以基本瞭解百年中國大學具有悲劇性的走向。隨後你便會發現，中國大學歷經百年風雨所寫下的路程，是一段永遠彷徨的路程。

　　在許多人不厭其煩地提及蔡元培之於北大的貢獻之時，很少有人注意到蔡元培所能達到這一貢獻的先決條件。我指的是北洋軍閥政府的黎元洪對於蔡元培的信任。雖然北洋軍閥在晚近中國的歷史上背負了禍國殃民的名聲，但卻無從否定他們對於教育不可忽視的貢獻。這些行伍出身、並無多少文化的粗人，對於文化的敬畏與尊

重是時代難以重演的佳話。在民國文人的記憶中，東北王張作霖雖然殺人如麻、心狠手辣，但在每年春節總會脫下戎裝，換上長袍，到老師家一一拜年，並作揖道：「我們都是粗人不懂教育，教書育人之大業仰賴諸君云云。」張作霖這種重視教育的行為在民國期間並不鮮見，而北洋軍閥便是其中的代表。

蔡元培之前的北大是官學的北大，學生求學之目的並非學術而是做官。雖然其間由嚴復出任校長，但由於嚴復已近遲暮，又有不作為的古風，因而嚴復就任時北大並未有多少改觀。在蔡元培就任之前，黎元洪拋開黨派的對立姿態，開明而公正地選擇了蔡元培出任北大的校長。那是蔡元培是國民黨人的身份，並且當時並不在國內。接到教育部的任命之後，蔡元培並未立即應允，後經孫中山的勸告而歸國赴任，即由此開拓了北大歷史上一個輝煌的時代。

蔡元培之於北大的貢獻在於開拓了北大一個全新的時代。但這種開拓的貢獻則來源於校長聘任教員的絕對權力。眾所周知，北大之所以在二十世紀初的中國掀起狂風巨浪，很大程度上源於蔡元培在位時延攬的大批可以呼風喚雨的傑出人才。而蔡元培之所以能夠大手筆地招賢納士，在於北洋軍閥主政時期頒佈的法令。法令中賦予大學校長聘任教員的絕對權力，因而校長在聘任教員方面進入了前無古人後無來者的集權時代。蔡元培主政北大時期，北大不同學術流派不同政治見解的教員之所以能共處一堂，與此法令授予校長聘任之權自有直接的關係。而這恰恰提醒我們北洋軍閥乃至黎元洪對於北大不可或缺的作用。

正如同我關注於北洋軍閥及黎元洪之於北大及蔡元培之關係一樣，與五四新文化運動同時期的清華國學院身後也站著不為人所關注的身影。舉世聞名的清華國學院四大導師王國維、梁啟超、陳寅

恪、趙元任早已名滿天下，而當初將他們延請進入清華國學院的是不為人所知的吳宓。這位一生顛沛流離、抱憾終老的學者，直到如今依舊沒能引起學界大規模的注目與研究。

至今為止，我依然堅信，清華國學院之所以成為一個不朽的神話，並且在後世沒有被改寫的可能，在於時代和吳宓的功勞。當一九二五年的二月清華學校校長曹雲祥把聘書交給吳宓時，他沒有想到在其隨後的四年間，吳宓締造了一個幾乎讓後世難以望其項背的學術傳奇，同時這段頭尾完整、充滿浪漫氣息的歷史，也使清華的文化、學術生態發生了巨大的變化。這種貢獻並不表明吳宓當年創辦清華國學院是多麼的輕鬆和順理成章。相反，與蔡元培建設北人的高歌猛進、勢如破竹相比，吳宓籌辦國學院的歷程寫滿了艱辛和坎坷。

在清華校長曹雲祥決定開辦國學院的時候，在新文化運動時期便暴得大名的胡適曾經向曹雲祥建議聘請三個學人：章太炎、王國維、梁啟超。章太炎素以瘋癲著稱，對上門的吳宓百般推辭，堅決不肯出任。而脾氣稍好的王國維、梁啟超則順利到任。而梁啟超又向曹雲祥推薦陳寅恪，使得即無學歷名氣，又無專著行世的陳寅恪順利地被聘為教授。其後趙元任作為唯一一位西方科班出身的博士亦躋身教授之列。至此，清華國學院的四大導師皆以到位。我們應該記住吳宓、胡適乃至梁啟超不為人所注目的作用。

在蔡元培主政時期的北大，無可置疑地成為五四新文化運動的策源地。雖然蔡元培反復強調北大的宗旨是學術自由、包羅萬象，並在校內的教授的任憑上努力實現多元，但卻無法掩蓋北大新派占優的真相。儘管北大有黃侃、劉師培、辜鴻銘等赫赫有名的古董，但較諸新文化運動中攻城拔寨的勇士，畢竟是身單力薄。更何況作

為校內一股重要的力量，學生中的大多數也傾向於追求新知，不願在舊學之中沉迷。作為學生領袖的傅斯年、羅家倫，也是新派教授胡適之的忠實擁躉。其時的北大在各個方面幾乎都成為新派學人的天地。

與北大構成對應的則是清華國學院，在北大諸公高呼打倒孔家店清算傳統文化之時，清華卻逆流而上，創辦弘揚舊學的研究院。當時人們可能無法理解其中所包含的深沉含義。直到近一個世紀過後，清華大學隆重紀念清華國學院創立七十周年八十周年的時候，方才有人朦朧地讀懂清華此舉所包含的真諦。

在國學院的開學典禮上，曹雲祥的話令人深思，他強調：現代中國所謂新教育，大都抄襲歐美各國思路，並沒有對本國文化的細心研究，本校之所以組織研究院，研究中國高深的經史哲學，而且採用科學方法。並摻加中國考據之法，是希望從中尋出中國之國魂。而梁啟超則表示：清華研究院的成立，代表了清華脫離了模仿的階段，走入獨立的時期。就此以後，清華與中國的學術必將走向獨立。

與之構成呼應的則是吳宓，在曹雲祥與梁啟超發表完高調而熱忱的講話之後，吳宓顯示出了他的低調與冷靜。作為具體籌辦國學院的人，吳宓重在講述清華開辦國學院的真實處境——原本準備開辦自然科學、社會科學等其他學科。但由於經費所限，只能先開辦國學。語氣之中透露出一絲淡淡的憂愁。

今天我們重溫吳宓的話，卻發現他的話語中包含著一個重大的細節——開辦國學院是時代的客觀條件所限。吳宓沒有想到他的務實卻暗合了時代的需求。在五四運動的時代背景下，以傳播西學著稱的胡適曾寫下《新思潮的意義》這一具有里程碑意義的文章，在文章中胡適將新思潮概括為四個相關聯的部分：研究問

題、輸入學理、整理國故、再造文明。其中最重要最關鍵的是「輸入學理」和「整理國故」，如果說「新文化運動」僅僅是「輸入學理」的話，那麼胡適在其後所做的努力便可稱為「整理國故」，並且在二十年代中期成為學界普遍重視的問題。而吳宓在這時籌辦國學院雖然沒有胡適的直接參與，但是在宗旨與意趣上卻是不謀而合的。其後的學界記住了胡適，卻忘記了吳宓，這不能不說是一個令人心痛的遺憾。

吳宓籌建清華國學院另一層含義則在於他在無意間領會了大學的真正含義。這層含義雖然眾口一辭，但卻無人能夠真正的領會。大學以學術為根本，是世界所有大學的立身之本。在晚近中國的歷史上，北大與清華雖然號稱中國最為傑出的高等學府，但卻無法掩飾其在學術方面所彰顯的不足。當年吳宓籌建國學院時或許只是受人之託，忠人之事。但是，隨著時間的推移與扭轉，我們會越來越強地意識到他本真的價值與含義。對於大學來說，學術始終是第一位的，良好的學術制度與學術精神，是一座大學最為珍貴的財富，也是最為珍視的財富。反觀晚近中國歷史上的北大與清華，則令人感到深深的憂慮與抱憾。最早讓清華出名的是體育，而北大之所以名動全國，在於五四時期的學潮。這些固然都是大學的一部分，但是喪失了學術的根本，任何大學都無法稱作真正的大學。

具有悲劇色彩的是，作為一段無法超越的傳奇，清華國學院的生命卻如此的短暫。而這種短暫卻是一種意外帶來的。這種意外我指的是王國維之死。假如說蔡元培與吳宓之於北大清華國學院的意味僅僅是象徵性的，無關學術的話，那我們大可以將陳獨秀作為北大的精神標柱，同樣也可以將王國維作為清華國學院的圖騰意義。然而與北大和清華的關係一樣，陳獨秀與王國維同樣構成了一種對稱性的悖論，兩人似乎構成一種隱性的輪迴，橫貫於二十世紀的歷

史。在風雲變幻的民國時代，陳獨秀作為新派領袖登上歷史舞臺，
呼風喚雨。王國維卻自沉於昆明湖水，一去不回。而當世紀末逐漸
逼近的時候，曾經光芒萬丈的陳獨秀開始褪色，王國維卻逐漸浮出
水面。我之所以如此強調王國維的重要，關鍵在於王國維之死之於
清華國學院的意味。我指的是王國維之死終結了清華國學院存在的
必要，進而如多米諾骨牌一般影響了晚近中國的大學及整個中國文
化的構建。與陳獨秀的影響暴風驟雨立竿見影不同，王國維的影響
是和風調雨潛移默化式的，直到現代依然無法被人們真正的理解和
接受。然而當時僅僅有一位先生讀懂了王國維之死的悲劇性隱喻，
並在其後的歲月中艱難而孤獨的承接了王國維所留存的文化血脈，
我指的是陳寅恪在〈王觀堂先生輓詞並序〉中沉重而肅穆的敘述：

> 蓋今日赤縣神州值數千年未有之鉅劫奇變，劫盡變窮，則以
> 文化精神所凝聚之人。安得不與之共命同盡；此觀堂先生所
> 以不得不死，遂為天下後世所極哀而深惜者也。至於流俗榮
> 辱委瑣清濁之說，皆不足質辨，故亦不之及云。

　　陳寅恪讀懂王國維之死的文化悲劇性宿命，與其說是老友間的
相識相知，不如說是文化上的遙相呼應。陳寅恪看出了時代對於傳
統的傷害，也意識到了清華國學院之於中國傳統文化深遠的含義。
然而他也清楚地明白，時代的歷史不會因為個人而扭轉其應有的走
向，個人的努力在時代之中是微不足道而又意義匱乏的。但正是這
種微不足道而又意義匱乏的舉動，文化的命脈才得到了艱難的傳
承。晚年的陳寅恪已是雙足殘廢，雙目失明，但他依然窮盡數十年
之力口述出了《柳如是別傳》這樣在學術上並無多少價值的著作。
這並不意味著陳寅恪於學術已經全然不覺，早已將其拋諸腦後。實

際上陳寅恪用《柳如是別傳》極其悲痛地宣告了學術衰亡殘酷的真相。「我今負得盲翁鼓，說盡人間未了情」並非言說自己的悲慘遭遇，而是在革命年代為學術淪亡寫下的哀歌。但這種聲音微弱而渺小，很快被革命時代的喧囂所淹沒，在革命褪去神聖光環的九十年代，素以革命示人的陳獨秀乃至毛澤束走下神壇，而陳寅恪、王國維則被塑造成革命時代暗夜裏的學術英雄，承受了學界頂禮膜拜的崇高待遇。

　　然而這種頂禮膜拜的待遇依然破解不了時代與王國維乃至陳寅恪厚重的隔膜。讀不懂王國維與陳寅恪的意義，也就無從談起晚近中國大學與學術的意義。在革命甚囂塵上的年代，文化永遠是恆久的，是離於革命年代的歷史。革命年代終究有其消亡的時刻，而文化則隨著歷史默默地走向永恆。王國維之於晚近中國大學歷史的意義即在於此，他在革命高漲的年代默默地完成了文化的交替，他的死驚醒了早年心存河汾之志、胸懷經世之學的陳寅恪，使他懂得了自身的職責並非像章太炎那樣橫跨與學術與革命之間，而是像乃兄一般完成文化守靈人一樣的角色。當早年的王國維寫出前無古人的《紅樓夢評論》時，或許陳寅恪並沒有讀懂，但當他歷經世事變遷之後方才懂得王國維之死於他的重托，所以晚年的陳寅恪雖然雙目失明，內心卻無比的通透明亮，故而他口述出了《柳如是別傳》這樣與《紅樓夢評論》遙相呼應的輝煌著作。當陳寅恪用「獨立之人格，自由之精神」來概括柳如是時他未嘗想到這正是王國維與他的最佳寫照，也正是這種絕佳的精神寫照，使得王國維與陳寅恪照亮了清華國學院的天空，也為晚近中國的大學奠定了學術傳承的理念與信仰。然而或許是國學院的時光太短，或是晚近中國的歷史太長，這一極具深遠意義的傳統，在漫長的革命年代裏，湮沒在同樣漫長的歷史之中。

　　或許晚近中國大學的歷史中的人物注定其被遮蔽的命運，無論是黎元洪或是吳宓，或是陳寅恪與王國維，都無法真正地獲得史學界的認可。走入晚近中國大學的歷史，我想闡釋的正在於此，一部晚近中國大學的歷史正是這樣寫成。歷史有諸如蔡元培這樣光芒四射的名字，當然也有吳宓這樣被隱去或是忽略了的身影。或許歷史的寫法如同一台話劇的組成，不僅要有臺上演員精彩的表演，更離不開幕後眾多不為人知的工作人員。這樣才構成歷史的完整與豐富，色彩斑斕地書寫在文明的歷史之中。

　　我之所以在文中不厭其煩地闡釋清華國學院之於晚近中國大學的意義，源於我一直秉持的歷史觀點。我始終無法理解為什麼每當學者論及中國大學百年歷史時必稱北大，而對清華置若罔聞。就我對北大的歷史瞭解程度，它在學術方面遠遠遜色於清華，更何況在蔡元培校長與胡適校長的身後，站著兩位具有悲劇性質的人物。他們的人生歷程以及在北大的過往，完整而殘酷地見證了晚近中國大學走向彷徨與淪落的真實形貌。我指的是蔣夢麟與傅斯年。

　　當學界的人物大談特談蔡元培於北大繼往開來與不辱使命的意義之時，很少有人注意到其身後的蔣夢麟。在蔡元培《我在北京大學的經歷》中，他曾念念不忘蔣夢麟如何如何在他離去的時候苦撐危局，並以此作為自己足以慚愧的原因。在其他的回憶性文章中，蔡元培同樣沒有忘卻蔣夢麟的努力，一次又一次在行文中留下感激之類的筆墨。然而史學界在漫長歷史年代裏忽略了這位橫亙於蔡元培與胡適之間的北大校長，對他並不遜色於蔡元培的功業熟視無睹。或許這與意識形態的高壓有關，也與蔣夢麟自身的抉擇有關。更為重要的是，蔣氏自身在苦守之後背叛了自身的立場，玷污了大學的獨立精神。胡適的例子恰恰可以對此作出解釋。在官方意識形態高壓籠罩的時代，胡適比蔣夢麟承擔了更大的政治構陷與侮辱，

但在民國年代的新時期重新被審視之時，胡適被推上了神壇，他短短四年的校長經歷具有結落性質的挽歌，被定義為向民國時代最後的告別。蔣夢麟卻困於歷史的泥淖之中無法擺脫。兩者之間的巨大差距，在於胡適始終堅持自己的獨立地位與學術思想，不為流俗所染。而曾經高呼秉承蔡校長遺風的蔣氏終究在聯人復校後步入政壇，成為蔣家政權的過河卒子。這一鑄成千古恨的立場性抉擇，成為蔣夢麟一生最大的敗筆，而其最後也以北大教授的聯名抗議而迫使其辭去北大校長的結果告終。自此蔣夢麟便走入了晚近中國歷史的幕後，承受了注定無法躲閃的落寞命運。

在蔣夢麟之後承受了巨大使命的胡適，以一個蒼涼的背影終結了其在大陸半個多世紀的歷程。而他作為晚近中國北大的終結者，也被歷史仲裁為所能預知的最好結局。但人們同樣忘了胡適身後的傅斯年。這位早年則拜於胡適門下，以引導五四運動的學生領袖，在歷史上雖然聲名赫赫，但他之於胡適出任北大校長並且成績不菲的奠基性貢獻，長久以來卻無人提及。如果說蔣夢麟對於北大的隱秘貢獻在於如同華國鋒式的秉承遺志，將蔡元培的方針一以貫之的落實，而傅斯年的貢獻則在於另立新宗，為北大傳統書寫了另一段傳奇。與蔣夢麟或是蔡元培或是胡適的謙和沉靜相比，傅斯年血氣方剛，張揚凌厲。而這也為北大傳統注入了新鮮血液。在聯大西遷的日子裏，一些教授未隨學校前往，依舊在淪陷中的北大任職，其中如周作人等還是傅斯年的老師。在傅斯年看來，文人尤以老師為例，更應為人師表、注重氣節。因而在胡適未到任，自己身處代校長之職時，堅決主張將那些覥顏世故的教授掃地出門。為之後的胡適就任掃清障礙。在寫給夫人的信中，傅斯年寫到：「大批偽教職人員進來，這是暑假之後北大開辦的大障礙，但我決心掃蕩之，決不為北大留此劣跡。實在說這樣局面下，胡先生辦遠不如我，我在

這幾個月給他打平天下，他好辦下去。」言語之間豪氣干雲，大有血祭雄傑義無反顧之勢。然而這位血脈賁張的山東大漢卻不得善終，幾年之後在臺灣立法院與郭國基發生爭執，一怒之下突發腦溢血身亡。

我在傅斯年身上看到了豪俠的英氣，卻也體會到了失落的感覺。雖然傅斯年於北大在民國時代的善終功不可沒，但他半生與北大的糾結也為這所大學埋下了些隱患。正如我在前文提到，北大之所以為人注目，並非其學術，而是其學運影響至深。作為學生領袖出身的傅斯年早年領導五四運動，中途雖然退出，但畢竟火由他起。其後民國時代的歷次學運都沒有缺少他的身影。這對於學生來說對於大學來說，傷害是致命卻又不易察覺的。早年對學運反感至深的蔡元培曾經無奈的說：「我對學生運動，素有一種成見，以為在學校之中，當以求學為第一要義。」蔡元培這番話彷彿意指傅斯年，卻對著大學的獨立地位有著警戒式的意味。學生過多的參與社會運動，最終傷害的將是大學的立身之本——學術。因而傅斯年是一個具有矛盾性的人物，以更加殘酷的評價標準，他對於北大之惡劣影響遠甚於其不為人知的貢獻。解放之後的歷次學運，我們都可以看到無數個傅斯年的身影，無論是文革或是八十年代風波，這種傅斯年式的學運狂熱情緒隨著時間的流逝形成強大的龍捲風，席捲了大地，留下了歷經劫難後的滿目瘡痍。正如同百年中國的大學觀，歷經風雨之後變成同樣的不堪入目。

蔣夢麟與傅斯年的悲劇，正是北大的悲劇，在蔡元培與胡適離開的年代，中國的大學陷入了再次沉淪的泥潭。甚至在毛時代高壓政治下一談蔡元培或胡適立即與階級鬥爭劃上等號，對其兇神惡煞面目猙獰。就在這樣的年代裏，大學陷入了政治鬥爭的泥

淖，最終定格成為文革中諸如張克新林昭之類的血案。而在風氣
開放的八十年代，當人們依舊沉浸在因言獲罪的恐怖氣氛之中，
大學卻成為時代解放的先驅，實現了短暫而具有悲劇性質的復
興，但不久就為九十年代的經濟大潮所淹沒。或許出於文化淪陷
的危機，王國維與陳寅恪被人們從歷史中翻揀出來，拂去灰塵。
在眾多激情有餘理性不足的作者筆下成為孤身反抗時代與體制的
文化英雄，而他們身後的大學卻逐漸走入不歸路式的沉沒與墮
落。我指出這種時代的盲目感，正是要說明晚近中國大學墮落的
真相：實際上我們從來就未真正理解大學的本質，更遑論建設世
界一流水平的大學的高呼。在高呼「大躍進」「趕超英美」的年
代裏，我發現了與之類似的焦灼與不安。這是世紀性的症候，它
向我們昭示了晚近大學歷經具有宿命意味的結局。我們經歷了一
個世紀的風雨，大學的水平居然還停留在民國時代以前。這一並
非危言聳聽的殘酷真相，躲在國家主義華美光彩的頌辭之後，長
久的經歷著寂寞的命運。而這種命運也是一種含義曖昧的隱喻，
為當今大學未來的路途佈滿了未知的兇險與坎坷。

抵抗遺忘

　　在《古拉格群島》的開篇題辭中，當時沒有意識到自己將曾寫出一部足以在人類文明史上引起轟動的作品的索爾仁尼琴沉重地寫道：「獻給沒有生存下來的諸君，要敘述此事他們已無能為力，但願他們原諒我，沒有看到一切，沒有想起一切，沒有猜到一切。」這一沉重而肅穆的開始，將作品引入同樣沉重而肅穆的氛圍之中，而此後他的一生，也同樣寫滿與《古拉格群島》一樣肅殺悲涼的氣息。二○○八年八月三日，這個歷經四個時代的俄羅斯人終於在他的一個民族曾經冷酷殘忍的記憶裏瞬間定格成為永恒。

　　與之頗有類似意味的則是在中國，索爾仁尼琴故去不久，中國作家魏巍也因病撒手人寰，這位當年以《誰是最可愛的人》紅遍全國的文人，被時代烙上了深深的印痕，「最可愛的人」也成為人民解放軍的代名詞，成功地進入了革命話語體系的詞庫。這一長久在初高中語文佔據一席之地的文章，長久地向未成年的孩童灌輸著個人性命服從國家機器需要之類反人性的教育。二○○七年，這篇文章終於被撤出了語文課本，而這也成為魏巍生命中一個重要的標記，它意味著以魏巍為代表的那一代人已經不合時宜，注定要退出歷史舞臺。

　　我之所以挑選魏巍作為索爾仁尼琴的對照，出於兩人有著相同與相悖的歷史，雖然兩人在文學史上的地位不可同日而語，但卻無法遮掩他們曾經經歷相似的歷史。索爾仁尼琴生於沙俄時代，曾參加過蘇聯衛國戰爭，歷經斯大林的殘酷壓制，後又戲劇性地在赫魯

曉夫時代成為寵兒，其後在勃列日涅夫治下流亡歐美，給他帶來無限災難與無限榮耀的《古拉格群島》讓他在二十世紀人類文明史上擁有了不容抹煞的地位。在故國向他伸出橄欖枝時他選擇了歸國，卻依然不改質疑而憤怒的眼神，依舊對著國家主義的專制與虛偽發出抗議的聲音。在他即將走完生命歷程之時，俄羅斯終於放下了身段，與之達成了無奈的妥協，普京親自探視索爾仁尼琴是一個標誌，標誌著國家主義對於知識分子追求真相有限度的認可。

魏巍的人生則與索爾仁尼琴相反，他早年以《誰是最可愛的人》成為毛時代的政治歌手，並順理成章地在十七年的文壇中成為代表性的人物。儘管在文革時代歷經磨難，魏巍卻從來沒有對毛澤東產生懷疑，依舊高呼「繼續革命，永不投降」類似於江青之流鼓吹的冥頑不靈的口號，這也使他的晚年多了幾分不合時宜的色彩，而曾經使他名噪一時的《誰是最可愛的人》也在他的晚年被排除於中學課本之外。中學課本作出適當的調整本不算大事，但由於魏巍所捍衛的毛時代政治理論色彩，則放大了這一事件的悠長意味。當年便有多方爭論，而此時魏巍去世，那些舊日的爭端便演變成某種具有政治意味的喧囂，長久地在文化界引起熱烈反響。

魏巍與索爾仁尼琴雖然有著人生歷程的由喜而悲與由悲而喜的迥異，但卻有著同樣的不合時宜。晚年的索爾仁尼琴依舊不能容忍蘇聯解體後俄羅斯的政治體制，在多處公共場合他多次直言不諱地批評葉利欽，並因此被媒體刻意地冷淡，而魏巍的態度則更為激進，居然上書中央指責中共前總書記的「七一講話」，這一貌似觸怒當局的罕見行為，也因帶著過分的政治化的毛時代色彩而顯得非同尋常。此後不久，魏巍的《中流》宣告停產，這位毛時代的紅人在毛時代褪下神聖光環的時代裏顯然與時代格格不入。

　　索爾仁尼琴的不合時宜與魏巍的不合時宜源於同樣執著的信仰，儘管魏巍的信仰帶有太多的政治色彩而飽受非議，但卻不能掩蓋其堅強的立場。索爾仁尼琴所篤信的人道主義雖無政治性的取向，但卻遭到了政治無情的圍剿，同樣的困境逼壓，索爾仁尼琴與魏巍的堅持是值得人們尊敬的。

　　然而必須指出的是索爾仁尼琴與魏巍的不同之處，作為具有國際聲望的前蘇聯作家，索爾仁尼琴遭遇了政治上的種種非難，而魏巍雖在文革中有過挫折，在新時期也受到打擊，但與索爾仁尼琴遭遇如漫漫長夜般的極權獨裁統治相比，仍然不能算是飽經苦難歷練，更為重要的是，魏巍所堅守的「革命」理論已經隨著毛時代政治高壓色彩的褪色而瓦解，而索爾仁尼琴所恪守的人道主義卻依然光芒不減。

　　更為重要的是，索爾仁尼琴的一生更具有象徵意味。在過去的二十世紀，充斥著謊言、暴力、獨裁、血腥、戰爭、獸性等等足以使人類走上不歸路的因素，知識分子的職責由此凸顯。在左拉漫長而急促的《我抗議》中，知識分子的職責第一次由書面形式確立下來，並成為其後漫長的二十世紀知識分子追求的標桿。而冷酷的二十世紀的極權統治是知識分子的天敵，知識分子的職責在於守衛真理，抵抗遺忘便成為終結性的對峙，成為二十世紀最為奪目的風景，長久地令我們感到慚愧與自責。因而，二十世紀的知識分子歷史主要就是記憶與遺忘抗爭的歷史，是自由與禁錮對抗的歷史。

　　索爾仁尼琴是這部歷史中最為奪目的翹楚，他一生都在守衛記憶，抵抗遺忘。在曾經無比孤獨的夜裏，在守衛森嚴的西伯利亞勞改營裏，他一次又一次地見識了專制體制弘揚的邪惡力量一次又一次挑戰並最終衝破人類的道德底線。人性和良知所支撐的人道主義

在專制體制的面前如此不堪一擊，人類社會文明進程在蘇聯的極權統治之下遭到了停滯不前的命運。為此索爾仁尼琴深感憂慮，這給了他一次靈魂昇華的契機，他在自傳《牛犢頂橡樹》中說：被捕就是他開始懺悔並獲得神啟的時刻。他在囚室裏聽到了上帝的聲音，同樣，癌症病房的境遇還給他提供了另一次更重大的契機。在流放哈薩克斯坦做完手術的後半夜，他和另一位基督徒囚犯展開了觸電式的對話，越過無邊的黑暗，病友向他低聲說出福音，閃電般地擊中了內在的黑暗，使索爾仁尼琴獲得了畢生戰勝恐懼的勇氣。

或許正是這種勇氣使得索爾仁尼琴獲得了短暫的眷顧，在斯大林時代終結，赫魯曉夫上臺的歲月裏，索爾仁尼琴因寫出大量揭露斯大林時代極權與黑暗現實的作品而飲譽蘇聯，蘇聯宣佈他「無犯罪事實」，給予「平反」，恢復名譽。就像二十世紀的中國七十年代末我國給「右派」和「反革命」摘帽平反一樣，那些歷經磨難的知識分子個個感動得熱淚盈眶，對當權政府感恩戴德，轉眼便忘卻了自己曾經遭遇的非人待遇。少數人則是走上另一個極端，想起了曾經的不堪回首，產生了強烈的不平衡心理，並努力在其後的歲月裏尋求對自己遭遇不公的補償，甚至於達到了不擇手段的地步。

索爾仁尼琴從來沒有忘卻自己的過往，他卻沒有因此向整個社會不停地索賠，他很少為自己的悲劇命運不平，更多的是為了國家民族的悲劇憂心忡忡。為了他的祖國文明進步，他要努力使發生在他身上的悲劇停止在他走出監獄的那一刻，正是類似於「基督」式的受難意識，使得索爾仁尼琴染上了一種深沉的悲憫情懷。

這不禁讓我想起故去的巴金，與索爾仁尼琴一樣，巴金也遭遇過非人般的待遇。在解放之後的巴金曾經以「我控訴」的姿態艱難而違心地成為時代的領唱，晚年的巴金也曾為此痛心不已。然而經歷過文革的巴金並沒有像索爾仁尼琴那樣選擇一以貫之的反抗遺

忘，以話語對抗強權，雖然他也寫出了《隨想錄》那樣帶有幾句真
話的文章，但畢竟流於膚淺與囈語的蒼白，更何況在反思浪潮波濤
洶湧的八十年代，巴金不過是隨波逐流的文人而已，他並沒有真正
地成為知識分子，成為追求自由反對專制的代言人。在最該他說話
的時候他選擇了沉默，並因此獲得官方的稱許，被送上體制內的神
壇，任何神壇到最後都會成為祭壇，而巴金故去後依舊沒有定論，
在道義和品格上依舊飽受質疑。

　　索爾仁尼琴的道義與品格幾乎無可挑剔，他是我最為尊敬的俄
羅斯人。他頑強的意志與對生命的執著讓人肅然起敬，毫無疑問，
他是一個畢生追求人道主義與自由主義的知識分子，他從未喪失過
知識分子的品格與擔當，或許正是他的畢生追求，與自由主義，人
道主義格格不入的國家主義才會在英雄暮年之時前去拜會。普金在
2006年度頒發俄羅斯國家獎給索爾仁尼琴時並沒有提到他的《古拉
格群島》，這是國家主義舊時的傷疤，此刻依舊疼痛，陣陣作癢。
他只是著重提到索氏對於發展與保存民族語言的巨大貢獻，而這已
經表明了國家主義對於索氏有限度的認可。而索爾仁尼琴則宣告：
「在我生命的盡頭，我希望我搜集到並在隨後向讀者推薦的，在我
們國家經受的殘酷的，昏暗的年代裏的歷史材料、歷史題材、生命
圖景和人物僵守在我的同胞們的意識和記憶中，這是我們祖國痛苦
的經驗，它還將幫助我們警告並防止我們遭受毀滅性的破裂。」這
與《古拉格群島》一書的題辭是一脈相承的。雖然兩人各有側重，
但這只是政治人物與思想人物的差異，他們最終的取向標誌了一個
國家追求自由民主的決心與勇氣。普京的拜訪並非政治上的故作姿
態，而是一種具有標誌性的舉動，它注解了俄羅斯追求現代化歷程
而在政治文化領域所顯示的開明與解放，這對於同樣追求現代化歷
程同時又陷入現代化陷阱的中國，無疑是有著警示意味的。

　　普京拜訪索爾仁尼琴除了其本身的標注性意味，更包含著一種超越世俗的溫情。在索爾仁尼琴飽含深情地說出：「在我的生命盡頭，我希望」之時，任何歷經世事的人都會怦然心動，湧起諸多烈士暮年，人生幾何之類千古不變的傷感。或許同樣經歷過蘇聯極權時代的普金也與索爾仁尼琴一樣具有同樣的追求，而索爾仁尼琴這種長使英雄淚滿襟的語調或許觸動了同樣經歷過風雨變遷的普金，才會促使他拋開一切雜物，前去看望這位令人尊敬的來日不多的長者。

　　索爾仁尼琴在世界動盪的二〇〇八年安然故去，而他故去之後也沒有引起什麼巨大的反響，這正昭顯了時代的成熟與自信，已經可以安然面對一位偉人的離去。相較於當年高爾基去世時的爭論，索爾仁尼琴顯然享受了蓋棺定論的殊榮。他的《古拉格孤島》在他逝去之時並沒有像精明的書商推測的那樣再一次登上暢銷的排行榜，或許俄羅斯人已經習慣了他的憤怒與質疑，不再會有曾經如見出土文物式的驚奇與興奮，或許這是時代的進步，也是時代的悲劇。

　　與索爾仁尼琴故去俄羅斯的平靜相比，中國的反響卻更為熱烈，有人將三卷本《古拉格孤島》從書箱中翻出重溫，卻始終無法讀出其中的悲涼，更遑論理解其深層次的苦難意識。而中國的反響熱烈很大程度上源於網絡哄客的奔走相告，其中沒有多少人真正地讀過索爾仁尼琴的作品，只是一種跟風式的隨波逐流，自我標榜，或許這是二十一世紀時代無法根治的症候，它標記著人類對於二十世紀集體式的遺忘，這是一個令人悲喜交集的結局。

　　回望風雲變幻的二十世紀，極權主義的幽靈陰魂不散，長久地踐踏著人類的尊嚴與良知，直至二十世紀末，這個幽靈依舊張揚肆

虐，與國家主義狼狽為奸。因此這種揮之不去的陰影式影響使二十
世紀蒙上了不詳的色彩，更何況，二十世紀是人類追求自由最為熾
熱的一個世紀，這種矛盾性的交織使得完整而真實的描述人類承受
的苦難與恐懼，窒息與戰慄幾乎成為不可能完成的任務。更令人痛
心的是，在極權主義主宰的國家中，國家主義通過有計劃、系統性
的「社會改造工程」，將奴隸密碼編入民族的精神基因，用盲從扭
曲理性，用卑鄙置換尊嚴，用仇恨驅趕悲憫，從而對大眾實現了精
神上不知不覺的洗腦，進而實現了國家的超穩定性結構，此時需要
有人說出真相，來抵抗國家主義製造的麻木局面。這個職責便落在
了社會的頭腦知識分子的身上，這個問題不僅關乎個人、民族，甚
至關乎整個人類的精神生存。

　　幸運的是，索爾仁尼琴寫出了《古拉格孤島》照亮了蘇聯極權
時代漫長的黑夜，在古拉格之後，人類尚存有一絲勇氣。有人說在
奧斯維辛之後，寫詩是野蠻的，幸運的是在古拉格之後，人類尚可
以寫詩。作為倖存者的索爾仁尼琴，他的幸存不僅是肉體的存在，
更是精神的見證。《古拉格群島》是倖存者的證言，通過作證，證
人拒絕了被強加的精神墮落，將死亡還給了撒旦，通過作證，人類
命運與受難者聯結在一起，共同經歷死亡之後，文明萌發出新生的
希望，若干個世紀後的生命重讀這一段歷史，即使難以想像這種無
路可逃的黑暗，但一定可以知曉人類曾表現出來的尊嚴與精神高
度，從而真正理解和尊重這一代人的愛與痛苦。

　　可以說，見證的過程，就是證實自己幸存的過程，證明自己跨
出了死亡前轂。一個人如此，一個民族如此，整個人類亦如此，極
權主義與國家主義的媾合構成了《古拉格孤島》全部的真相。在
國家主義對歷史的書寫進程中，獨裁者及其幫兇千方百計地隱瞞真
實，封殺見證的空間，強迫證人在沉默中死去，甚至利用證人缺

陷，或歪曲證言來否定見證。既然遺忘成為精神死亡的誘惑，則記憶的反抗便成為永恆的見證。索爾仁尼琴選擇了作證，而這也意味著選擇了與國家主義漫長的反抗，守衛記憶，抵抗遺忘，是索爾仁尼琴至死不渝的信條。今天他終於倒下，然而抵抗遺忘的終極信念依然存留在一個未知的角落，等待具有良知、正義、勇氣的知識分子去尋找繼承。儘管這種可能性微乎其微，並在時代的進程中顯得徒勞而無力，但我依然堅信這種可能性永恒的存在。

避席畏聞文字獄

　　一九三三年的春大，魯迅在與友人的通信中，表達了一個心願：編著一部《中國文禍史》。斯時已經身染沉疴的魯迅沒有想到，他這個隱秘的願望，卻在今後成為永遠無法完成的遺憾。而僅僅過了一年，魯迅閱讀了故宮博物院所輯《清代文字獄檔》之後，立即動筆寫了兩篇揭露文字獄的著名雜文《買〈小學大金〉記》和《隔膜》，而這兩篇雜文，由於和魯迅心中未完成的心願有著密切的關聯，在百萬言的魯迅雜文中，地位顯得非同尋常。

　　實際上，魯迅的心願在他逝世之後越發顯得工作的艱巨和繁重。他身前可能從未想到，在當年他所稱許的毛澤東建立了新中國之後，會有那麼多的知識分子因言論入獄，而由毛澤東所主導的文化大革命，會逐漸演變成中國歷史上最大的文字獄。這場文字獄給中國帶來如東非大裂谷般不可彌補的傷害，對於中國的影響永遠都不會湮滅。相反，它會隨著時間的推移逐漸顯示出它隱藏在歷史深處巨大的破壞力，長久地向著這個古老而多難的民族施加它永遠無法斷絕的影響。

　　文禍之說，古已有之，自秦始皇焚書坑儒始，中國的文禍成為中國知識分子揮之不去的噩夢。歷史上許多文禍都與知識分子言論有著莫大的關聯。在當代中國的文字獄中，無論是胡適思想批判還是反右運動，甚或是文化大革命，知識分子所面臨的困境都是由於言論與統治者的意見不和，因而產生了悲慘的結局。難道僅僅是因為言論失當便要遭此橫禍嗎？古今難道都是如此嗎？我的答案是否定的。

　　我的思緒回到了風氣開放的唐朝，目光投向盛世之初的貞觀年間。在中國人的歷史情結中，漢唐始終是值得驕傲的王朝，在那樣的時代，漢唐的君王揮戈四方，萬邦來賀，臣服於天朝上國，那樣的感受可能永遠無法再重溫。漢唐國力之盛，在於開放，而開放之第一要義，在於開放言論自由，廣而言之則是社會風氣、思想民心等有關心智的開放，因而在漢朝才有許多忠肝義膽之人，唐代才能有諫臣頻生。有關言論治罪雖有之，但大多數是不識時務，一意孤行的匹夫莽漢，抑或是君王一時犯渾，做下難以彌補之事。從大體看來，漢唐之盛與統治者廣開言路、拓寬言論自由有莫大的關聯。

　　然而與之構成悖論的則是康乾盛世，因循著歷史發展的軌跡，康乾三朝在經濟政治文化上所取得的傑出成就仍然是無愧於封建社會走向衰落與崩潰的天下大勢的。然而康乾三世的文禍較之以往歷朝歷代都是有過而不及，甚至遠過於前朝的文禍之和，這又如何解釋康乾盛世在史學界屹立不倒的位置呢？

　　我之所以一再發問，在於我心中深深的疑惑。這也使得我在盛世與文禍的關係上一再陷入混沌的糾結。經歷重重的迷途我終於有了若干模糊的理解，所謂盛世與文禍並無直接的關聯，隱藏在其間的知識分子與君王地位並不平等的博弈才是問題的關鍵。一個朝代引起了我啟發性的思考，透過這個朝代，我終於看清了歷史本就無以遮蔽的真相。

　　我所傾心的是宋代，在漢唐盛世在晚唐已逐漸耗盡了氣力的時代，分裂的疆域並不能掩蓋另一個偉大王朝的衍生。而這個王朝在我看來，是最值得借鑒的朝代，它的理念與信仰，蘊藏著巨大作用，至今仍然被歷史的漫長掩蓋。

在我所知的內容中，宋代是歷代科技進步最迅速的，宋代的文化也超越了漢唐熱血有餘雅致不足的缺點。宋代的程朱理學雖然有其不可規避的局限，但毋庸諱言，它深刻地影響了當世或是後來的知識分子的人格構成以及為人處世的基本價值觀，它所提倡的被日漸妖魔化的「存天理，滅人欲」雖然有替流治階層奴化人民的作用，但今天反其道而觀之，其對於改良社會風氣，淨化民心卻有著不可忽略的作用。

同樣，關於南宋的策略選擇依然是被歷史學家信口雌黃肆意貶斥的內容，與之呼應的則是文人不懂世事的悲情呼號，儘管這悲情出於真情實感，卻忽略了歷史的常識。南宋以全國財力的百分之一不到，換來了百年長久的安寧，儘管最後被蒙古鐵騎征服，卻依然無法抹煞南宋造福江南的功績。今天當我們在蘇杭一帶流連忘返之際，何嘗會想到它起初是由一個被我們唾棄的王朝一手造出來的。

讓我們將目光投向陳橋兵變後的宋代初年，由於深諳武人治國的巨大隱患，趙匡胤選擇了文人治國，知識分子在中國歷史上的地位經歷了戲劇性的變革。自秦以後宋之前的百餘年中，知識分子雖無焚書坑儒那樣慘烈的際遇，但在整個社會中的空位依然是尷尬而令人不安的。唐太宗：「天下英才，盡入吾甕中矣」雖有招賢納士的風雅，而在潛意識中依然僅僅將文人作為統治的工具而已，就更別提李青蓮之類被視作玩偶之類的知識分子了。而在宋代，武人淪為了徹底的工具，處處有文人掣肘，文人把持了政府的層層機關，形成歷史上空前絕後的文人官僚集團，「文人論政」這一在前朝近乎斷絕的傳統，在宋代又獲得了空前的發展。

今天我們翻開宋人的文集，就可以看到當時的知識分子對於政事的熱忱與注目。「明為治平無事，而其實有不測之憂」，這樣充

滿憂患感的句子源於蘇軾所書〈晁錯論〉；「居廟堂之高則憂其民，處江湖之遠則憂其君」，出自心懷天下的知識分子範文正。由此可見當時文人對於政治、對於國家天下強烈的擔當意識，但細看則會發現，雖然宋人敢於直言論政，天下大事似乎都在他們筆力所至之處，其實其中包含著一個隱秘的遊戲規則。也就是說透過宋代知識分子的開放言論，當權者能夠毫不費力地讀出其中對於朝廷的忠心，絲毫沒有與統治者直接對立的情緒，因此知識分子的開放言論極易獲得統治者的認同。而在宋代湧現的治平之臣遠遠過於武人，這就是為什麼我們關於宋朝的記憶中有王安石、范仲淹、歐陽修、蘇東坡那麼多文人的名字，而武人則只有楊家將與岳武穆等屈指可數的有限的幾位。

由於和統治者默契地達成了遊戲規則，宋代的知識分子在言論上有限度的自由實際上已經為現代知識分子樹立了有益的標杆。如何在當世的政治體制下尋求最大限度的自由，是一個頗有技巧性而且需要高度智慧的命題。宋代的知識分子恰恰深諳此道，而其後由於元代的外族對於漢族的排斥，加之明清兩代對於言論的鉗制和打擊，中國知識分子論政的傳統幾乎斷絕。直至晚近中國的五四前後，在言論開放已成趨勢的情況下，由於當時政權管制尚不是十分嚴格，言論自由實現了某種程度的復活，而這其中仍然有文人論政者被暗殺的個例，寫在言論自由的旗幟上，顯示出獨裁者的骯髒與可鄙。

透過千百年言論自由艱難的歷程，我艱難地想到了因言論獲罪的知識分子悲慘命運所顯示的警戒意味，實際上這也是長久被知識分子忽略的實質性問題。在知識分子高呼言論自由，並為之吶喊奔波的背後，他們何嘗意識到這樣一個具有悲劇性質的無奈事實：

千百年來知識分子的話語權都是寄生於君權之中，言論自由只能在君王的兩翼下得以有限度地實現。千百年來知識分子都在與統治者做一個遊戲：在自由議論的同時，需要自覺不自覺的遵守必要的遊戲規則。古今中外概莫能免，古代知識分子期待開明的君王實現言論自由，現代的知識分子也只能期待開明的政府，而實際上千百年來古今中外的知識分子都是在繼續文人與執政者的遊戲。

忽視遊戲的尺度，構成對權力的威脅，君權自然要大肆鎮壓殺戮，文禍之起便是理所應當。然而在我看來，言論再為失當，也無法對權力形成實質性的威脅，頂多於民心士氣稍有破壞，實在無傷大局。文人自古言輕，一言論掀起滔天巨浪純屬笑談，而君權對言論治罪，釀成文禍，弊病在於權力缺乏有力的監督。

按照正統史學家學理性的分析，文禍之起源在於封建制度，然而這又如何解釋反右運動與文革呢？我們不能大而化之地將所有的問題歸結於封建制度。事實上核心問題在於：為什麼統治者可以發動文禍？可以說歷代文禍都是在統治者的意志下或是借統治者之名發動的，包括毛澤東晚年時期所推行的文化大革命，亦在此結論之中，無法逃離。統治者發動文禍的根本原因在於君權是獨一無二不可逾越的，君王的權力凌駕於一切之上，這是中國漫長的歷史中文禍根源之處。文人的話語權不像軍隊那樣對君權的威脅更加有力與直接，因而發文禍易而削藩釋兵權則難，因而文人更易受到打擊。由於缺乏軍隊那樣足以對皇權構成威脅的實力，因而言論必須要實現皇帝的意願，順從君王的限度，敢於挑戰這一限度的文人，則成為文禍的犧牲品，成為青史之中難以擦去的斑斑血跡。

然而凡事皆有例外，文禍在明清轉了一個彎，尤其在清代，言論失當已絕非構成文禍的主要原因，關鍵在於統治者羅織罪名構陷

文人，以達到殺雞儆猴警戒漢族知識分子的目的，而這一目的的終極目標仍然是維護統治的穩定。從文禍一例便可看出清朝統治者對於知識分子的態度，而這一態度又擴展到社會的諸多領域，使封建社會晚期面臨更加迅速的淪落，直至釀成晚近中國長達一個世紀的屈辱。

今日重新審視那長達一個世紀的悲慘歷程，首先必須審視整個社會對於言論開放的態度，而審視結果則是令人失望的。統治者為了維護其部族江山的獨裁，拼盡全力禁錮民間的公開發言權。當時的各級學院如府學縣學等都設有明倫堂，每個明倫堂設有一塊橫躺的石碑，叫做臥碑。臥碑上刻有三條禁令：生員不得言事，不得立盟結社，不得刊刻文字。這三條禁令恰恰違背了近代國家政治發展必須允許的三大自由：言論自由、結社自由、出版自由。

經由此種對民間言論的鉗制，知識分子當世的命運想來可歎，而文禍則是最為直接的手段。出於防漢心理的浸染，加之滿族自認高貴的虛假貴族意識，對於漢族的排斥掩蓋在更為虛假的滿漢一家的局面之下。文禍便是對於漢族進行瘋狂的文化清洗以達到防漢目的的主要手段，其效果不亞於毛時代狂風驟雨般的革命運動，其密度更甚於彼。據統計，在清王朝統治的二百六十八年中，共有一百六十餘起文字獄，幾乎是三年兩次，而妄稱盛世的順治、康熙、雍正、乾隆四朝，更是文禍有一百三十餘起，一年兩次有餘。更為過甚的則是此朝定罪範圍已大大越過以往三朝，打擊對象從士大夫階級擴展到民間百姓，文禍由上層的排漢策略演變為全民的災難，而此時乾嘉學派的興起更標注著學術的總體淪落，至此中國千百年的文化遭遇了空前的劫難。經由《四庫全書》國家主義式的美化與渲染，文化的浩劫在歷史中演變成學術的盛事，真實的悲劇

性長久淹沒在文禍所造成的暗啞之中，並對後世的學界作出長久的傳承性的代際欺瞞。

文化淪陷至此，其他方面亦不能倖免，統治者防漢的心理不僅只存在於文禍之中，同樣廣泛地存在於社會生活的方方面面。按照清朝統治者的觀點來看，漢人被征服做了奴隸，理所當然是劣等人口，於是，政府出面禁止滿漢通婚，以實現滿族所謂虛假的血統純潔高貴，這是偏狹而無知的種族隔離。而出於對漢人的恐懼，生怕自身不足以限制漢族，滿清便與蒙古聯手一起壓迫漢人。兩個馬背上的民族聯合壟斷政權，漢人被奴役，這是極其荒謬的民族歧視。

由文禍至種族隔離只是所有防漢政策中的若干旁支，另有更為荒謬的法律規章，出於民族專制的野心，漢人習武之風俗亦被禁止，火器也同樣被嚴格限制。而這種極端愚昧的做法的托辭竟是清太祖努爾哈赤即是被江衣大炮所炸死，故而如此。此舉使得在明末依然領先世界的中國火器水平開始裹足不前。第二次鴉片戰爭中，浙江慈溪守軍擊敗英法聯軍的進攻，所依附的居然是吳三桂埋在地下沉睡了近三百年的大炮。

今日廣為史學家詬病的閉關鎖國策略同樣源於滿族對於漢族的防範與敵視，而並非自詡天朝上國的無知與傲慢。在道光年的《重纂福建通志》中有「設禁之意，特恐吾民作奸勾夷，以防之策略，而在前朝亦不例外，康熙曾言：「海外如西洋等國，千百年後，中國恐受其累，此朕逆料之言，朕臨御多年，每以漢人為難治，以其不能一心之故，國家承平日久，務須安不忘危。」世人皆稱明君的康熙其時已經意識到西方強大的對手就要來臨，為了防漢卻消極封閉，這難道是一種高明的舉動嗎？以家國的退步換回統治的平安，

這種荒謬而無知的設想根植於滿清統治者的腦海深處，越到後來越顯示出其本身腐朽蒼白的命運。

　　凡此種種，在於封閉而不知開放，而文禍作為封閉的核心，從反面體現了一個國家，一個政權最低限度的包容。文禍之生在於統治階層內心真實的空虛，對於政權穩固的擔憂與焦灼，而這一切則源於國力不盛。晚近中國文禍頻出，其深層的原因仍在於國家之分裂，國力之不易，直到解放後這種情形仍然時有出現。或許我們可以理解毛澤東發動那麼多次政治運動的某些意圖，這個國家是他和無數戰友耗盡了青春年華，付出了鮮血和生命才換回來的，他不能容忍江山從他的手上被斷送，成為他仇視的資本主義國家。因而他晚年的那些幾近荒唐的做法，我們應該做出有限度的寬容。

　　文革以後，言論開放的八十年代成為我們永久溫存的回憶，九十年代經濟的飛速發展依舊帶動著言論自由艱難地前行，就在全國齊心同辦奧運會的時間裏，當局居然會批准於奧運期間，在北京三處公園內准許集會抗議，這在中國的歷史上從未有過。不要輕視這些夾雜了諸多附屬條件的措施，它標誌著中國已經從毫無自信的威權操控心態，跨出了試圖表現自信的某些步伐，它是為今後鬆動控制言論自由政策作試金石，為被壓制了若干年的言論自由，築成一條引水之渠。我們似乎在改變，我們似乎在進步，這是所有人都願意看到的局面。

　　三千年文禍，於今逐漸走向衰亡，而國力則逐漸露出復興之態。當年魯迅如果再生，編著《中國文禍史》，我希望這一段歷史的下限空格在文革，永遠都不會變動。文禍演變慘烈的年代，一定是統治者固步自封，國力走向衰退的年代，而開放言論自由，實現天賦人權，則是當今走向強國之路的中國必經的歷史階段。

　　早在半個多世紀前，胡適先生曾說：「這是我的國家，我要使她自由。」而胡適先生和他所提倡的言論開放，在威權主義統治下的國土上，顯得孤單而寂寥，如今胡適百年孤寂，後來者卻千山獨行。胡適及其言論自由的主張，在當世愈加顯示出它無比倫比的價值，當年與胡適一道去台的自由主義鬥士殷海光曾言：「言論自由實現的年代，則是文禍成為歷史之時。」但願文禍永遠成為歷史，「避席畏聞文字獄」永遠成為人們茶餘飯後無關緊要的笑談。

第二輯

革命的餘孽

反叛的年代已經過去

切・格瓦拉：偶像的黃昏

　　一九六八年巴黎的學生走上街頭，為了他們心目中那個模糊而熱烈的願望在街頭盤踞不去。遊行風暴席捲了歐洲，又在美洲刮起旋風，最終席捲了全球，近億人走上他們已經無比熟悉的街道，加入浩浩蕩蕩的遊行隊伍。他們身穿印有格瓦拉頭像的T恤，舉著格瓦拉的肖像，向全世界傳遞著格瓦拉式的革命激情。

　　就在這一年，格瓦拉完成了由革命者向神的轉化。隨後近四十年的時間，每當世界各地有遊行示威發生，切的面龐總是會出現在浩浩蕩蕩的隊伍中，他已經超越了民族與國家，成為全世界反叛的偶像。

　　的確，我也曾經迷那張寫滿悲涼氣氛的肖像，他的臉上有一種受難般的寧靜。那張他臨終時的照片中，格瓦拉安靜地躺在停屍床上，鬍鬚很亂，眼睛裏透出受難般的純真與平靜。拍攝這張照片的攝影師阿爾玻塔回憶說：「我只是拍攝了當時的氣氛，在格瓦拉遺體周圍，確有一種神聖和神化般的氣氛。」於是格瓦拉的死從時代中脫穎而出，成為一個不朽的傳奇。

　　中國的歷史中有一個情結叫作「死亡崇拜」，當一個人去世之後，只要他在生前大抵上算作一個好人，那麼有關於他所有的負面內容都會被人忽視甚至遺忘，這是一種令人不安的情結，它的結果

是造成了大量被遮蔽的歷史。格瓦拉同樣如此，傳奇與死亡成就了這位職業革命家，使之成為浪漫與熱血的代名詞。法國哲學家薩特稱格瓦拉為「我們時代的完人」，但他口中的格瓦拉，與真實的格瓦拉相去甚遠。近年來若干第一史料的披露，使我們看清了一個真實的格瓦拉，也使我們無比悲哀地見證了歷史的真實，目睹了偶像的黃昏。

長久以來，在各種各樣的紀念文章中，對於格瓦拉離開古巴，大部分作者都認為格瓦拉是為了保持一個革命者的戰鬥性，不願在安逸的生活中變得喪失理想與熱情，而與之大同小異的說法則是稱讚格瓦拉與卡斯特羅之間的關係為「放棄權力，保持友誼」。實際上這都是浪漫而荒唐的說法，其實這在中國的歷史中早有先例，「兔死狗烹」「鳥盡弓藏」並非只是中國的特例。格瓦拉的離開源於注定難逃的權力鬥爭，其間的風雨或許只有當事人能夠體會，而歷史的真實卻無法隱去。在古巴革命勝利後短暫的幾年裏，格瓦拉的足迹遍佈政治、農業、財政和軍事。作為一個外來者，進入某一國家的權力核心，其間的酸甜苦辣恐怕只有當事人才能夠體味。即使有著與卡斯特羅親人一般的感情，但在波譎雲詭的政壇上，感情永遠是最大的桎梏，一流的政治家總會打破這種桎梏，不會被其左右。與卡斯特羅相比，格瓦拉顯然太過天真，他依然沉浸於與卡斯特羅兄弟般的情誼，並不畏懼將他自己的理論置於政治之上，並無視他曾經患難的戰友在政治中已經成了他的領袖。一九六五年，兩人在對蘇聯的態度以及輸出革命思想問題上產生分歧，兄弟反目，在政治上分道揚鑣，結局是格瓦拉離開古巴，留下一紙掩蓋真相的信件，而卡斯特羅也沒有與他為難，兩人聯手為格瓦拉的離開編造了一個浪漫的藉口與托辭。

　　其實回顧格瓦拉在古巴的歷程，就會知曉他的離去絕非偶然。
透過他在古巴的業績，稍有經濟政治常識的人都會知曉，他從來就
不是一個善於管理國家的能手，他與毛澤東一樣，都是偉大的革命
家，但正如鄧小平所批評毛澤東的那樣，他們不懂生產力。在他們
看來，所有經濟的缺陷都可以用革命的激情來彌補，於是開國前夕
的天安門廣場改造工程由激情飛揚的學生義務完成，格瓦拉似乎也
從他的偶像毛澤東那裏感受到了革命激情的巨大作用。他曾動員古
巴人參加各種形式的義務勞動，並用膠片記錄下了這一場景，作為
一種宣傳的工具四處散發。但時間太短，革命的熱情退卻，取而代
之的則是沖天的報怨，勞動不再義務。格瓦拉離開之時，他所宣傳
的這種義務勞動已經名存實亡，而他在古巴時所推行的一些烏托邦
式的經濟政策也同樣因為人們的反抗而飽受質疑。另外一組十分具
有說服力的數據表明，在格瓦拉擔任工業部長的時間裏，古巴的經
濟開始了巨大的滑坡。在一九六二年的三月十二日，卡斯特羅不得
不宣佈：從一九六二年三月十九日開始，古巴實行食品配給制，而
這種計劃經濟時代的制度，成為其後古巴經濟強勢的鎖鏈，很難被
外力掙斷，進而獲得經濟的良性發展。

　　從格瓦拉給古巴帶來的影響類似於毛澤東又立又破的荒唐來
看，格瓦拉的神性光輝已然失色不少。同樣對於他的所謂浪漫的革
命，歷史的真實告訴我們格瓦拉另一面的血腥與殘忍，這並非對格
瓦拉正常的革命運動上綱上線的苛求，而是基於人道主義的立場正
視他那些超出必要尺度的殺戮。在反對古巴原政權的戰鬥勝利後，
格瓦拉在古巴首都哈瓦那策劃處死了十二人，這些人中雖然有證據
確鑿的敵人，但有四人卻是在那個錯誤的時間出現的手無寸鐵的平
民。在革命勝利之後，格瓦拉掌管了監獄和檢察院，這同樣加重了
他更加無休止的殺戮。一九五九年他離開監獄，但他所創立的審判

學流卻一直有效的運行。一九六一年，僅僅在他離去後的兩年，對無辜者的殺戮再次興起，一位名叫阿米莉婭的女青年被當作反革命處死，僅僅是因為他將卡斯特羅的畫像扔進了垃圾箱。在聖誕節前夜，一位因將格瓦拉的塑像不小心塑成四個手指的身懷六甲的婦女被處死。另外，二百一十九名婦女在一九六一年被處死，這在當年人口比古巴多出幾十倍的中國的政法系統中，也是令人瞠目結舌的數字。

　　既然如此迷戀殺戮，被視作浪漫的格瓦拉終究無法逃脫文明者的眼睛。一九五九年一位羅馬尼亞的記者斯台芬在監獄中拜訪了尚在那裏任職的格瓦拉，恰好聽到了格瓦拉向他的執行隊下達屠殺的命令，六百多人應聲倒地。這位受到刺激的記者立刻轉身離開，若干年後他寫下了一首幾乎被遺忘的詩歌，題目是〈我不再歌唱切〉。

　　烏托邦式的理想，血腥的殺戮，都成為足以詬病格瓦拉的元素，然而今天格瓦拉的真實卻被歷史厚重的灰塵所掩蓋。他身上幾乎所有不符合道德標準的行為都成為今天浪漫狂熱的青年追逐的偶像性標本與示範，他的多情與濫交，吸引著無知的青年走向迷途，迷失在紙醉金迷的享樂之中。而他那張頗具隱喻色彩的肖像，則演變成為數億名青年T恤帽子掛件上的消費品，他的名字享譽全球，他的歷史卻沒有多少人真正知曉。

　　在北京的新世紀最初幾年，一部名為《切‧格瓦拉》的戲劇的風行喚起了人們對於現狀不滿的控訴，新左派對此劇的讚揚與自由主義派對此劇的褒貶成為學界戲劇性的爭執。今天我在這裏寫下關於歷史的真實，卻無端想到了切‧格瓦拉的警示作用，格瓦拉風行的六十年代，正是世界災難問題層出不窮的時代，或許《切‧格瓦拉》戲劇在

世紀初的風行是一個不大不小的警鐘，提醒著廟堂之上的諸位，當格瓦拉重新風靡的時候，便是我們的時代災難重重的開始。

卡斯特羅：革命的謝幕

　　哈瓦那的革命廣場永遠不缺少洶湧的人流，任何與這個國家有關的事務都可能激發民眾的熱情，廣場上毫無立錐之地的民眾便是熱情的見證。一九九七年的十月十一日，上萬名哈瓦那民眾雲集革命廣場，悼念一位歸來的英雄。三十年前犧牲的格瓦拉終於回到了這片承認他的土地，他曾在這裏戰鬥過。廣場紀念碑旁的大廳中陳列著格瓦拉的遺骨，他的戰友，時年七十一歲的卡斯特羅親手點燃了紀念堂中的長明火炬，格瓦拉的歸來與安息，標注了那個時代最初的終結。

　　十年之後，卡斯特羅也將告別那個時代，他並非去了天國，而是選擇了隱退，幾個月之後，他的辭職信在廣播中迴盪，也同樣飄滿他曾經發表了無數激情洋溢的演講的哈瓦那革命廣場。曾經令人歡欣鼓舞的人潮不見了蹤影，廣場上空空蕩蕩，整個首都出奇的安靜，廣場上只有一名衛兵，孤獨地守衛在政府大樓的門前，他彷彿是唯一見證人，安靜地注視著一個革命者時代性的謝幕。

　　卡斯特羅所代表的時代，是一個災難深重的時代，剛剛從二戰的陰影下走出來的人們又被冷戰的陰影所籠罩。丘吉爾在美國所謂義正言辭的鐵幕演說使人們對於共產主義的惶恐達到了無以復加的程度。由此造成中蘇的靠攏，由此給蘇聯帶來無以復加的趕超的壓力，以及給予中國帶來效仿蘇聯所留下的惡果，都在某種程度上源於那次蠱惑人心的演說，而古巴卻在冷戰的氛圍中艱難地重生。卡

斯特羅與格瓦拉領導了這次重生，其後他們為古巴選擇了共產主義
道路，這無論在當時或是現在，都是頗令人費一番腦筋的選擇。今
天回頭來看古巴自選擇這條道路以來所取得的成績，公正而客觀地
說是令人汗顏的。

這是那個時代紅色政權所有紅色領導人必然的選擇。當革命
已經推翻了舊有的秩序，如何維持新的國家機器的運轉便成為他
們面臨的最為迫切的問題。然而富於戲劇性的則是毛澤東與卡斯
特羅的抉擇，他們依舊選擇那些在革命戰爭年代經歷血雨腥風的
所謂革命家們來繼續領導國家的建設工作。毛澤東選擇的尚有周
恩來、鄧小平、陳雲這些為數不多的多面手為之補場，而卡斯特
羅則沒有那麼幸運，格瓦拉將局勢變得困難的時候，以革命的浪
漫藉口抽身出來，將責任幾乎全部推給了在政治鬥爭中佔據上風
的曾經的親密戰友，就此，紅色革命一代在六十年代面臨了幾乎
無法面對的困境。而高明的毛澤東將其所遭遇的困境歸結為資本
主義的復辟，並將對此種虛幻的反應訴諸為一場史無前例的由
八億人上演的黑色幽默劇，此種荒誕的社會在偉大領袖去世後經
過慘烈的政治鬥爭才在懸崖的邊緣止住了腳步。隨後的中國由一
位年過七旬的老人帶領，經歷幾代共產黨人前仆後繼的前行，艱
難地推開了通向世界的大門。此時的國人才瞭解到十年的荒謬與
無知，隨後經濟騰飛的奇迹則使所有人似乎淡忘了不久的過往，
政治體制改革的停滯，成為這個日益強盛的國家日益顯現的桎
梏。儘管政改步履維艱，龐大的國家依舊在強勁的經濟增長力的
推動下艱難而沈穩地前行。

古巴則沒有那麼幸運，卡斯特羅與他的夥伴們注定是烏托邦式
的共產主義者而非如鄧小平那般實幹的經濟能手。雖然歷經艱險的
古巴建立起了完善的醫療保障體系、教育體系等諸多社會體系，卻

難以掩蓋經濟上遭遇的無法掙脫的困境。浪漫的烏托邦遭遇實用主義在歷史上永遠都是失敗，卡斯特羅亦不例外。他雖然是一個幾乎被神化的英雄，歷經六百餘次暗殺而依舊神采奕奕的傳奇老人，但他亦不能主宰歷史早已注定的必然。

計劃經濟時代在古巴並未終結，今日的古巴依舊有著毛時代計劃經濟的典型元素，比如糧油供應證的流通，外匯券的使用，都廣泛而真實地存在於古巴人生活的點滴之中。最有說服力的古巴的市場，顯示了計劃經濟時代解除封鎖艱難的開放。古巴目前的市場分為兩種，一種是自由市場，類似於中國的農貿市場，在那裏人們只能買到必要的生活用品，另一種則是超市，但人們必須通過十分稀少的外匯券才購買到。這種情形曾存在於五六十年代的中國，那時外匯券只在少數涉外賓館商店才能使用，商店裏大多數是市場上平時無法買到的商品，例如冰箱、照相機等等。那時外匯券曾一度是身份的象徵，就是一張小小的外匯券，在計劃經濟時代無形中將看似平等的社會劃分了三六九等。

然而這並非掩飾了古巴所取得的成就，就計劃經濟在古巴的施行來看，並未像在朝鮮那樣遭遇到幾近崩潰的命運。相反，古巴在某些方面甚至超越了發達的資本主義國家，令人稱羨的是在古巴，家用電器由國家統一分配，居民購買私家車政府和單位提供積極的幫助。在古巴，所有的教育都是免費的，更加遑論在中國所謂雜七雜八的擇校費等等巧立名目的收費。同樣令人欣慰的是，在古巴看病同樣是免費的，買房有政府操辦建設的居民小區，大多房價低廉，大部分工薪階級都可以有自己的住房。在中國被視為三大問題的住房、教育、看病，在古巴完美地被解決。

這並非偶然，乃是以卡斯特羅為代表的紅色革命一代對於烏托邦理想追求所達到的有限度的實現。這在毛時代的中國曾經有過短

暫的一現，但由於中國的人口過於龐大，加之天生的工業貧血，中國在實現所謂初級共產主義社會的大國之後遭遇百年不遇的三年自然災害，直接危及到生存的問題，而此後鋪天蓋地的政治運動席捲了中國，烏托邦式的理想在手持紅寶書，面黃肌瘦的國人頗具戲劇性的口耳相傳中得到了疑惑卻又篤信的延續，而這一切如同肥皂泡那樣脆弱，經不起時間的敲打。

在恰當時機選擇了開放的中國，越經三十年的變遷，已然走到了改革的攻堅之年，而在古巴，經歷了蘇聯解體斷絕援助的困境，古巴悄然走上改革之路，只不過比中國晚了十幾年。如今卡斯特羅謝幕，對於古巴的改革同樣是個攻堅的時機。我從來不掩飾對卡斯特羅的敬仰，但我堅信卡斯特羅辭職對於古巴的發展是有利的。目前古巴的經濟問題不單是美日封鎖的問題，更重要的是如同毛澤東去世時中國的場景，問題出在領導層的思想已經不能跟上時代的步伐，而他們又是卡斯特羅堅定的追隨者。卡斯特羅的謝幕對他們也是一種樣板式的告誡，老人們已無力主宰整個國家，何不把重要的職位留給年輕的一代，讓他們率領整個國家走向廣闊的未來。

卡斯特羅謝幕，紅色革命一代對於時代的告別並沒有真正的終結一個時代，對於我們而言，那個時代是令人興奮而不安的，紅色革命理想與對烏托邦的追求從來就沒有停止過。從陶淵明到柏拉圖，從毛澤東到卡斯特羅，理想的社會永遠存在於人們熱情的追求中。二十世紀的那個時代，人類對於烏托邦的追求達到了無以復加的程度，一戰、二戰、冷戰都成為人們足以逃避現實的罪惡與恐懼。那個時代的出現是一種慶幸，緩解了人們對於世界的失望。但時代過去，各國的改革又使人們看到了另一個充滿希望的未來，至此，紅色革命一代的歷史性謝幕便顯得迫切而又自然，百年之前的

馬克思在《共產主義宣言》中所提及的那個幽靈，經歷一個世紀的慘烈過程，最終碩果寥寥。今天我們不應該再過多地談論理想，務實地踐行改革，與時代同步才是題中之義。紅色革命一代的結束，是時代的必然。

自由主義的歧途

　　遠在九十年代末，當身在燕園的余杰在北大百年校慶的日子裏痛呼北大精神失落的時候，一貫如同死水一般沒有波瀾的中國思想界開始濁浪翻滾。由於公然向體制叫板，余杰在此後的歲月中為此付出了沉重的代價。同樣悲慘的命運也發生在錢理群的身上，他在校慶的日子裏疾呼反思北大的聲音在歡樂的氣氛中聽上去如此的刺耳，在那以後，北大校方剝奪了錢理群在北大公開發表演講的自由，直到這位老人退休。在這個犬儒主義橫行的時代，余杰與錢理群同樣悲涼的歸途，為時代的殘酷提供了真實而荒謬的注釋。在長久的失落與徘徊中，錢理群將目光定格在了魯迅身上，他似乎想以這位一生飽經憂患的文人來自勉，而余杰則把目光投向了對岸的臺灣，在痛感北大不復北大的唏噓中，他理直氣壯地宣稱，在海峽的對岸，他找到北大精神真正的傳人。李敖，五十年來臺灣民主進程中無法忘卻的人物，在余杰的筆下成為失落的北大精神絕脈的傳人。

　　在余杰呼喚北大精神歸來的一九九八年的七年之後，他所認定的北大精神絕脈的傳人，終於在七十歲的高齡登上了北大的講臺。二〇〇五年，由鳳凰衛視舉辦的「李敖神州文化之旅」轟動了海峽兩岸。在闊別大陸五十六年之後，李敖以在北大、清華、復旦的三場演講，也成為李敖作為自由主義者最後的言說，二〇〇五年也成為自由主義在中國最後艱難而痛苦的告別之年。雖然這種告別，本身是一種歧途。

　　透過李敖三場各具特色的講演，我無奈而欣喜地看清了一個自由主義者的抗爭，妥協及至順從，國家主義由冷酷無情的鐵面姿態演化為溫情脈脈的逢迎，間或夾雜著暗中的警告。在李敖的三場演講中時隱時現並且模糊不清地出現，其間種種庸人無法體認的微妙之處，而越過百年的中國自由主義幽靈，由胡適到雷震、殷海光再至李敖，在二〇〇五年李敖返台的那個蒼涼的背影之下，默默地走入歷史的深處。

　　在李敖北大開講之前，已有眾多關於演講內容的猜測，在李敖北大演講之後，外國媒體幸災樂禍地稱北京當局捧了一個燙山芋，請神容易送神難。透過這些幾近荒唐的嘴臉，我清楚地看清了國家主義蛻變的劇痛，也同時產生了一絲淡淡的失落感。

　　正如李敖在北大演講開篇拿連戰取笑的那樣，連戰的演講的確乏味無趣，而反觀李敖的演講，雖然場面火爆，卻隱藏著一個龐大的隱喻。國家主義與自由主義在長期的焦灼，冷戰中走過二十世紀之時，在北大的講壇上，繼續著前世未解的冤纏擊結，最終，二者達成了無奈的和解，這是歷史深處的複雜交錯而經百年的誤會，經由李敖貌似輕浮卻又深刻的言說，各自選擇了退守與和解。

　　自由主義作為一種學理，早在十九世紀末在中國便已初見端倪，這個與中國傳統格格不入的舶來品，在中國開始便注定了寂寞的命運。身處自由主義包圍的胡適，自覺不自覺地被稱作自由主義在中國的師祖，其後蝸居海島的雷震、殷海光承其衣缽乃至自由之火種不滅。又經李敖在臺灣五十年的抗爭，自由主義存亡續絕，他以一己之軀反抗國民黨暴政，與之周旋了三十九年，其中十四年在牢獄中度過，直至這個暴政人亡政息，灰飛煙滅。今日李敖來大陸，眾多自稱自由主義學派對其冷眼相加，惡語相向，一方面暴露

了大陸學界的虛偽與懦弱，一方面也為李敖大陸之行增添了許多的寂寞。

或許北京也沒有想到李敖在北大的演講會如此「火爆」，言論大膽潑辣，並影射眾多違禁領域，這恰恰與大陸學界群起攻之的場面有著莫大的關聯。在這個犬儒主義橫行的時代，自稱講究「义風，言風」，自我標榜開放、寬容的所謂自由主義學派對李敖投去冷眼與冷嘲之時，這件事本身也具有了頗不尋常的色彩。正如我在前文指出，李敖在大陸的三場演講標誌著自由主義與國家主義的妥協，而今日眾多學者所秉持的犬儒主義則是對國家主義的順從與屈服。國家主義作為主導一個國家的意識形態主要手段，雖然有其無法超越的優越性，但在過多的強調集體的同時，嚴重忽視了個人在集體中所應享受到的有限度的自由，因而自由主義與國家主義天生有著難以逾越的鴻溝，知識分子對於犬儒主義與自由主義的選擇，恰恰是知識分子真偽的鴻溝。李敖所傳承的自由主義乃是自胡適伊始，經歷血淚風雨考驗的真正的自由主義，其宗旨是實現個人心靈的解放，反抗極權政府的壓迫，實現個人言論和行動的自由。而他在北大的演講就實現個人心靈解放的途徑，形象地展開論述，以鄭成功、胡適等為例，闡明心靈解放對於自由主義的先導主義。其後他以大範圍地論證闡明個人如何處理與政府的關係，而這也是其演講最為精彩而又引人入勝的一環。他以五個生動地道的北京方言，指代反抗極權政府的五種方式，即自殺、流亡、隱居、屈服、造反，而這五種方式在他看來都是消極而無用的。他主張溫和式的改良，而作為改良重要力量的知識分子，第一要義在於爭取言論自由，而對於爭取言論自由，李敖語氣沉重地說人民要聰明，爭取言論自由要靠智慧。在盪氣迴腸的嬉笑怒罵之中，早已讓臺上的北大領導和鳳凰衛視總裁劉長樂驚出一

身冷汗的李敖終於說出了自己與現政府的關係：「我們要與共產
黨合作」，一語雖然平淡，卻道盡了妥協的無限蒼涼。這種歧途
的姿態，已經注定的自由主義的沒落。

　　如果說北大演講李敖僅僅是秉承一個自由主義的觀點闡明自由
主義的普世價值並願意放棄自由主義的身份來換得自由民主的落
寞，那麼在清華的講壇上，李敖則以放棄了自由主義為代價，並以
此作為交換憲政的條件，而經歷北大演講的張揚放肆，李敖似乎受
到了某種壓力而有所收斂。儘管受到了諸多不便明說的限制，李敖
的演講依舊令人動容。他近乎悲情地向著台下冷漠的清華人說：
「我要憲法，我不要自由主義。」「我不認為它是假的，只要我們
認真，他就是真的。」一語道出了依憲治國的漫漫長路上無法預知
的艱辛，那些高呼自由民主的大陸偽自由主義學派，何時曾以我做
起，務實地遵守憲法？李敖清華一席談，不知要折煞多少素來標榜
開明進步的所謂知識分子。
　　無視《憲法》，投機鑽營，無為蒼生謀福祉，躲進小樓成一
統，是當代大陸知識分子總體殘酷而精準的寫照。與國家主義含義
曖昧的交往，構成了新時期幫閒文人的醜陋面容，喪失知識分子人
格的獨立則是為此付出的代價。而李敖在北大清華的兩場演講，有
底線的地保持了知識分子的獨立人格與自由精神，而對於李敖的先
熱後冷，則是我們擔憂的無知。我堅持認為，表面上嬉笑怒罵的李
敖內心冷靜，是典型的民主人士，對真正的共產黨和共產黨政府是
敬重並且寄予厚望的。由是觀之，我們擔憂不僅無知，而且似乎有
些愚蠢。這在清華的演講中可以充分體現，在北大受到國賓級的接
待，北大卻被李敖斥為「孬種」。有北大實例在先，對口無遮攔的
李敖，書記校長「惹不起，躲得起」，自躬清場，而出面做東的李

強院長也不敢在臺上就座，生怕被敖爺冷不丁回頭戲弄一把。不僅如此，李強在致歡迎辭時再之強調「文化」二字，給李敖演講定基調的色彩十分明顯。

　　與在清華所受冷遇不同，由北至南，李敖感受到了另一種別樣的氛圍。在復旦的講壇上，雖然有北大校務委員會主任閔維方的「慘痛經歷」在先，復旦校務委員會主任秦紹德不似清華那樣畏首畏尾，依然親自出席並全程陪同，這種包容的氣度是令清華汗顏的。同樣，在復旦的演講中李敖不時拿東家——復旦大學人文學院院長姜義華取笑，姜義華只是以笑應之，絕無冷眼相向。一個主任一個院長，一所大學的氣度由此一覽無餘。而李敖也確實沒有浪費這種包容，以完美的結局結束了演講，三場講演結束在復旦，復旦也成為自由主義在中國最後的港灣。

　　在北大講言論自由，在清華講《憲法》，在復旦講的則是實現上述目標的方法——務實。他戲謔性地稱之為「尼姑思凡」，並以古今中外的事例闡述「名詞之爭」的虛妄與無用，而在演講中，他處處透露出對毛澤東、鄧小平等老一輩革命家的敬重，處處流露出對共產黨的敬重，這是對現政府的鞭策和激勵。同樣，對大陸現行的計劃生育，居住遷徙等政策的辯解，也只是他的誠心和善意。在復旦，李敖以自由主義與國家主義的和解，完美而無憾地結束了十二天的神州行，而他回臺灣之前特意去香港祭掃蔡元培，則在此為自由主義近百年的命運作出了讓人眼熱的交接。

　　蔡元培是北大的代名詞，自由主義則是北大傳統的特質。李敖雖非北大畢業，卻處處有北大品格，但歷經批判胡適運動，反胡風運動，反右運動以及傷筋動骨的院系調整，北大精神在北大早已凋零，當年的獨立品格與自由精神早已喪失。老北大人退出歷史，就

連蔡元培當年倡導的「兼容並包，思想自由」的教育思想也被束之
高閣。北大傳統中自由主義由胡適帶到臺灣，經過殷海光、姚從
吾，傳到了李敖的身上，北大的自由主義精神僅僅由一座孤島上一
個孤島的文人艱難地得到了傳承，這是何等淒涼而壯烈的景觀，而
這位自由主義老人在七十之年，來到另一座孤島，向著自由主義的
元老作出交接，兩座孤島都懸海外，見證著中國自由主義百年的風
雨兼程。

　　中國已經沒有熱血青年了，只能期待著一個老人來講真話，他
在北大要給胡適立一個銅像，至今仍然沒有下文。在我看來不立也
好，免得胡適回來看到如今面目全非的北大，心裏傷心。今日北大
正在快速地走向腐朽，而北大精神的傳人，自由主義的獨脈卻在彼
岸中國雄風猶在，愈戰愈勇。雖年過花甲，卻依然血氣方剛，天下
唯我獨行。在七十之年的大陸之行，或許可以給他的人生劃上完美
的句號，將自由主義最後的言說留在大陸。自由主義在中國或許並
沒有消亡，等到國家真正開明進步的時候，它會從歷史的縫隙中生
根發葉開花結果，而那時候，他七十歲的言說或許可以作為一段讀
之令人欣慰的史料，提醒人們在遙遠的過去，曾經有一個自由主義
獨脈的傳人孤獨地住在孤島上。雖然這位老人嚴格說起來，依然屬
於自由主義的歧途。

秋風秋雨愁煞人

一九八九年的春日，一名胸懷《聖經》的詩人在山海關臥軌，火車呼嘯而過，詩人以他的熱血宣告了八十年代的潰敗。海子死了，汪國真式的抒情小詩在一夜之間紅遍了大江南北長城內外。用朱大可的話說：「『海詩』不過是少數校園理想主義者的聖經，而『汪詩』才是熱愛生活的廣大女學生的起居事典。」由此我們可以有如下的記憶，眾多的校園詩歌朗誦會上，眾多油頭粉面的少男少女用誇張做作的聲音聲情並茂地朗誦：「我不去想是否會成功，既然選擇了遠方，便只顧風雨兼程。」汪詩經歷了數年的風光之後忽然萎靡不振，江河日下，這也客觀上宣告了文學消費文化在良知未泯的情況下有限的潰敗。

木秀於林，風必摧之，早在汪國真大紫大紅之時，便有義憤填膺的校園理想主義者大力抨擊汪詩的虛偽與矯情。理想主義者痛心疾首地宣稱，汪詩在一定程度上掩蓋了現實世界種種骯髒與不潔，使人們在粉色的夢幻裏忘記創痛與傷口。它是心靈的致幻劑，是緩解生活壓力的一杯鴆酒，無異於精神鴉片。然而這些理想主義者恰恰忘了，他們自身所追求的精神境界，無疑帶有自我的壓迫與逼反性質，他們試圖以魯迅、陳寅恪、王國維等等文化名人為主題，強行地嵌入人們的精神世界。他們恰恰忘了文學本身乃至其本源的要義，便是給人以娛悅，而不是給人以重壓。

自從國學熱等熱情呼喚傳統的呼聲中，汪詩的地位一落千丈，在汪詩的迷夢裏逐漸喪失感知力與判斷力的人們忽然發現，中國的傳統似乎更加地迷人與誘惑。曾被戲稱為「少女初潮的衛生巾」

的汪詩終於被少女們扔進了衛生間，她們脫掉牛仔褲換上百褶裙，滿懷期待地期盼著另一種文化能夠給他們帶來撫慰。在這樣的氛圍裏，一位原本就十分流行的作家在世紀末對傳統的復歸中變得越來越光彩奪目，一直被人送上了神壇。

余秋雨在寫作上的成名讓人想到北宋的蘇洵。《三字經》中清晰地記載從蘇洵十九歲始發奮讀書後來成就文名的故事。而在《文化苦旅》的序言乃至余秋雨零零碎碎的言說中可以看到余秋雨開始並非以一個作家的身份為人所認知，恰恰與之相近或是相反的是，他的文化起點是學者。與之相近，意即同為從事文藝工作的人；與之相反，則言學者與作家服從在取向乃至宗旨上截然不同的既定規則，學術主張嚴證求實，而創作則主張虛構誇張，而余秋雨的文化歷程，以學者初始，而中途以作家身份著稱於世。先後從事這兩項與文藝有關的事業，或許早已注定，余秋雨是個具有雙重標準的人。

在《文化苦旅》中序言中，余秋雨夫子白道般地回憶了自己走上寫作道路的初衷，他年過四十的時候忽然感到了生命的荒涼，感到自己四十歲之前似乎一事無成。這時他想到了做一番事情，他甚至想過去研究地理。然而最終卻選擇了寫作類似遊記的文化散文。散文在中國具有悠久的傳統，遊記亦有不短的歷史，就其在歷史上的地位而言，確是文學史上不可或缺的一頁。縱觀建國以來的散文創作，大多逃不了誇張抒情的語調，如劉白羽，如魏巍，如楊朔。而余秋雨同樣沒有擺脫這類自五四新文化運動時代遺傳下來的調子。只不過加以稍許的點綴與裝飾，從而變成一卷民族創痛的血淚圖，在文學的名義下為讀者提供了一個回顧民族曾經的傷痕累累的歷史的機會。文壇黑馬王彬彬曾經在《文壇三戶》中將金庸、王朔、余秋雨三人稱為消費時代文學低俗化的幫兇。《文

壇三戶》並非王彬彬的原創，它的源頭來自魯迅，一九三五年七月
《文學月刊》第五卷第一號發表了魯迅的《文壇三戶》。在此文中
魯迅先以「暴發戶」與「破落戶」為其劃類，又以兩者交叉為第三
類，總稱文壇三戶。而王彬彬用拿來主義為我所用之後，他所批判
的金庸，王朔，余秋雨三者的起因，說來帶有晚近歷史中階級鬥爭
的趣味和後現代主義色彩。晚近歷史革命話語譜系中有一句經典話
語：「敵人的朋友便是敵人，朋友的敵人便是敵人，敵人的敵人便
是朋友」。反觀王彬彬在自序中提到自己寫作《文壇三戶》的動
機，則這句革命話語便昭顯其亙古未變的正確。遠年之時，王朔對
金庸發起攻擊，一些人滿是委屈地說王朔與金庸都是他們所崇拜熱
愛的，如今自相殘殺，真令他們痛心。王彬彬由此找到金庸與王朔
的共性，並感歎：「這些人的痛心，固然讓我覺得可笑，但他們強
調金庸與王朔本是同類，卻也讓我感到他們目光的準確。」而對於
王朔與余秋雨的共性，也是因為王朔在《美人贈我蒙汗藥》中不遺
餘力地對余秋雨大肆鞭撻而有所感近而有所研究，王彬彬感歎道：
「我既厭倦王朔也反感余秋雨，但我也想說，王朔與余秋雨也有本
質的相似之處，因此王的貶余，也具有同類相殘的意味。」因此，
王彬彬論定：「此三人在人生經歷、文化修養和作品的外在形態
上，都有很大的差異，但他們在更本質的意義上，卻是相通的。」
至此，王彬彬批判的大帷幕就此揭開，王彬彬手持屠刀，開始大規
模的殺戮。

　　對於王彬彬的批判，我並無太多的異議。恰恰相反，對於《文
壇三戶》中的評價，我倒是贊同其中的某些真知灼見，但這並不意
味著，我贊同王彬彬對余秋雨的所有評價。同樣地，我有一種頗為
謹慎的觀點，這個觀點前人早已論述，那就是一個作家以及他的作
品的評價不在於當下，而在於時間。此時所有的評說只能做一家之

言，不能成為文學史上的定論。因此，本文謹慎地探討余秋雨的文章及其人格，並以此為中心，具體展開對九十年代乃至新世紀中國知識分子面臨的環境與各自採取對策的評價與思考。

我要援引張藝謀與眾多作家合作的關係來表明這一點，莫言以《透明的紅蘿蔔》轟動文壇，而其暴得大名，則源於張藝謀對其小說《紅高粱》的改編與拍攝。同樣的幸運發生在蘇童的身上，在《妻妾成群》未被拍攝成電影《大紅燈籠高高掛》之前，蘇童的名氣僅限於文學界，電影《大紅燈籠高高掛》上映之後，蘇童的名聲越過文學界，也越過了中國，愈加為外國人所知曉，這一切都以他為世界重述神話出力——《碧奴》的寫作為佐證。另一個例子是臺灣狂人李敖與電視臺的合作，一系列演講節目的開播使李敖為大陸人民所熟知。從莫言到蘇童再到李敖，他們的例子表明，中國當代的知識分子一味地守在書齋裏，最終也會死在書齋裏，無法成為時代的旗手與弄潮兒。而現代傳媒影視的合作，不僅是雙贏的選擇，也是「保持人氣」的絕佳途徑。這似乎是現代知識分子應作出的正確選擇。

從這一角度來看，余秋雨頗令人稱道的，似乎是其與鳳凰電視臺的合作。2000年，余秋雨受鳳凰電視臺總裁劉長樂之邀參加「千禧年之旅」。在此次旅行中，《行者無疆》、《千年一嘆》中的文章慢慢地積累起來，相比《文化苦旅》，藝術性則相差很多了。然而由於鳳凰台的造勢，加上現代傳媒不遺餘力的宣傳，兩本書的銷量同樣不俗。隨後，余秋雨在鳳凰電視臺所開設的《秋雨時分》欄目中指點江山，抨斥方遒，大談中華文化在本世紀的命運乃至在下個世紀的走向，言論中大有預言之意味。

　　種種跡象表明，余秋雨的成功決非偶然，而是一個深諳現代社會遊戲規則的文化人對於處事規則的嫻熟運用，同時透過其文本，令人驚異地發現這一處世哲學同樣隱藏在文章的字裏行間，那就是民粹主義的包裝粉飾與國家主義的泛濫運用，透過余文赤裸裸的煽情技巧與清高式的道德評判，使余文的言說顯得分外動人。細心的讀者會發現，余文所顯示的話語技巧並非十分高超，然而卻十分令人玩味。簡明扼要地說余秋雨的話語方式是非典型性的話語雜交，它的形成由文革時的革命暴力話語方式與中國傳統文人悲歌長嘯的話語方式相結合而成，再加上十七年革命文學高聲喇叭式的排比句對仗句反覆錘煉，致使余文在話語姿態上頗為特別，以余文的話語姿態寫作的文章既點燃了讀者對被評價者的無限怒火，又在同時產生了對余文的無限鍾愛，由此，余文的流行似乎是順理成章的。如果再從另一個角度來解讀余文的言說技巧，同樣也是讓人深省的。他的言說技巧雖然不甚高明，甚至略顯笨拙，然而在不求甚解的讀者那裏，無疑在火上又澆了一勺熱油。本身便沉浸在感傷失落的文化氛圍中，經過余文的緩慢的發力，最後上升到一個無可厚非的民族主義高度，一方面突顯了閱讀的憂患意識，一方面使其沉浸在文本中不能自拔，在短暫的閱讀當中，讀者會獲得這樣一種文化審美方式，以短暫的道德評價來慰藉整個歷史中文人的真實猥瑣形態，也只有在余文的話語技巧下，舊式文人本已消失殆盡的尊嚴被重新拾起。在讀者的腦海裏形成先入為主的映像，那就是，文人曾經的失勢即是整個國家、整個民族的不幸與悲哀。

　　在我看來，余文此種方式的言說與道德評判話語方式的言說相比，更加顯示出余文在製造幻覺上的欺騙性，這原來是文人躲在黑暗裏猥瑣的自我安慰，似乎經過余文的言說，變成了整個民族巨大的創痛。而由這種民族主義國家主義言說方式所衍生的民粹主

義言說方式，不僅使余文喪失了原有的氣度與涵養，而且進一步
暴露了余秋雨本身在處世立身上巨大的缺陷，它的源頭來自五四新
文化運動時代革命暴力話語的流變，直至晚近歷史中慘痛的文革
話語。這種充滿激情的文字，暗含著國家威權主義的張揚凌厲與
民族自豪感毫無避諱的遮掩，而在余秋雨此種言說方式出現在眾
人面前之前，大陸就有一位作家有著同樣類似的話語意味：張承
志，讓所有人血脈噴張的名字，就其在散文上所一貫昭顯的民族
歷史氣息，與余秋雨有著相同的關注與期待。然而細分析其文乃
至其人來說，張承志與余秋雨所代表的世紀末知識分子，是眾多
的知識份子類型中較為有代表性的。余秋雨深諳現代社會乃至政
治體制下的遊戲規則。而與余秋雨相比，張承志則顯得不那麼聰
明，甚至是有些迂執，他的處世哲學，讓人想到許多湮沒已久的
傳統，讓人想到章太炎、傅斯年那幾代狂生的風華。他的身上有
驕狂之氣，而這種驕狂之氣，只是從民間起始，以宗教的信仰貫
穿始終，並不見文人的孤傲與調動國家注意的張揚放肆。我們似
乎可以嘲笑張承志堅硬的反叛，堅強地抵抗現代社會給他造成的精
神壓力，可以嘲笑甚至辱罵他至今仍然迷醉在文革與紅衛兵的激情
之中。然而我們不要忘了，張承志的態度是最為真誠與袒露的，在
他的身上，他的坦率的赤子的血性，讓面帶面具在鋼筋混凝土下彬
彬有禮步步為營的我們問心有愧。余秋雨當然有很大的不同，他太
聰明了，以至於一貫不會誇獎同輩學人的陳思和先生也對其頗有讚
譽，稱其是在現代社會中運用市場規則最充分的文化人。然而就是
這點說明了余秋雨洞察世事的驚人的判斷力與高超的處理事務的能
力，這一點，在處理關於「懺悔不懺悔」的命題上，余氏驚人的城
府乃至圓滑的言說策略讓吾輩望而興歎。

　　早在余杰那篇名動中華的〈余秋雨，你為什麼不懺悔〉之前，便有眾多圈內人士指出余秋雨的歷史問題並要求其懺悔，未點明而影射的有何滿子，直接點了名字並要求其懺悔的有謝泳，對其點了名字並作出規勸的有沙葉新……由於史料的缺乏，筆者無法判定當年文革中余秋雨先生到底做了些什麼，但從眾多學者作家的文字中，我們卻形成了余秋雨在文革時活動的史料印象：寫《胡適傳》污蔑胡適，參加「石一歌」寫作組寫批判文章。對此，余杰作了較為詳細的史料分析，在余杰的猛烈炮轟之下，余秋雨寫了〈答余杰先生〉作為回應，在這篇文章中，讓我看到了一個世故的學者對於後學太極指手般的卸力與還擊。在此後余杰與余秋雨有一次長達三個小時的會面，會面後余杰氣憤不過，認為余秋雨故技重演，又放煙霧彈以亂視聽，其後又寫長文回應，過了一段時間此事不了了之，關於余秋雨「懺悔」的問題也在黑夜到來之時沉入無邊的黑暗，很長時間無人提起。

　　懺悔在文革之後是個沉重而避不開的題目，早在一九七八年，當時周揚在全國文代會上向受害者丁玲、胡風公開道歉，揭開了反思文革的序幕。其後，關於反思的傷痕文學崛起之後又衰落。人們卸下包袱，輕裝前進，向著明天作著種種美好的設想。然而巴金先生卻是如此的不識時務，以八十餘歲的高齡，毅然寫出了五卷本的《隨想錄》，《隨想錄》出版，巴金的懺悔得到了解脫，他也贏得了世人的尊敬。余秋雨相比巴老「革命「得多，然而巴金老人作出了懺悔，余秋雨先生則選擇了沉默甚至。

　　在文革之後，關於知識分子的態度歷來有三種，一種為上策，即對文革中所作所為作出懺悔並深入剖析自己的靈魂，如巴金，如周揚，如邵燕祥；中策為沉默不語，或顧左右而言他，或隔靴搔癢，不能深究其害，如周一良著《畢竟是書生》，在書中

僅有些許後悔之意，更多的則是輕描淡寫的推託；下策則是極力粉飾太平，妄圖掩蓋歷史真相。余秋雨選擇了中策乃至下策。這種態度，為其華美的文字蒙上了一層陰影，也使其人格烙上了一個無法磨滅的疤痕。

真誠的懺悔，確實要源於個人內心的良知，當年並沒有人逼巴金懺悔，甚至《隨想錄》出版之後大部分的政治環境對巴金先生是壓迫性的。由《隨想錄》在香港報紙上連載而不是在大陸上的報紙上連載這一鮮明的事實上，完全可以為此提供強有力的佐證。

關於中國知識分子道德淪喪問題，並非幾個左派學者的危言聳聽，而是當今文化節操慘淡而真實的寫照。鐵凝在當選中國作協主席之時曾感慨這是一個大師缺席的年代。在我看來，一個作家要成為大師，人格與作品同樣重要。不僅余秋雨這一帶學人存在著道德上的瑕疵，中國歷代知識分子心靈乃至靈魂上都有不可彌補的道德裂痕與人格縫隙。這就是為什麼李敖大力抨擊金庸道貌岸然偽善處世的原因。而身處這個資本神話橫行的世界，曾經張揚的李敖也鋒芒收斂，躲入深山著書，再也不問世間之事，或許他也疲憊了。

讓我感到無奈而又殘酷的是，一位師長這樣反詰我：「就算他們懺悔了，中國的知識分子就會永遠沒有道德乃至人格上的困境了嗎？」這個責問無情地撕破了時代的悲劇性臉孔上覆蓋的薄膜。是的，我們不無痛楚地看到，大師叢生的時代已經遠去，當索爾仁尼琴唯唯諾諾，當昆德拉開始沉默的時代，我們看見曾經的大師躲在一邊，衣衫破舊，輕蔑而無力地注視著摩登大樓，這個場景，為市場經濟下的中國文化界的未來，提供了真實而殘酷的預言。

九十年代的喧嘩

　　一九九二年的初夏顯得極不尋常。在這一年裏知識界開始出現了某種程度上的復蘇跡象。經歷了八十年代末斷裂般的文化挫折之後，知識界如同回到了五四的前夜，如同魯迅筆下那間寫滿悶熱和沉鬱的鐵屋，顯得如同荒原一般寂靜。一九九二年，一位歷經二十世紀重重風雨的老人，在他人生最後的歲月，從北方跨過黃河長江，在南方以自己的餘勇推動中國新一輪的改革開放。雖然這位老人在共和國的歷史上被打倒數次，在他的晚年，又實現了幾乎不可能的崛起。而當他退隱之時，中國又進入了一個困境重重的時空。此時便有了剛才我所提到了那幕場景。而他的這次南方之行，對日後的中國有著幾乎難以估量的影響。

　　知識界在這位老人南方之行的背景下開始了春天來臨般的繁衍與準備新生。但知識界恰恰忘記了他們試圖重回八十年代的願望幾乎等同於烏托邦的實現。八十年代的輝煌是幾十年沉默之後爆發的產物，而九十年代知識分子醞釀的新生僅僅只有短暫的沉潛。這是一種病態而浮躁的反應，由此帶來的惡果也由諸多惡性的學風在浮躁的環境下發酵生成。今天我們重尋九十年代知識界的歷程，斷然會陷入深深的慚愧與自責之中。

　　人文精神大討論就是在這樣的環境下首先浮出水面，引發了九十年代學界的惡性循環。而在世紀末新左派的登臺亮相後，更將這種惡性循環推向了極致。遺憾的是，我從人文精神大討論中看不到我所希望看到的深刻的洞見或是感慨，更多的則是高調的自說自話，或是沒有任何實質性內容的空談。而新左派的出現，則類似於

一場鬧劇。這些討論用一句頗具後現代諷刺意味的俗語形容就是「空對空導彈」。當九十年代整體落幕，陷入歷史的沉浮之時，那些曾經所謂激昂痛苦的質問或者貌似激昂的辯駁統統轉化為無關痛癢的呻吟，變得貧乏而又蒼白。

　　關於「人文精神大討論」的發端，對那場討論稍有印象的人都記得起源於《上海文學》。在某種程度上來看，「人文精神大討論」在大多數人的印象中幾乎與王曉明先生等幾位文學評論界人士劃上了等號。然而歷史的面目有時總會撲朔迷離，當旅居海外的李劼先生某篇回憶錄式的文章〈有關人文精神討論及其它「合作」舊事〉在互聯網上以瘋狂的速度傳播時，人們才意識到某種未曾察覺的內容，不管李劼先生是肆意編造還是據實敘述，從他的文章中我們發現了一段從前尚未聽聞的歷史，關於「人文精神大討論」的回顧不妨從李劼這篇十年之後的回憶錄講起。

　　在〈有關人文精神討論及其它「合作」舊事〉一文中，李劼先生稱人文精神一說的源起由自己首先提出。此說當然要引起諸君的憤怒與聲討，因為它與我們業已形成的印象不僅相左，簡直是背道而馳。然而細讀李劼先生有關人文精神源起的敘述，便會發現李劼先生所提的人文精神與王曉明先生所呼籲的人文精神相近，意義卻大有不同。李劼先生所稱的人文精神與王曉明先生所指的人文精神的差別在於，李劼提出的人文精神主要是以「整個民族文化心理的淪落為其語境和話語前提，也就是以《資治通鑒》和《三國演義》傳統對國人文化心理的負面影響作為參照系」的人文精神，而王曉明先生則將矛頭指向了商業文明，將人文精神與商業文明尖銳對立。王曉明先生將人文精神的失落歸結於商業文明的衝擊，這樣的觀點無可厚非。但是以一種片面的的人文主義知識和誇張的理想主

義高調作為討論的緣起，則顯得有些滑稽。在此種頗為可疑的立論之上，關於人文精神大討論的那幾篇對話顯得有些虛假和不真實。而這幾篇對話所引起的反響，則是令人啼笑皆非的。歷史總是不會隨意對某種事件妄加評論，只有當它充盈足夠的喜劇色彩時，黑色幽默便是明眼人對它不二的評價。

　　我要對那幾篇經典的對話作一番扼要的敘述，在《曠野上的廢墟》中，首先發言的王曉明先生難掩「痛心疾首」的「憂國憂民之態」，將市場經濟下拜金主義風氣瀰漫，國民道德嚴重滑坡等問題統統歸結為導致人文精神失落的罪魁禍首。王曉明先生聲稱，文學沒有盡到應盡的責任，更何況文學家普遍犬儒化的傾向，更是值得抨擊的。有此開談之言，接下來的討論就顯得順風順水，眾多當時學術界的大腕級人物紛紛廣開言路，暢所欲言。按照討論者之一的張閎先生的歸納，當時所有人的共識是：現在的文化狀況不容樂觀，必須加以批判。歷史的偶然性在於，那幾年文藝界獨領風騷的兩個代表人物正是所謂知識分子眼中極端媚俗的王朔與張藝謀。而參與討論的人中恰好有兩人剛剛寫過批評王朔與張藝謀的文章，於是，討論變成了批判王朔與張藝謀的揪鬥大會。王朔被視為媚俗的騙子，討論者還頗具學術傾向地指出王朔的小說與《儒林外史》等譴責性小說並無二致，都是借用嘲弄大眾虛偽的信仰來向大眾獻媚，以博取大眾沒有任何惡意的淺薄的笑聲。而張藝謀則被他們視作描繪或玩弄封建陳腐事物的高手，尤其在《大紅燈籠高高掛》中，張藝謀作品價值取向的陳腐性暴露無遺。在他們的眼中，王朔與張藝謀是文化的謀殺者，是人文精神失落的重要標誌。至此，在長達萬言的討論記錄中，王朔與張藝謀被送上了話語權杖主宰下的祭壇，面臨被沸水淹滅的危險。

　　據張閎先生回憶，討論文章發表後，張閎先生及其他討論者收到了許多讀者的來信，張閎先生本人收到了二十多封，大多是鼓勵支持的態度，然而頗具喜劇色彩的來信由一位偏遠省份的讀者寫就，他給張閎先生提供的信中表達了與老革命同樣的激動心情。更加令人意想不到的是，這位老華僑在信中對張藝謀之流利用電影給祖國抹黑的「無恥行徑」，進行了字字血聲聲淚悲憤交加的控訴。

　　當討論在社會上激蕩起如此具有戲劇性的反響，稍有常識的討論者都應該反思整個討論業已存在的缺陷與不足，此時停下討論的步伐才是最緊迫的任務。當事人張閎先生也似乎意識到這一點，他在其後與王曉明先生的偶遇時說到那些信件，他說討論的效果似乎適得其反，而王曉明先生似乎被讀者所謂「高漲的熱情」沖昏了頭腦，他居然如此回答張閎先生：「能引起反響，這本身就是一件有意義的事。」

　　談及「人文精神大討論」，王曉明先生注定是個逃不開的人物。而在此關節的要害之處，王曉明先生不知所以然的選擇，使得「人文精神大討論」在十字路口選擇了繼續下沉的命運。我無法理會當時王曉明先生的選擇所依附的憑證，即便是任何有根據的猜想也無法解釋王曉明先生選擇所給我帶來的巨大的疑惑。何以在如此明顯的關頭，他會選擇一個近乎愚蠢的走向，難道僅僅是一時糊塗所能輕易概括的？

　　隨著我對人文精神大討論的深入瞭解，終於瞭解討論走到那樣的關口王曉明先生為其選擇了下一步的走向的原因。在王曉明先生《上海文學》打響了人文精神大討論的第一槍之後，在一九九三年的春天，華東師大召開了全國文藝理論學會年會，這次年會中的某場小組討論將「人文精神討論」推向了高潮，而造成這種局面的依然與王曉明先生有關，在這次小組討論當中，兩位已故的外國人成

為議論的焦點，海德格爾與韋伯成為推動人文精神的旗手。對此，張閎先生深表疑惑，難道死去的外國人能夠瞭解中國的現狀？難道他們的著作有著未卜先知的預言？

這場討論將「人文精神討論」推向了高潮，也標誌著這些文史哲學科的知識分子自我價值的迷失。在社會面臨精神危機的時刻，這種危機的原因人盡皆知，只是沒有人敢於公開挑明。而過度對於西方的推崇，這顯示出了自身學養的貧瘠與蒼白。陳寅恪曾言：輸入外來之學說，不忘民族本來之地位。正是值得思索的警戒。而暢談人文精神的諸君，所缺的恰恰是這樣的底線。忽視歷史的大變局之於社會的具體影響，以取而代之的方式談論人文精神的失落，恰恰是指鹿為馬的行為。難怪在人文精神大討論中一位學人哀歎：八十年代死了。

當王曉明先生將人文精神的失落歸結為商業文明的衝擊，進而擴展到將人文精神的失落解決的方法訴諸反對全球化的立場，人文精神大討論已經無可避免地從荒誕走向另一種更為荒謬的荒誕。在人文精神大討論甚囂塵上之時，陳曉明先生曾經以《人文關懷：一種知識與敘事》，不露鋒刃地向大家說出一個真相：所謂人文精神大討論，不過是知識分子在講述一種話語，在運用讓他們已經習慣的專業知識，特定的知識背景映襯出他們關懷人文精神的現實形象，如此而已。換句話說，陳曉明向大家昭示：所謂人文精神大討論，不過是知識分子自說自話而已。這一殘酷而精準的揭示，為人文精神大討論中知識分子陶醉的神色，狠狠地潑了一盆冷水。

與此相同的則是朱維錚先生，這位特立獨行、頗有黃季剛遺風的老先生，同樣對人文精神大討論頗有微辭。他用訓詁考證向立論不穩的學人訓誡：你們所言的人文精神，不過是十九世紀的古典人文主義而已。「假如現代中國曾經有過『人文精神』，並且從歷史

研究的角度追根究底的話，那麼是以構成『話語系統』的，大概非胡適和他的自由主義一派莫屬。」朱維錚先生試圖告訴我們，真正的人文精神在現代中國，是由胡適所代表的自由主義學派所秉承。如果連概念都處在混亂之中便奢談「人文精神的高揚」，豈非戲談？胡適假如在世，該是如何的冷眼大笑，不置一辭。

　　而在人文精神大討論之後，中國又出現了一批知識分子，以貌似公正的姿態，對改革開放不得不面對的商業化全球化大加指責，從而被人稱為「新左派」。而新左派的產生，與「人文精神大討論」有著直接的或者模糊的傳承關係。這批新左派的知識分子將西方的過時理論改頭換面，在中國的講壇上開始製造所謂學術的經典。他們利用自己的知識優勢，向著民眾宣傳反對美國等資本主義國家的理念。但是這些知識分子，未嘗沒有想到他們自身對於此種價值觀本身的迷惑，而這正是人文精神大討論在隨後的時間裏越來越失控的一種倒影。從人文精神大討論到左派的產生，是不斷發展、一脈相承的過程，而這也正是我在前文所提到的一系列惡性循環的開始。

　　新左派的產生，既有革命年代百足之蟲死而不僵的歷史餘緒，也是西方左派學說輸入中國的一種變相的反映。加諸同時期《讀書》、《天涯》雜誌的南北呼應，更加使得新左派的粉墨登場，顯得意味深長。世紀末的新左派與自由主義之爭，表面上看，乃是知識界內部陣營的一次分化，實際上它所昭顯的內容，遠遠不止如此。它以論爭的形式，再次提示了文革時代的劇烈影響，這種影響如此的不易察覺，總是在不經意之間，顯露崢嶸。

　　自由主義與新左派之爭的起始，恰恰是海外學人之於中國現狀的質疑。自九十年代初期，崔之元甘陽諸位先生在香港二十一世紀

雜誌上發表大量文章，批評中國自由主義的保守傾向，並由此擴散開去，質疑中國的市場化改革，他們主張中國的現代化必須走迴異於西方的道路。如果新左派諸君能夠以此為止，或許還不是那麼滑稽，其言論也有了值得商榷的餘地。但是居然有人主張承接毛時代的政治遺產，反對自由主義及其基本價值，主張中國走迴異於西方化的制度創新，這種似是而非的觀點，當然的受到了當局的青睞。其實質，不過是建立所謂的東方價值，對抗普世價值。

在此之中，要數《讀書》雜誌的主編汪暉先生與留美學者崔之元先生的言論，最為引人注目。汪暉先生認為，中國目前的社會行為，都深刻的受制於資本和市場的活動，市場這一概念深刻掩蓋了現代社會的不平等關係及其結構。由此汪暉先生主張遏制資本的擴張，進而訴諸反對全球化的立場。據此徐友漁先生秦暉先生提出質疑，徐友漁先生指出，今天的中國社會就其社會性質和政治制度而言，仍然與1949年建立起的社會制度一脈相承，沒有斷裂，沒有質變。秦暉先生進而指出，主義可以拿來，問題必須國產，理論必須自立。言下之意，新左派的主張，不過是西方過時左派理論的包裝而已。

而崔之元先生和韓毓海先生的言論，則讓人大跌眼鏡。崔之元先生試圖從理論上建立一種能夠超越西方式自由民主的「全面民主」，旨在通過將民眾的訴求轉化為國家的意志，從而抑制新的貴族制度。這一政治構想，帶著鮮明的激進傾向。而韓毓海先生則更加語出驚人，他認為，自由主義與民主是對立的，1989年的蘇東之變，乃是自由主義的勝利，而非民主的勝利。韓毓海先生進而指出，中國的文化大革命，乃是一種極富創造性的社會主義民主實驗，毛澤東當年退居二線上的意義在於，他以人民代言人的方式，對國家管理者的權利予以監督。韓毓海最後居然對毛澤東大肆褒

揚，稱其為現代歷史的上「最偉大的平民經濟學家」。這一缺乏基本常識的言論，實在是荒唐。

新左派的產生，既有海外學人對於中國問題的一知半解，也有中國本土學人對於中國問題的不清醒認識。崔之元先生八十年代末曾經將林毓生先生的《中國意識的危機》介紹到中國，由此林毓生先生成為批判中國五四一代的代表性學人。林先生在《中國意識的危機》中的觀點，現在看來，立論不穩。崔之元先生之於中國現狀的批判，與林毓生先生恰好形成對照。而韓毓海先生的承接毛時代的主張，今天看來，只能算是天方夜譚。整個九十年代的喧嘩，恰恰在於這種不知所云的一知半解。

整個九十年代，誠如李澤厚先生所言乃是思想家淡出、學問家凸顯，時代要求學者以更加專業化規範化的方式進行學術研究，而這種試圖與八十年代學風劃清界限的做法，恰好與高校的體制改革互為照應。由於高校改革所帶來的對知識分子的誘惑，加之知識分子已漸漸喪失在八十年代所擁有的對社會的影響力，因此，重新奪回話語權便成為掩蓋在專業化規範化學術研究之下的真正目的。知識分子在專業化規範化的面紗下，以一種全新的話語試圖重建他們對整個社會的深入影響。但九十年代末大眾傳媒的瘋狂發展，加之互聯網技術的日新月異，知識分子試圖奪回話語權的努力永遠成為了鏡花水月，在這種情況下，知識分子轉向對自身利益的角逐。其言論與其行為，已經截然相反。

當人文精神大討論日漸被淹沒在歷史的風塵中時，自由主義與新左派之爭也已經成為往事。所謂人文精神的重建，並非面對商業文明的姿態，而是每個生命個體精神的自我確認和人格的獨立，這樣才能在光怪陸離的社會中實現獨善其身的目的。這種選擇並非對

兼濟天下的濟世情懷分庭抗禮的指責，而是面對社會唯一的選擇，要實現一個整體的自由，個體的自由是第一要務，自由從來都不是來自恩賜或是奪取，而是我們內心的一種歷練和修為。當個體自由成為燎原之勢，重建人文精神便是順理成章。以此反觀當年言論日益駁雜混亂的新左派，九十年代的喧嘩以此為終結，真是一種莫大的遺憾。

後記

　　這一漫長的寫作幾乎耗盡了我全部的心力，它代表了我對於近現代中國歷史人物的主要理解。作為一段業已逝去的曾經，革命時代恰如晚清重臣李鴻章所言乃是三千年未有之大變局，其間充斥著紛繁複雜，要想理清其中的脈絡，似乎難上加難。作為一個非歷史科班出身的筆者，寫下對那段歷史中知識人命運的認知，也僅僅是為了完成一個卑微而渺小的心願。

　　說來慚愧，我對歷史本身的理解依舊停留在我童年時對於歷史的模糊感知。在我客居蘇州的幼年，雖然古書讀得不少，但其中的史書不多。作為例外的，也就數《史記》中滿含激情的描寫給我留下的刻骨銘心的印象。以至於我事隔多年，尚能一字不差地背出〈刺客列傳〉裏的段落。《史記》的閱讀於我而言，是一個隱喻性的提示，它彷彿一個隱藏了多年的心願，會選擇在適當的時間忽然讓我陷入回憶。

　　這一書寫的緣起在我看了蔣廷黻先生所著《中國近代史大綱》和李劼先生的《論晚近歷史》之後日益顯得明顯而真實，以至於我在某個夏天無數個午夜，忽然從夢中驚醒，提示著我寫下這段歷史以完成幼年的模糊願望。此前數年之間的艱辛閱讀彷彿為此書的寫作提供了先知式的提示，不斷地從腦海裏迸發出來，指示著我寫作的方向。於是我寫下了《晚近中國的起落》這部書稿，彷彿覺得意猶未盡，於是寫下了這本《革命時代的知識人》。

　　由於筆者的愚鈍，所寫下的類似於札記之類的文章，勉強可以組成對於歷史人物看似完整的理解。這一理解融入了我對於歷史所

包含的人物、事件極為複雜的感情。以至於我每寫完某一篇什，常會唏噓不已，感慨於世事的無常，人生的命途多舛。革命時代恰恰為這種無常的世事與命途多舛的人生所構成。所謂社會與人生的微妙關係，革命時代便是極具標誌性意味的例證。寫完此著，我如同奧斯維辛集中營的倖存者，充滿了劫後餘生的感激與幸運。

在這一歷程中我一次又一次的陷入絕望的泥淖難以自拔。一次又一次的希冀寫作能夠使我獲得救贖。我在感慨於歷史人物命運的無常之時，常常聯想到當世。每當念及於此，斯賓格勒的歷史循環論一次次地提示著我關於對歷史本身的深入理解與體認。值得幸運的是，我並沒有為此如同尼采那樣陷入瘋狂，或是如同王國維那樣選擇自盡。用一個不恰當的比喻，寫作此著的我彷彿當年的太史公，內心充滿了孤注一擲的憂憤。

這種憂憤不僅源於我對革命時代的不解，也來自於我對當下社會的懷疑。中國的改變毋庸置疑，其走向卻令我頗為擔憂。我自信地認為這種擔心與憂慮並非杞人憂天。現實中的諸多問題也令我深信中國已然面臨當年五四時代所面臨的歷史當口，中國向何處去的命題雖然蒼老，但歷久彌新。我所寫下的認知雖然與當下相去甚遠，但其間的內涵，讀者之中若有人領悟一二，便也覺得寫作此著不枉心血。

寫作此著本身所經歷的生活也頗有意味。〇六年的冬天我住在上海，因為偶然的原因忽然感受到了一種有關於歷史的蒼涼。我從延安東路的高架橋上向車窗外眺望，一邊是舊上海的古雅，一邊是新上海的繁華。這種強烈的對比恰好映證了革命時代本身所包含的兩面性。從上海歸來的相當長時間裏我被一種莫名其妙的失落所包圍，終於這種失落以一個對我而言打擊極大的挫折出現，〇七年的夏天我如同驚弓之鳥，一聽到某種聲音或是某個名詞便感到由衷的恐懼。

　　很長的時間過去，經歷了大學初始時期的茫然，我忽然意識到了極具恥辱性的羞愧。我終於明白自己弱冠之年尚且一事無成。這一境遇不僅讓我面紅耳赤，也讓我極為汗顏。在這種情況下，已經停筆兩年的我又拿起了那支曾經陪我寫下無數文字，已經被磨得露出底色的鋼筆，開始了極為漫長的煎熬。其間又因俗事纏身，一次次地外出，不時的打亂我的寫作計劃。一度曾經讓我的寫作陷入了停滯。

　　二〇〇八年是我寫作身為瘋狂的一年。為了寫作我幾乎將所有的時間都放在了圖書館裏。學校豐富的藏書讓我欣喜若狂，但是在欣喜的背後，則是如同穿越隧道般的黑暗與孤獨。革命時代中令人唏噓的往事，常會使我擱筆悲泣，心中充滿了難以描述的哀傷。我常會想起馬丁‧尼草拉牧師的懺悔，因此我必須努力克制自己的哀傷，寫下那段曾經歲月中的知識人，因為我們都是沒有湮沒在歷史風塵中的倖存者。

補記：

　　書稿出版，照例要感謝許多人。我首先想把這部書稿獻給我的父母，他們的辛勞，乃是我成長最為重要的支柱。在我大學讀書期間，李劼先生的書文，一直常隨身邊，他的教益於我而言，如同暗夜中的微光。感謝袁偉時、雷頤、郭世佑、謝泳、邵建、張耀杰、傅國湧諸位先生對書稿的友好建議。尤其要感謝范泓先生，沒有他的牽線，此書或許只能在書齋中享受寂寞的命運。感謝蔡登山先生抬愛，使拙著在秀威出版。鄭伊庭小姐心思縝密，為此書編輯多費心力，在此一併致謝。

　　最後，將此書獻給好友吉天詩，此書在臺灣出版，也是巧合，希望她一直期許的單車環島夢早日實現。記憶中的山塘街依舊很近，只是故人已遠。

史地傳記類　PC0148

士林的沒落
——革命時代的知識人

作　　者／周　言
主　　編／蔡登山
責任編輯／鄭伊庭
圖文排版／鄭佳雯
封面設計／陳佩蓉

發　行　人／宋政坤
法律顧問／毛國樑　律師
印製出版／秀威資訊科技股份有限公司
　　　　　114台北市內湖區瑞光路76巷65號1樓
　　　　　電話：+886-2-2796-3638　傳真：+886-2-2796-1377
　　　　　http://www.showwe.com.tw
劃撥帳號／19563868　戶名：秀威資訊科技股份有限公司
　　　　　讀者服務信箱：service@showwe.com.tw
展售門市／國家書店（松江門市）
　　　　　104台北市中山區松江路209號1樓
　　　　　電話：+886-2-2518-0207　傳真：+886-2-2518-0778
網路訂購／秀威網路書店：http://www.bodbooks.com.tw
　　　　　國家網路書店：http://www.govbooks.com.tw
圖書經銷／紅螞蟻圖書有限公司
　　　　　114台北市內湖區舊宗路二段121巷28、32號4樓
　　　　　電話：+886-2-2795-3656　傳真：+886-2-2795-4100

2011年06月BOD一版
定價：340元
版權所有　翻印必究
本書如有缺頁、破損或裝訂錯誤，請寄回更換

國家圖書館出版品預行編目

士林的沒落：革命時代的知識人 / 周言作. -- 一版. -- 臺
北市：秀威資訊科技, 2011.06
　　面；　公分. -- (史地傳記類 ; PC0148)
　BOD版
　ISBN 978-986-221-751-1(平裝)

　1. 知識分子　2. 傳記　3. 文化大革命

782.248　　　　　　　　　　　　　　100007886

讀者回函卡

感謝您購買本書，為提升服務品質，請填妥以下資料，將讀者回函卡直接寄回或傳真本公司，收到您的寶貴意見後，我們會收藏記錄及檢討，謝謝！
如您需要了解本公司最新出版書目、購書優惠或企劃活動，歡迎您上網查詢或下載相關資料：http:// www.showwe.com.tw

您購買的書名：＿＿＿＿＿＿＿＿＿＿＿＿＿＿＿＿＿＿＿＿＿＿＿

出生日期：＿＿＿＿＿年＿＿＿＿＿月＿＿＿＿＿日

學歷：□高中 (含) 以下　　□大專　　□研究所 (含) 以上

職業：□製造業　□金融業　□資訊業　□軍警　□傳播業　□自由業
　　　□服務業　□公務員　□教職　　□學生　□家管　　□其它＿＿＿

購書地點：□網路書店　□實體書店　□書展　□郵購　□贈閱　□其他

您從何得知本書的消息？

　□網路書店　□實體書店　□網路搜尋　□電子報　□書訊　□雜誌
　□傳播媒體　□親友推薦　□網站推薦　□部落格　□其他＿＿＿＿＿

您對本書的評價：(請填代號　1.非常滿意　2.滿意　3.尚可　4.再改進)

　封面設計＿＿＿　版面編排＿＿＿　內容＿＿＿　文／譯筆＿＿＿　價格＿＿＿

讀完書後您覺得：

□很有收穫　□有收穫　□收穫不多　□沒收穫

對我們的建議：＿＿＿＿＿＿＿＿＿＿＿＿＿＿＿＿＿＿＿＿＿＿＿

＿＿＿＿＿＿＿＿＿＿＿＿＿＿＿＿＿＿＿＿＿＿＿＿＿＿＿＿＿＿＿

＿＿＿＿＿＿＿＿＿＿＿＿＿＿＿＿＿＿＿＿＿＿＿＿＿＿＿＿＿＿＿

＿＿＿＿＿＿＿＿＿＿＿＿＿＿＿＿＿＿＿＿＿＿＿＿＿＿＿＿＿＿＿

11466
台北市內湖區瑞光路 76 巷 65 號 1 樓

秀威資訊科技股份有限公司　　　收

BOD 數位出版事業部

....

（請沿線對折寄回，謝謝！）

姓　　名：＿＿＿＿＿＿＿＿＿　年齡：＿＿＿＿　性別：□女　□男

郵遞區號：□□□□□

地　　址：＿＿＿＿＿＿＿＿＿＿＿＿＿＿＿＿＿＿＿＿＿＿＿

聯絡電話：(日)＿＿＿＿＿＿＿＿＿　(夜)＿＿＿＿＿＿＿＿＿＿

E-mail：＿＿＿＿＿＿＿＿＿＿＿＿＿＿＿＿＿＿＿＿＿＿＿